中国社会科学院
老年科研基金资助

中国社会科学院老学者文库

天才中的凤凰：
洛佩·德·维加

朱景冬 ◎ 著

中国社会科学出版社

图书在版编目（CIP）数据

天才中的凤凰：洛佩·德·维加／朱景冬著．—北京：
中国社会科学出版社，2019.10
（中国社会科学院老学者文库）
ISBN 978 - 7 - 5203 - 4044 - 1

Ⅰ. ①天⋯　Ⅱ. ①朱⋯　Ⅲ. ①洛佩·德·维加—生平事迹
Ⅳ. ①K835. 515. 6

中国版本图书馆 CIP 数据核字（2019）第 027194 号

出 版 人	赵剑英
责任编辑	陈肖静
责任校对	王　龙
责任印制	戴　宽

出　　版	中国社会科学出版社
社　　址	北京鼓楼西大街甲 158 号
邮　　编	100720
网　　址	http://www.csspw.cn
发 行 部	010 - 84083685
门 市 部	010 - 84029450
经　　销	新华书店及其他书店

印　　刷	北京明恒达印务有限公司
装　　订	廊坊市广阳区广增装订厂
版　　次	2019 年 10 月第 1 版
印　　次	2019 年 10 月第 1 次印刷

开　　本	710×1000　1/16
印　　张	20.5
字　　数	263 千字
定　　价	88.00 元

凡购买中国社会科学出版社图书，如有质量问题请与本社营销中心联系调换
电话:010 - 84083683

图 1 洛佩·德·维加的雕像

图 2 洛佩·德·维加画像

图 3 洛佩·德·维加雕塑

图 4 洛佩·德·维加在写作

图 5 　《马德里的矿泉水》剧照

图 6 　《傻大姐》剧照

图 7 《园丁之犬》剧照

图 8 电影《羊泉村》剧照

图 9 　《贝利莎的英武》剧照

图 10 　在马德里的洛佩故居外观

图 11　《奥尔梅多的骑士》剧照

图 12　塞维利亚的洛佩大剧院

图 13 位于马德里塞万提斯街 11 号的洛佩故居,他在此度过了生前的 25 年。
故居为 3 层楼,面积达 200 平方米,现为洛佩博物馆。

目　　录

前　言

　　知道洛佩·德·维加，还是在上大学的时候。在我们系里，德高望重的孟福教授教我们西班牙文学史。孟先生通晓西班牙语和西班牙文学。在他的讲授下，我们知道了这位西班牙伟大的戏剧家和他的不朽剧作《羊泉村》。

　　洛佩是一位超多产的剧作家，他的剧本多达1800部，保存下来的也有四百多部。他的剧作不拘一格，不受因袭的古典主义戏剧"三一律"的束缚，悲剧和喜剧交融，剧情生动，故事多变，富有生活气息和现实感，他让社会各阶层的人物登上舞台，演绎他们的爱恨情仇，表达他们的喜怒哀乐。观众看他的戏，觉得许多故事似曾相识，甚至亲身经历，感到无比熟悉和亲切，因而，深为他们喜闻乐见。这样的戏剧，在西班牙戏剧史上是鲜见的。正是这种戏剧开创了西班牙民族戏剧的先河，促进了西班牙戏剧的发展，对欧洲的戏剧乃至世界的戏剧产生了深远影响。

　　除了孟先生的授课外，那时我们还读到了人民文学出版社出版的朱葆光先生译的《羊泉村》。此剧的故事十分感人，让人难以忘怀。一个村镇的村民不能容忍封建领主、骑士团队长费尔南欺压百姓、强占妇女、横行霸道、无恶不作等暴虐无道的罪行，他们团结一心，同仇敌忾，手持锄头、棍棒、镰刀，一举摧毁了领主的城堡，抓住领主，砍下了他的头。随后国王派法官到羊泉村调查杀死领主的凶手。全村三百多人在严刑拷打下毫不屈服，异口同声地说是羊泉村干的。法官一无所获，只好禀报国王，国王了解到领主不仅背叛了自己，想投靠葡萄牙，而且对村民极端暴虐，便决定赦免全村村民。羊泉村人以勇敢的斗争捍卫了自己的荣誉和尊严，给封建领主及其走狗以致命的打击。洛佩以此剧热情地赞颂了村民可歌可泣的斗争精神。洛佩深受宗教熏陶，和宫廷有着密切的联系，他能够写出这般富有人民性、表现官逼民反题材的剧本，委实难能可贵。

1962年，我国曾大规模地举办纪念洛佩诞生400周年的活动，许多新闻媒体纷纷刊登介绍洛佩及其剧作的文章，称他是"西班牙民族戏剧的奠基者""永远属于人民的号手"。洛佩这位大戏剧家的形象深深地刻在中国人民的心中。这也使我对洛佩其人其剧有了更深刻的了解。

但是在此后的近20年间，我国的外国文学译介工作陷入了沉寂，洛佩的作品无一问世。直到80年代初，随着我国改革开放政策的实施，外国文学的研究和介绍工作才得以恢复。从此，洛佩的名字及其作品开始成为多种辞书和出版单位关注的对象，洛佩的戏剧选、单行本相继出版，北京燕山出版社甚至推出了多达50万言的《洛佩作品精选集》。在我国读者的心目中，洛佩的名字不再陌生，人们对他有了更多的了解。

洛佩是西班牙也是世界文学史上的一位才智过人、著作等身的杰出剧作家、诗人和小说家。其成就，尤其在戏剧创作上，只有莎士比亚能够与之比肩。然而，在我国，尽管出版了他的一些剧本，也有一些介绍他的文章见诸报刊，但是对这位举世闻名的大剧作家和大诗人来说，特别是和莎士比亚相比，译介得还是不够的，研究得更加不够。在这方面，我国的有关学界应该加大力度，给予更多的关注。正是出于这样的考虑，本人多年来一直注意这位著名剧作家及其作品。我一向认为，洛佩应该受到特别重视，应该把他列为重点研究对象。多年来，写一部洛佩专著的想法始终萦绕在我的心中。如今总算如愿以偿。

　　就思想内容而言，这部专著比较全面地介绍了洛佩的家世、童年和少年时代的生活、青年时代的经历（包括文学活动、爱情纠葛、流放的遭遇等），评析了洛佩的戏剧（风俗剧 6 部，袍剑剧 4 部，牧歌剧 2 部，历史剧和传说剧 5 部，宗教剧 2 部，骑士剧 2 部）、诗歌（诗集和长诗多部）和小说（5 部）的主要内容和艺术特色，并对他的戏剧理论进行了探讨，展示了这位伟大经典作家的非凡艺术造诣和作为文学巨匠与民族戏剧开创者的不朽形象。

　　由于迄今为止我国尚未出版一部研究洛佩的专著，这本书的撰写和出版显得尤为必要，其实际意义和学术价值是肯定的，它可以为我国的洛佩研究者提供一本内容丰富的参考书，为我国高等院校的教学工作提供一份有益的教学参考资料和学生的课外读物，为我国的戏剧工作者提供一个挑选可供演出的剧目的依据，特别在学科建设上，这部专著在一定程度上可以改变我国对这位经典作家研究欠缺的状况，具有填补空白的意义。

　　自然，由于洛佩著述极为丰富，学识博大精深，有待更深入、更全面的研究。所以本人不敢有什么奢望，如果这本书能起到抛砖引玉的作用，能够为推动我国学界对洛佩的研究工作做一点贡献，便是笔者莫大的欣慰了。

第 一 章

时乖命蹇，坎坷一生

　　洛佩·德·维加，全名费利克斯·洛佩·维加·伊·卡尔皮奥，是西班牙文学史上杰出的戏剧家、诗人和小说家。据史料记载，他一生完成的剧本多达1500部，有人甚至说有1800部。此外，他还写了许多其他文体的作品。其创作不仅数量巨大，而且品位极高，可谓才思横溢、著作等身，是古往今来举世罕见的一位怪才。因此人们称他是"天才中的凤凰"，与他同时代的伟大作家塞万提斯则称他是"大自然的精怪"。但是，时乖命蹇，他的一生坎坷不平。

第一节　家世、童年和学生时代

　　1562年11月25日，洛佩·德·维加出生在马德里一个刺绣工匠的家庭，12月6日在圣米格尔教堂接受洗礼。其父费利克斯·德·维加和其母佛朗西斯卡·费尔南德斯·弗洛雷斯本来都住在桑坦德尔山区卡里埃多镇。1561年其父前往马德里，住在马约尔街，从事供应宫廷所需刺绣品的手工业（洛佩·德·维加后来说，他父亲去马德里是为了寻找他的意中人，洛佩未来的母亲），第二年洛佩·德·维加便呱呱坠地。之后在附近的圣米格尔教堂接受了洗礼。后来，他们又生了4个孩子：儿子胡安，长大后与洛佩·德·维加一起参加无敌舰队，当了少尉，在海战中牺牲；两个女儿：胡利安娜和伊莎贝尔；另一个儿子佛朗西斯科。

洛佩·德·维加自幼聪明好学。他对语言有着特殊的灵气，四五岁就能阅读拉丁文和西班牙文的文学读物。他还有诗歌天赋：不会写字就会赋诗，经常把诗歌口述给比他大的孩子，让他们记下来，他则把午餐分给他们吃。他不到 12 岁便会跳舞、唱歌、使剑和写作，据他的记述，"我十一二岁就写了 4 个短剧，4 个印张，因为一个短剧用一个印张"。资料记载，他写的第一个剧本是《真正的情人》（现已失传）。由于他聪慧过人，随后进入诗人和音乐家维森特·埃斯皮内尔办的学校，在后来的作品中他经常怀着无比尊敬的心情提到他这位恩师对他的谆谆教诲。1574 年至 1576 年，洛佩·德·维加在马德里教会学校学习语法和修辞。

1577 年，他 15 岁，父亲突然去世。他渴望见识外面的世界，便和他的一位朋友去了塞戈维亚、拉·巴涅莎和阿斯托加三个城市，不久一位警官把他们送回了家。之后，他投到阿维拉的主教堂赫罗尼莫·曼里克门下当随从，主教帮助他进入马德里郊外的阿尔卡拉·德·埃纳雷斯大学学习，谁也不知道他的学习情况，据说由于一些爱情纠纷中途离校，没有取得任何文凭。虽然在当时的学校注册簿上查不到他的名字，但是很可能在 1577 年至 1581 年或 1582 年间在孔普卢藤西亚大学学习，并在萨拉曼卡大学攻读过某种课程。

第二节　爱情—流亡—爱情

1583 年，21 岁的洛佩离校参加由圣克鲁斯侯爵指挥的远征舰队，6 月 23 日舰队从里斯本出发，驶向亚速尔群岛，去粉碎葡萄牙军队的抵抗。归来后继续和他平生认识的第一个女人、有夫之妇艾莱娜·奥索里奥交往，其父是剧团老板韦拉斯克斯，其夫是演员，经常不在家。二人相爱 5 年后，他得知艾莱娜投入了有权有势的红衣主教格拉维拉的侄子佛朗西斯科·佩伦诺特·格拉维拉的怀抱,不禁恼羞成怒,写诗辱骂艾莱娜及其家庭。有一首诗这样写道:

> 一位夫人把自己
> 拍卖给喜欢她的人。
> 有人想买她吗?
> 他父亲将她卖了,
> 尽管她没有说话,
> 她母亲负责叫卖……

洛佩·德·维加在他的剧本《愤怒的贝拉尔多》和一系列十四行诗、民歌、谣曲中都表示了他的不满情绪。韦拉斯克斯一家自然不能容忍他的辱骂和中伤,一纸诉状把他告上了司法机关。结果他被绳之以法,受到监禁,第一次审判判他离开马德里,流放4年,离开卡斯蒂利亚,流放2年,并不准他出入韦拉斯克斯家附近的街道,不得再写有辱艾莱娜及其家庭的诗文。如果有所违犯,将加倍处罚,直至判处死刑。但是他不思悔改,继续在狱中写诽谤诗文,结果再次受到审判,流放时间增加到8年。尽管如此,多年后在他的一些谣曲、牧歌中仍回忆他跟艾莱娜的爱情,并在他的对话体小说《多罗苔亚》(1632)中讲述他同艾莱娜相爱的故事。可以说,他始终没有忘记她,一直藕断丝连,直到生命结束前都写诗献给她。

1588年,在被判流放期满出狱的第二天,洛佩·德·维加又受到了指控,因为他劫持了曾任马德里市政会议成员和费利佩二世宫廷司令官的堂迪埃戈·阿姆普埃罗·乌尔维纳——阿尔德雷特的女儿伊莎贝尔·德·乌尔维纳。其实在他写诗中伤艾莱娜及其家庭的时候,他就跟伊莎贝尔相识并相爱了。由于伊莎贝尔的父母不赞成这门亲事，他便征得伊莎贝尔的同意，把她劫走，并于同年5月10日结婚。既然劫持一事出于女方自愿，审理也就没有必要。婚礼举办后的5月29日，洛佩·德·维加作为志愿者登上了西班牙无敌舰队圣胡安号，从里斯本出发，去和英国海军作战，舰队遭到惨败。12月他返回西班牙，和妻子伊莎贝尔住在巴伦西亚（1589—1590）。他在那里结识了佛朗西斯科·塔雷加等众多喜欢舞台艺术的作家，并在他们的影响下开始写喜剧，把剧本寄给他的当导演的患难之交加斯帕尔·波雷斯，他在巴伦西亚赢得了大诗人和大剧作家的声誉。

　　1590年，离开王国流放2年的期限结束后，洛佩·德·维加和妻子伊莎贝尔移居离马德里不远的托莱多，先是为贵族堂佛朗西斯科·德·里维拉·巴罗索（后来的马尔皮卡侯爵二世）效力，后来又为阿尔瓦公爵五世即堂安东尼奥·德·托莱多——贝亚蒙特效力，即在其公爵府里当秘书（1590—1595）。在阿尔瓦公爵创造的平静艺术创作氛围中和伊莎贝尔提供的安定的家庭环境中，他创作了他的著名田园小说《阿卡迪亚》，小说描绘了如诗如画的公爵领地和阿尔瓦公爵的爱情故事。

　　1594年9月15日，洛佩流放期间的忠实伴侣伊莎贝尔在生女儿特奥多拉时不幸去世。此间，由阿尔瓦公爵的异母兄弟堂迪埃戈·德·托莱多（1593年被斗牛杀死）推动的诗人与音乐家沙龙解体后，他已丧失了继续待在阿尔瓦·德·托尔梅斯的兴趣，他渴望回到马德里。但是他那流放8年的期限尚未服满，他便提出了赦免的申请。1595年2月25日，他迫不及待地拍卖了他和伊莎贝尔的财产，等待赦免的消息快些到来。同年3月28日，艾莱娜·德·奥索里奥的父亲韦拉斯克斯签署了他的申请，撤销对洛佩的指控，从而了却了这桩公案。其意图也许是想让洛佩同他的女儿和好，或者希望从洛佩那里得到供他演出的剧本，这一点更可信。1595年12月，离流放刑期期满还差几个月，洛佩终于回到了马德里,他在马德里早就是一位闻名遐迩的杰出剧作家了。到了马德里后,洛佩开始和孀居的富婆安东尼亚·特里约·德·阿门塔同居,因此他又受到了一次指控,不过并没有受到处罚。同年,他为索里亚侯爵即未来的莱英斯伯爵当秘书。也是在这一年,他和美丽的女演员、孀居的米凯拉·卢汉相爱,直到1608年卢汉去世。据洛佩介绍,卢汉留着一头金发,长一双蓝眼睛,性情开朗、快乐。她丈夫是喜剧演员迪埃戈·迪亚斯·德·卡斯特罗,1603年死于秘鲁。洛佩和她相爱多年,和她生了5个孩子,即他最宠爱的马赛拉(1605)、洛佩·费利克斯(1607),以及安赫拉、哈宰塔和胡安。洛佩此前曾写了一些诗献给她,如今又在《抒情诗集》(1602)和史诗《安赫利卡的美丽》中提到她,在诗中把她叫作"卡米拉·卢辛达"和"塞利娅"。

1598年4月25日,洛佩在马德里圣克鲁斯教堂和马德里一位肉类供应商的女儿胡安娜·瓜尔多结婚,据说这是一种以经济利益为目的的婚姻,所以他没有写什么诗篇献给她,再说,她的姿色也十分一般,从而受到路易斯·德·贡戈拉等不少名家的嘲笑,说他为了她的钱而结婚,更何况这也不是他需要的那种爱情。但是洛佩却和她生了一个十分可爱的儿子卡洛斯·费利克斯,和哈辛塔、费利西亚娜等三个女儿。

第三节 秘书生涯,对人生的思考

1598年,洛佩再次为佩德罗·费尔南德斯·德·卡斯特罗-安德拉德即当时的索里亚侯爵和未来的莱莫斯伯爵当私人秘书,他在给他的一封信里写道:"我曾那么多次像一条忠诚的狗一样睡在你的脚下,因为你知道,我是多么爱你。"洛佩既要为侯爵当秘书,又要为侯爵干某些一般的工作。侯爵当时只有22岁,有过人的天分,受过扎实的教育,喜欢文学写作,和许多杰出作家建立了深厚友情。为回报他的器重和恩惠，洛佩满腔热情地为他效劳，跟他的关系亲如一家。许多年后他出版《菲罗墨娜》（1621）时还不忘把 1605 年给侯爵的一封信收入书中，其中包括这些诗：

> 我们有着亲密的交往，
> 我把你当成并愿你成为
> 上帝、太阳神和大师。
> ……
> 我对你永远关心备至，
> 在为你穿衣、脱鞋中
> 我懂得了谦慕和亲密的另一种方式。

1598 年 5 月间，费利佩二世以其女儿堂娜卡塔利娜过世为由，下令关闭了一切剧院。尽管这是主要原因，但是那些愚蠢的神学家和伦理学家对舞台艺术的鄙视对国王的决定也有影响，直到 1599 年 4 月 27 日才按照费利佩二世的指示，剧院的大门得以重新敞开。在剧院关门期间，洛佩开始写作和出版非戏剧作品。

1598 年，洛佩出版早就结稿的长篇田园小说《阿卡迪亚》和得知英国海盗弗朗西斯·德雷克死讯后急就的叙事长诗《巨龙颂》。1599 年年初，宗教史诗《伊西多罗》也出版。在这个时期，他写完了早在无敌舰队圣胡安号上就开始写的叙事诗《安赫利卡的美丽》，但是直到 1602 年才出版。

1599 年，洛佩陪同索里亚侯爵前往巴伦西亚，费利佩三世正在那里等待他的未婚妻堂娜玛格丽塔。洛佩趁此机会上演了他的讽喻短剧《怀着神圣爱情的灵魂的婚礼》。同年他在报刊上发表了他的史诗《德尼亚的节目》。

1600 年至 1605 年，他虽然住在马德里，却时不时去托莱多和塞维利亚小住。这期间，他的多部作品相继问世，有《谣曲总集》

（1600）、《安赫利卡的美丽，和其他各种抒情诗》（1602）、剧本《朋友们的考验》（1604）和《谨慎的女恋人》（1604—1608）、《抒情诗集》（1604）和黄金世纪第一部拜占庭小说《在自己祖国的旅行者》（1604）。

　　1605年8月中旬，洛佩前往马德里，在那里逗留期间和未来的塞萨公爵堂路易斯·费尔南德斯·德·科尔多瓦－阿拉贡不期而遇，从而开始了二人之间的密切交往和持续多年的亲密友情。当时他是卡夫拉伯爵和波萨侯爵，年仅26岁，酷爱文学，怀着无比尊敬的心情和持之以恒的精神收藏西班牙著名经典作家们的作品。对爱情尤其痴迷之极，无疑是由于对文学的爱好所致。他还特别喜欢结交女士，给她们写信，以诗相赠，对她们说甜言蜜语。他一直在寻找一位知心朋友、参谋和秘书，结果找到了洛佩·德·维加。因为洛佩为人谨慎，具有丰富而可敬的智慧，在爱情方面具有成功的经验，他能够使他满意。在后来的许多年间，洛佩果然不辱使命，作为他的心腹和挚友为他效尽犬马之劳。主人多年间也是对他无比信任和关心，用各种荣誉、礼物和帮助补偿他，回报他。比如1608年，经过他的推荐，洛佩得到了"宗教裁判所的使节"的荣誉职位，洛佩把这一职位第一次印在《被征服的耶路撒冷》（1609）一书的封面上。但是，多年间，主人总是让他拉皮条找女人，即使他参加了圣体兄弟会和圣方济各会后，主人仍然指使他替他干这种不光彩的事情，这种主仆关系和危险交往，使他陷入了污秽的境地，迫使他扪心自问：自己的良心和信仰到哪里去了？于是，他战战兢兢地给主人写了一封信，请求他解除加给他的为他写情书的任务，"我每天都为写这些信进行忏悔，如果我不答应停止做这件事情，我便得不到宽恕……我恳求阁下，你还是自己做这个工作吧，这样我就可以不用怀着这种顾忌走到祭坛前去，每天也不必和那些指责我的过错的人争吵了"。他在另一封信里不得不坚持地说："这些不是顾忌，而是得不到上帝宽恕的罪孽，现在我所渴望的就是上帝的宽恕。"

大约在 1608 年，不知为什么，洛佩和米凯拉·卢汉关系破裂，开始了洛佩在精神上的一个相对平静的时期，就是在这种情况下他参加了圣体兄弟会，1611 年又参加了圣方济三会。这个时期他的诗歌创作完全围绕他的内心问题和深入分析他个人的生活。这样，作为这些思考的产物，就从他的笔下产生了诗集《四首独白》（1612）。同年出版献给圣婴的，也是献给他儿子卡洛斯·费利克斯的田园小说《伯利恒的牧人们》，他在献词中希望他儿子从书中介绍的基本知识开始，学会应该怎样度过自己的一生。

1612 年，洛佩的儿子卡洛斯·费利克斯发高烧不幸夭折，翌年 8 月他的妻子胡安娜·德·瓜尔多在分娩时死去。也许是为了寻求上帝的安慰，他于 1614 年宣誓当了教士。这时，他对自己的人生进行了深刻地思考，得出了一些令他不安的结论：

"我出生在两个极端，即爱和厌恶，我永远没有办法……如果我一生都为了女人的心和肉体活着，我就完了，上帝知道我的心情是怎样的，因为我不知道这是怎么回事，也不知道事情会持续多久，我既不能感受它也不能享受它……"

这是一位唐璜式人物的忏悔，他爱过那么多女人，有过天伦之乐和幸福，但总伴随着痛苦。他于 1604 年出版的《神圣诗集》以文学的形式表现了他这种精神危机和悔恨的心情，诗中写道："既然肉体想成为大地上的大地，／灵魂想成为天空上的天空"，两者就永远得不到统一，永远处在灵与肉分裂的状态。在这种情况下，他只能哀叹"没有办法"，"完了"，恐怕连上帝也帮不了他。

这个时期，洛佩出版了一系列作品，有袍剑喜剧《傻大姐》（1613）、宗教剧《阿尔卡拉的圣迪埃戈》（1613）、爱情纠葛剧《园丁之犬》（1613）、宗教诗《神圣的抒情诗》（1614，包括 100 首十四行诗）和名剧《羊泉村》（1614）。

第四节　旧情新爱，尘缘难断

1616 年 6 月，洛佩突然离开马德里，前往巴伦西亚，去迎接他的一个当赤脚僧的儿子。其实，他去巴伦西亚的目的主要是迎接和拜见任总督 5 年期满从那不勒斯归来的他的旧主人和他的文学艺术保护人莱莫斯伯爵。而莱莫伯爵带领着一个喜剧剧团，此剧团可以在海上和陆地上演出有名的剧目，供他开心。在剧团里有一位洛佩的旧相好，绰号叫"疯子"。正如洛佩本人供认的，"疯子是驱使他进行那么不理智的旅行"的原因。这个女人，据说就是众所周知的赫罗尼玛·德·布尔戈斯。对洛佩来说，这次巴伦西亚之行的代价是昂贵的，不但为他招来新的流言蜚语、新的猜测和新的看法，而且使他大病一场：7 月中旬，他在巴伦西亚患病，高烧，卧床 17 天，身体虚弱不堪，面黄肌瘦，他连自己都不认识了。在巴伦西亚市民塞巴斯蒂安·海梅的亲切关怀和照料下，他才得以康复。几年后，洛佩特地写了一个剧本献给他，感谢他。剧本叫《费德里科的游隼》（1620），他在献词中说，"多亏他的照料和馈赠"，他那垮掉的健康才得到恢复。

1616 年年底，洛佩回到马德里，被委任为托莱多大主教管辖区教皇金库的财政官。不久，他爱上了有夫之妇、25 岁的玛尔塔·内瓦雷斯。她丈夫是一位名叫罗克·埃尔南德斯的商人，她 13 岁便被迫嫁给了他。她是一位知识女性，尽管她丈夫 1620 年意外死亡，洛佩也不能和她结合，因为他早已宣誓当了教士。但是他深深地爱着她，在抒情诗里称她为"阿玛里利丝"和"玛西亚·莱奥纳达"。她丈夫在世时洛佩就和她生了一个女儿，叫安东尼亚·克拉拉。她丈夫气急败坏，想杀死洛佩，但是没有得逞。玛尔塔竭力通过合法途径解除婚姻，终于和丈夫离婚。丈夫对判决不服，准备上诉时，却意外死去。洛佩得知此事，欣喜若狂，幸灾乐祸，还写了一个题为《巴伦西亚的媚妇》的剧本。玛尔塔后来要他按照塞万提斯的风格写一部小说，他便相继写了四个中篇小说即《狄安娜的运气》、《谨慎的复仇》、《勇士古斯曼》和《荣誉带来的灾难》，以博取她的欢心。

在随后的几年间，洛佩先后出版名誉剧《堂佩德罗国王在马德里》（1618）、神话剧《金羊毛》（1920）、荣誉剧《最好的法官是国王》（1920）、意大利风格的小说《夜鹰》（1621）、神话诗《菲洛墨娜和其他散文与诗》（1621）、民间谣曲剧《奥尔梅多的骑士》（1622）、风俗剧《谨慎的女恋人》（1618）和英雄与荣誉剧《塞维利亚之星》（1623）等。

第五节　不幸的晚年，性格与为人

此后，使洛佩致命的痛苦事件接踵而至：他女儿马赛拉为躲避家庭的道德混乱局面而出走，参加了三位一体赤足教团；他儿子洛佩·费利克斯也离开家，1634 年在委内瑞拉近海的马加里塔岛捕捞珍珠时不幸溺水身亡；1626 年玛尔塔失明，两年后精神失常，萎靡不振，不时发病；他可爱的女儿安东尼亚·克拉拉被她的男友特诺里奥劫走；他那时的唯一合法女儿菲利西亚娜的两个儿女：女儿出家削发为尼，儿子路易斯·安东尼奥·德·乌萨特吉－维加从军为国王效力，晋升为上尉，不幸在米兰阵亡。这一切，使洛佩陷入了痛苦的深渊，他所爱的一切都化为乌有，只剩下他对他所说的第十个缪斯的矢志不移的忠诚。唯一使他感到欣慰的是乌尔瓦诺八世教皇授予了他神学博士称号和圣胡安教团十字证章，教皇在证书上称他为修士，他在后来出版的书上便称自己为修士。

1630 年年底，洛佩给塞萨公爵写了一封信，信中字里行间流露出他的种种焦虑：一是死神的逼近，他渴望死得有尊严；二是文学计划，不是继续为剧院写作，而是担心那种夸饰的、严肃文学盛行。

1632 年和 1633 年，一系列老年时期不可避免的不幸事件降临在他身上：他的朋友帕拉维西诺 - 阿尔特亚加（1580—1633）等人相继去世；一场恐怖的冰雹把他的最爱之一小花园砸毁，他把此事视为厄运和无助的象征；特别是他深爱的玛尔塔·内瓦雷斯之死；还有他和剧院的问题和年轻作家的问题，现在更加使他忧心。这期间，洛佩出版了他的优秀长篇小说《多罗苔亚》（1632），牧歌《致阿马里利斯》（1633），剧本《掩盖报复的惩罚》（1631）、《圣胡安之夜》、《倘若女人们没看见!》（1631—1632）等。1634 年他又出版了《人与神的抒情诗》、爱情纠葛剧《贝利莎的英武》和讽刺诗《丛林猫》。《丛林猫》是洛佩为了拿儿子洛佩·费利克斯的懒散取笑而写的，但此作出版时洛佩还不知道他的爱子已经不在人间了。而自从他的女儿安东尼亚·克拉拉被放荡的克里斯托瓦尔·特诺里奥劫走后，痛不欲生的洛佩活在人世的日子就不多了。他忧伤之极，1635 年 8 月 6 日自觉患病，20 天后病情加重，做了临终圣事，8 月 27 日他丧失了说话能力，做了默祷，吻了耶稣受难像。这是他曾用优美的诗歌歌唱的"真诚的爱"的最后一个佐证。下午 5 点 15 分，洛佩停止了呼吸。

塞萨公爵出资举办洛佩的葬礼，不计其数的市民前来为他送行。送葬队伍从三位一体教团门前经过，让他出家的女儿马赛拉向父亲做最后的告别。社会各界人士无不为洛佩逝世感到悲伤。200 位作家撰文赞扬洛佩。洛佩的遗体被安葬在马德里阿托查街上的圣塞巴斯蒂安教堂墓地里。后来，没有人负责每年去整修其坟墓的事宜。1654 年和 1658 年，由于洛佩的保护人塞萨公爵的家人停止交纳墓地管理费，结果洛佩的尸骨被掘出，抛撒在乱葬岗上。

洛佩的一生，经历坎坷，时乖命蹇。他一生犯了不少错误，没有恰当的词语能说明他的爱和恨。由于其独特的性格和做人方式，他引起的无人不知的丑闻和他真诚的悔恨、他对信仰的热心表现和痛心的悔罪，在他身上相反相成，绝非偶然。他在对人的爱和友谊方面毫无保留，为了表现忠诚和报答所受的恩惠，他不顾个人的尊严，甚至不惜低三下四。他的这种人生态度在很大程度上帮助他取得了丰硕的成果，即他的全部优秀作品。

在他的生活方面，他不喜欢大海，不喜欢崇拜他的人在大街上骚扰他。他喜欢拉小提琴，喜欢花朵，他有一个小花园，喜欢里面的花草；他喜欢猫，他养了一大群，他拿它们做试验，研究它们的反应。他厌恶斗牛活动和打牌，也厌恶打猎。他的嫉妒心很重，有一次艾莱娜·奥索里奥赞扬一位斗牛士，他竟给了她一记耳光。他对贵族毕恭毕敬，他虽然不是贵族，却吹嘘自己有贵族血统。他写信宗教，却尘缘不断，仍然钟情于女性。他承认他的一切私生子，写诗献给他们每个人；他爱他的每一个妻子和情妇，也写诗献给她们；他竭力供养他的每一个家庭。他是一个乐善好施的人，在他家的桌上，经常放着一堆钱，有人来乞讨，他就慷慨相送，有一次没有钱，他就把头上的帽子摘下来送了人。他是个热情、和蔼、有耐心的人，但对他的敌人（塞万提斯、贡戈拉、阿拉贡和佩利塞尔等）却冷眉相对。人民爱戴他，贵族请他出席庆典活动，教会欢迎他加入，宗教裁判所让他当使节和监察员。他不顾个人安危，一再从军为国家效力。他的葬礼持续了9天，悼词和赞词念了150遍，也算是很风光的。

无疑，洛佩·德·维加是他那个时代最受人敬重的人，有大量的说法证明了这一点，比如当时流行这样一句名言："我认为洛佩·德·维加是无所不能的诗人"，再如塞万提斯在其幕间短剧《奇迹剧》中所写的那个名句"像洛佩·德·维加"那样的好人好事。洛佩还有一个特点，即他的慷慨和热情。他的传记作者蒙塔尔万说："他是我们时代最富有和最贫穷的诗人，最富有是因为他挣得多，最贫穷是因为他非常慷慨，几乎成了个穷光蛋。"

第 二 章

洛佩的青年时代

第一节　和艾莱娜的爱情纠葛

1588 年的头几个月，洛佩·德·维加（那时他刚满 25 岁）是在狱中度过的。他于 1587 年 12 月 29 日在克鲁斯剧场演出时被捕。他之所以被捕，是因为名叫赫罗尼莫·贝拉斯克斯的戏剧导演指控他写了一系列诽谤性文章，他在文章中既诽谤韦拉斯克斯本人，也诋毁他的亲戚。那么，韦拉斯克斯究竟是何许人？他和洛佩·德·维加又有何关系呢？

赫罗尼莫·韦拉斯克斯是一位名演员，15 世纪末，他和他的家庭：妻子伊内斯·奥索里奥和儿子达米安、女儿艾莱娜住在马德里拉瓦皮埃斯街街口。儿子达米安是一位小有名气的律师，在西印度谋生。女儿艾莱娜 1576 年和喜剧演员克里斯托瓦尔·卡尔德隆结婚。而洛佩·德·维加在 1583 年出征亚速尔群岛前，就对并未离异的艾莱娜一见钟情，仰慕得五体投地，又是甜言蜜语，又是写诗赞美，满怀激情地表达他的爱慕之情。他给艾莱娜写的情诗足可以出版一本诗集。在洛佩·德·维加的笔下，艾莱娜常常被称为菲利斯。他在诗歌中千方百计、不惜笔墨地赞扬美丽的艾莱娜：

你的妩媚和清秀，
你那至美的面孔，

你那平静的水的眼睛，

赋予我的羽毛笔以力量……

　　除了艾莱娜那超凡脱俗的姿色外，她的精神品质也不逊色。洛佩·德·维加把艾莱娜写入了他的小说《多罗苔亚》，女主人公多罗苔亚就是艾莱娜的化身，他在小说中写道："至于可见的一切：她的身材、精力、清洁、谈吐、声音、智慧、舞蹈、歌唱、弹奏各种乐器，值得我用两千行诗描写。她具有各种各样的爱好，她热爱舞蹈、挥刀舞剑和教学，以及其他新奇的科学。"

　　洛佩·德·维加和艾莱娜的爱情，并没有遭到她丈夫卡尔德隆的阻挠。他经常不在家，即使在艾莱娜一家起诉洛佩·德·维加的时候他也远在他乡。当然，他们的爱情并非一帆风顺。洛佩·德·维加有时会梦见艾莱娜的丈夫，有时候会妒火中烧。不管怎样，这一对热恋的情人还是分手了。分手的原因也许是因为他的爱情太张扬了，他们之间发生的事情很快便被众人所知，因为洛佩·德·维加十分得意，简直忘乎所以，往往立刻把他们的交往付诸于诗篇。结果弄得满城风雨。譬如1587年年末，在京城马德里，就流行几首诗，有西班牙文的，也有拉丁讥诮诗文体的，这些诗严重伤害了韦拉斯克斯的家庭。韦拉斯克斯于是起诉了他，洛佩·德·维加随之锒铛入狱。

　　在审理过程中，洛佩·德·维加神态平静，坚决否认他是那些诽谤文章的作者，或者振振有辞地辩解，或者归罪于他人，比如把拉丁文诗加在奥多涅斯头上，此人是洛佩·德·维加在剧团的老同事，当时已经去世。但是洛佩·德·维加在审判中还在写辱骂韦拉斯克斯一家及其亲戚的文字，他们对受到的侮辱自然不满，法官不得不干预。1588年2月7日至8日夜，洛佩·德·维加的牢房受到了检查，没收了他的纸张。他对负责搜查的审判官说："我非常爱艾莱娜，我把为她父亲写的喜剧给了她，让她用那些剧本维持生计。让我感到遗憾的是，后来我把我写的一切喜剧都给了波雷斯。倘若我把喜剧送给艾莱娜，她家的人就不会控告我了。"

法庭根据证人的证词，判处洛佩·德·维加离开京城 4 年[①]，离开京城 5 里（不得违犯，否则加倍处罚），还要离开王国 2 年，不得违犯，否则判处死刑。

从此，洛佩·德·维加对艾莱娜的爱情就结束了。直到多年后才在《多罗苔亚》中死灰复燃。在这部小说中，怀旧情绪同现实和幻想交织在一起。他同艾莱娜的爱情曾经那么炽热，那么充满青春的活力，那么无所顾忌，那么不可抗拒，如今已化为泡影，取而代之的是他对米凯拉·德·卢汉或玛尔塔·德·内瓦雷斯的爱情。特别是他同后者的爱情，和同艾莱娜的爱情非常相似。在这些女人中，产生了《多罗苔亚》中的女主人公多罗苔亚，她是他的一切爱情的综合和美好的记忆，如同但丁笔下的贝娅特丽齐和彼得拉克笔下的萝拉，她们是当时的人文主义者追求的理想化的女性，是人间美和爱的象征。

第二节　与堂娜伊莎贝尔的爱情

洛佩·德·维加的牢房被搜查后的第二天早晨，他便动身前去服刑：他走出牢房，离开马德里，一路上由剧团老板加斯帕尔·德·波雷斯和青年时代一起建功立业的朋友和同事陪伴，前往卡斯蒂利亚农村。可以设想，这时的洛佩·德·维加受到了惩罚，由于在法庭上辩白和爱情带来的麻烦，已经身心俱瘁，只能到流放地去尽量平静地忍受流放生活。但是他很不甘心，不理智，做事欠思量，不免又干出一桩愚蠢的事情，就像他写的剑袍喜剧

---

① 一说 8 年。

的荒唐故事一样。他在卡斯蒂利亚乡间服刑，如果违犯流放的规定，就要被判重刑。但是他头脑发昏，很快就置刑罚于不顾，居然要拐骗一个女人。女人名叫堂娜伊莎贝尔·德·乌尔维纳·阿尔德雷特—科尔蒂纳斯，是曾任马德里市政委员和费利佩二世和费利佩三世宫廷司令官的堂迪埃戈·德·阿普埃罗—乌尔维纳的妹妹。洛佩·德·维加可能早就和堂娜伊莎贝尔有关系，也许就是在他同艾莱娜分手之后。在这种情况下，洛佩·德·维加应该明白，血统高贵、门第不凡的乌尔维纳家族不会赞成伊莎贝尔同他这个虽有名气却身处逆境的青年的婚姻，也不会同意他们来往，自然也会竭力规劝伊莎贝尔不要受他迷惑。面对洛佩·德·维加的不法行为，乌尔维纳家族向法院控告了他。但是不知何故，后来竟宽恕了他，不但没有判他什么罪过，反倒成全了他的好事：1588 年 5 月 10 日，他和伊莎贝尔在马德里圣希内斯教区举行了婚礼。显然，洛佩·德·维加并没有按照判定的刑罚远离马德里，从而违犯了不准返回马德里的禁令。

　　但是一波未平，一波又起。仿佛洛佩·德·维加不能制约他的思想和决定，仿佛被不可阻挡的生活旋风拖带着走。5 月 10 日举办过婚礼后不足三星期，即 5 月 29 日，他就作为志愿者参加了无敌舰队。这可是他的新婚蜜月啊！若干年后，他这样回忆乘坐圣胡安号远征军舰队前去征战的心情："为了为国王效力，我把利剑系在腰间，而不是把口唇贴着她的嘴唇，面对神圣的使命，英勇的青年绝不逃避。"无疑，洛佩·德·维加受到了当时西班牙青年普遍怀有的英雄主义热情的鼓舞。这种热情，和感情冲动的洛佩·德·维加一拍即合。对他来说，民族的利益高于一切，为民族、为国王效力他感到无上光荣，无比自豪。但是洛佩·德·维加并不是一个无情无义的懦夫，伊莎贝尔·德·乌尔维纳被他抛在京城，独守空房，此事像一块石头压在他的心头，于是他写了一首优美的谣曲追忆夫妻别离时的情景：

我倚着炮塔，

海水包围和拍击着它，

我望着一艘艘

驶向英吉利的舰艇。

潮水在上涨，

贝利莎的泪水在流淌，

她用悲伤的声音

对即将离她而去的人说：

"你去吧，冷酷的人，

你把我抛下，

我会报复你对我的伤害！"

当紧急时刻到来时

贝利莎这样抱怨。

司令向舰艇发出信号，

舰艇扬起了帆，

"等一等，等一等"，她对他说：

逃走似的丈夫，等一等；

唉，我徒劳地呼唤你；

上帝啊！你永远别回来！

"你去吧，冷酷的人，

你把我抛下，

我会报复你对我的伤害！"

　　但是，在紧张的军旅生活中，洛佩·德·维加并没中断诗歌创作。在圣胡安号舰上，他写了《安赫利卡的美丽》（1602）这首长诗，献给伊莎贝尔。他在此诗的序言中说："我是在海军生活的空闲时间里写的：在海上，在圣胡安舰艇上的索具和天主教国王的旗帜中间写成，诗歌续写了意大利诗人卢道维柯·阿里奥斯托（1474—1533）在叙事长诗《疯狂的罗兰》中描述的安杰丽嘉的故事，因为阿里奥斯托本人曾建议其他才子续写她的故事，但要写得更优美。"洛佩·德·维加把安杰丽嘉的故事搬到了西班牙，以十一音节八行诗的形式写了20唱，描述了安赫利卡的故事。诗中有关于几个貌美的女子在一个风景秀丽的地方沐浴的描写，表现了洛佩·德·维加在迷恋女色的青春期对美丽女性的倾心。

此外，洛佩·德·维加还在舰艇上写诗献给菲利斯，对菲利斯的爱情有表示告别：

> 火枪扛在肩上，
> 菲利斯的书信被风吹走，
> 像火枪弹药飞出枪膛。

无敌舰队经过半年多的征战，最终溃败，于同年（1588）12月返回西班牙港。洛佩·德·维加的兄弟胡安永远留在了遥远的海域，为国王捐躯。洛佩·德·维加在大西洋岸边的卡迪斯港上岸，在托莱多城做短期逗留后，和其妻伊莎贝尔·德·乌尔维纳团聚，然后一起前往巴伦西亚，在那里定居。那是1589年初。

第三节　在巴伦西亚和托莱多的文学生活

对这一对夫妻来说，巴伦西亚是一个无比幸福的安逸的城市。巴伦西亚文学界十分乐意接受卡斯蒂利亚地区的文学的影响，彻底摈弃了本地的文学。不止于此，巴伦西亚甚至出现了卡斯蒂利亚文学的繁荣局面。洛佩·德·维加身临其境，对这种变化和发展毫不陌生，更不奇怪，至少在戏剧方面。他热心阅读和竭力亲近传统文学，从传统文学作品中汲取营养，满足其不可抑制的好

奇心和对美的渴望。尤其是那里的种种现实事物：大果园、宜人
的气候、茂密的树木、宁静的大地……都给他留下深刻的印象：

> 在那里，整年
> 都仿佛是静谧的四月，
> 因为你们有
> 千万棵茂盛的树木。
> 无疑，那片土地
> 应该就是天堂。
> 那里的天空
> 试图展示它内在的力量。

　　洛佩·德·维加时代的巴伦西亚，印刷业相当发达，许多卡
斯蒂利亚文学作品得到出版，特别是歌谣集和诗歌集。洛
佩·德·维加到达巴伦西亚时，艺术性很高的歌谣十分流行。他
不失时机，顺应潮流，写了不少堪称杰作的歌谣。在 1588 年后出
版的巴伦西亚首卷歌谣总集中就收录了他的几首歌谣。比如这
一首：

> 贝拉尔多是
> 巴伦西亚大果园的园丁，
> 工作逼迫他做
> 他想不到的事情。
> 他为五月栽种花卉，
> 希望为春天带来花朵。
> 献给小姑娘的三叶草，
> 种在果园旁，
> 因为爱情的果实

和三叶草有关系。
黄色的罗勒，
他为 30 多岁的
已婚女人栽种，
为了孀妇
他则种了许多
百合和马鞭草，
因为黑色的衣裙
可以遮住心灵的绿色。
他为姑娘们种蜜蜂花，
这样姑娘已开始猜解谎言，
在她们那里真话很少。
他为患萎黄病女人种芹菜，
为怀孕的女人种巴旦杏，
为扭捏作态的女人种刺菜，
为年迈的妇人种荨麻，
为精力充沛的女人种莴苣，
为冷漠的女人种薄荷，
为丑陋的女人种洋艾。
一位姑娘从阳台上
看见了他，
她胸部白皙，眉毛漆黑，
她不怕别人嘲笑，
和他结了婚。
……

　　洛佩·德·维加在巴伦西亚生活期间作的歌谣曾流行一时，被收编在 1588 年和 1589 年间出版的诗歌集中，甚至被收进了希内斯·佩雷斯·德·伊塔编选的《格拉纳达的内战》一书，这本书16世纪末在欧洲受到广泛阅读。显而易见，洛佩·德·维加早期的声誉应归功于他的歌谣。

但是洛佩·德·维加在巴伦西亚和一群酷爱戏剧的人结下了不解之缘。他在那里认识了佛朗西斯科·塔雷加、卡洛斯·博伊尔、加斯帕尔·德·阿吉拉尔和纪廉·德·卡斯特罗等作家。这些作家特别喜欢舞台艺术，为戏剧表演写剧本。在他们的影响和鼓励下，洛佩·德·维加开始写喜剧。这时洛佩·德·维加的戏剧创作已不像以往那样纯粹出于消遣，而是在他的新生活中，他要通过戏剧创作帮助他的家庭。于是他奋力写作，把剧本寄往马德里，寄给他流放期间和他在一起的加斯帕尔·波雷斯。毫无疑问，他以自己的戏剧创作热情深深地影响了巴伦西亚那些关心戏剧的人们的兴趣和方向。

洛佩·德·维加以其勤奋使自己的声名与日俱增。这使巴伦西亚当局感到不安，以至以某种怀疑的目光看待这位受过刑罚从马德里来的青年作家。也许当局对洛佩·德·维加以其热情的调解工作从狱中救出的好朋友克拉迪奥·孔德的"毫不严肃的举止"更感到不安。但是谁也不能阻止洛佩·德·维加前进的脚步。在巴伦西亚，"他是无所不能的，他是上天和人间的诗人"。就连不可一世的宗教裁判所也不得不对他的表现持谨慎态度，不敢轻举妄动，否则就会引发众怒。多年后，在一位名叫米格尔·索罗利亚写的题为《图里亚的缪斯们的娱乐》（1631）的小册子里，曼莎纳雷斯的缪斯们对巴伦西亚图里亚的缪斯们打招呼说："愿太阳神多年守护你们！"后者回答说："愿洛佩守护你们，他就是太阳神！"结果，洛佩·德·维加就变成了在他不幸的岁月接纳了他的那块土地上的文学领袖，一个受人尊重和敬佩、几乎神化的人物。不仅在巴伦西亚，在马德里那块禁地他也是最受人们欢迎、几乎家喻户晓的作家。塞万提斯在为其喜剧写的序言中说："后来来了大自然的精灵，非凡的洛佩·德·维加以其喜剧的君主制崛起，使所有的喜剧演员顺从于他，并把他们置于他的管辖之下。他使世界充满了他自己的、幸运的、非常合理的喜剧，他写的喜剧超过一万多印张。所有的喜剧我都看过表演，或听人说过，至少它们都演出过，这是人们可以讲的最了不起的事情之一。"1590 年，离开王国流亡在外的岁月结束后，洛佩·德·维加已成为西班牙最伟大的诗人，在西班牙文学界无人能与之比肩，而他当时还不满 30 岁。只是有一件事使他感到心中不快，也许是他唯一的美中不足之处。这就是他还不能重返马德里。马德里是他出生的地方，是 17 世纪伟大的巴比伦。为了满足他的心愿，他开始活动。为此，他决定先去卡斯蒂利亚，再前往托莱多，在那里住下，等待着被判处的流放期限过去，那里距离京城不过五里路。

在托莱多，洛佩·德·维加为佛兰德战役的著名首领的孙子阿尔瓦公爵堂安东尼奥当秘书。秘书这一职能干的是半宫廷半文学性质的工作，这很适合这个年轻诗人的志趣。这项工作他干了 5 年，大部分时间居住在阿尔瓦·托梅斯小城。公爵一家在那里有自己的小朝廷，一如文艺复兴时代的那种令人感到愉快而舒适的、文学氛围浓厚的去处。那样的地方曾在 15—16 世纪为胡安·德·恩西纳的戏剧带来生气。对那个地方，西班牙宫廷诗人加西拉索·德·拉·维加曾经无比激动地写道：

> 在优美、清澈而神圣的托梅斯河
> 那绿油油、赏心悦目的岸边，
> 有一片宽阔的大平原，
> 它在寒冷的冬天呈现绿色，
> 在秋天和春天呈现绿色，
> 在炎热的夏天呈现绿色。

可以想见，那些岁月是快乐、平静、幸福的，特别是对伊莎贝尔·乌尔维纳来说。洛佩·德·维加以贝利莎这个名字为她写了许多美丽的诗歌。经过那么多风雨、不幸和危险之后，伊莎贝尔·德·乌尔维纳看到她丈夫在阿尔瓦·德·托梅斯的安定环境中创作了大量以田园生活为题材的作品，比如《舞蹈老师》、《感恩》、《拉丁文教师卢卡斯》等喜剧，十分欣慰。其中，《拉丁文教师卢卡斯》的故事发生在阿尔瓦·德·托梅斯和萨拉曼卡，生动地反映了萨拉曼卡的校园生活。主要人物是一个多面人：既是大学生，也是斗牛士和多情的青年。在阿尔瓦·托梅斯时期，他还创作了他的大部头长篇小说《阿卡迪亚》（1598），这是一部优美的田园小说，小说描述了他的爱情的忧伤。从其中关于阿尔瓦公爵的婚事的描写看，此作应该作于1590年前，1595年后又做了一些补充。1595年对洛佩·德·维加来说是个重要的年份，因为这一年结束了他在托梅斯的安逸生活，这一年也是他的爱妻伊莎贝尔（诗中的贝利莎）生第二个女儿特奥多拉时去世一周年。为了对伊莎贝尔—贝利莎表示纪念，他写了这首优美的歌谣：

> 亲爱的夫人贝利莎，
> 今天适逢你
> 过早去世一周年，
> 我尝到了那种苦肉汤。
> 你患病我侍候了你一年，
> 但愿那是一千年！
> 我多么愿意你这样病着，
> 我好继续报答你。
> 当所有的人丢下你时，
> 只有我独自陪伴你，
> 因为你活着时我喜欢你，

你死后我崇敬你、爱你；

……

同时，他还作了一首十四行诗悼念他短命的女儿，并且毫不犹豫地把一切可能让他想到女儿的东西丢掉，把孩子的内衣等物品拍卖掉，连伊莎贝尔的衣物和家中并不珍贵的珠宝也没有留下。

第四节　和巴伦西亚的不解之缘

在 1590 年至 1599 年的十年间，有一首谣曲在巴伦西亚十分流行，有人把它编入了 1599 年为庆贺在巴伦西亚城举行的皇家婚礼而写的一篇故事中。这首谣曲生动地展示了巴伦西亚的城市形象。谣曲中的巴伦西亚十分繁荣，可以和古罗马相比，它的市民各种各样，既有"出身显贵的绅士"，也有"富有的居民"，这类居民看上很像绅士和商人。此外还有不计其数的手艺人。当时的马德里是欧洲最脏的城市之一，巴伦西亚的街道却洁净如洗，它有良好的排污系统（"倘若马德里也这样／它就会成为皇城而不是这么肮脏的地方了"）；谣曲称赞它那些"趾高气扬的"商楼大厦和宗教建筑，尤其是它那家总医院——在接纳精神病患者方面跃居首位——医院的医生知识渊博，外院医生医术熟练；谣曲讲述了它的大学的著名学业和才子（"这里有缪斯／和祝福她们的阿波罗"），它的文学院，它的比武、比赛、节日庆典、圣体节表演或狂欢节和戏剧活动（"这里总有优秀剧团的演出"）；谣曲特别赞扬它的气候和它的果菜园的宜人景色，洛佩见了不由得诗兴大发："当从卡斯蒂利亚来的人／看到这些花园，／由于他们从没有见过，／如果没有茬事和穗子，／他们会去那里呼吸空气，／他们想象不到，／他们觉得陶醉，／就像一个中国的家。"（洛佩：《记述为庆贺费利佩三世的婚礼而在巴伦西亚举办的节日》）

由于洛佩散发文章诽谤他的旧情人、演员艾莱娜·奥索里奥及其家庭而被判首次流放期间他曾住在巴伦西亚，所以他对这座城市十分熟悉。洛佩于 1587 年 12 月 29 日在马德里克鲁斯剧场被捕并被投入牢房，当时他 25 岁。1588 年 2 月 7 日受到审判，判他离开京城 8 年①，离开王国 2 年。他离开了京城，但并没有马上前往巴伦西亚。5 月 10 日，他和他的第一任妻子堂娜伊莎贝尔·德·乌尔维纳结婚，妻子的父亲是马德里的市政会议成员和费利佩二世和费利佩三世的宫廷司令官。这样就和平地结束了洛佩出狱后因劫持堂娜伊莎贝尔致使其家庭对他的起诉。但是到了 5 月底，洛佩在里斯本参加了无敌舰队。回来后，他和妻子于 1588 年底或 1589 年初，在巴伦西亚定居，1590 年离开。前往托莱乌和阿尔瓦·德·托梅斯，为阿尔瓦公爵当秘书。

洛佩之所以把巴伦西亚选为他的流放地，是因为他觉得那里的文化与艺术传统优于其他地方，还因为那里的戏剧演出场所在全国首屈一指。可能洛佩在巴伦西亚开始确定了他的职业戏剧生涯，他的"新戏剧"理念也是在那里逐渐定型的。正是在巴伦西亚，洛佩遇到了一个人口众多、繁荣富裕的城市和喜欢戏剧演出、热心推动诗歌发展的贵族阶层。贵族们聚集在总督府周围，在长达一个世纪的时间里积极推动文化发展，致使文化氛围无比浓厚，许多重要文学作品应运而生，其中有《诗歌总集》（1511），书中辑录了巴伦西亚的贵族们的诗歌作品；有小说《爱情问题》（1513），书中插入了最早的牧歌之一《托里诺牧歌》，可能是巴伦西亚一位贵族所作，有路易斯·米兰的《朝臣》，是关于赫尔玛娜·德·福伊克斯和她的第二个丈夫的总督执政时期热爱节庆活动和戏剧演出的贵族社会的纪实。此外，还有深受宫廷官员喜爱的描写牧人生活的文学作品，其中应以豪尔赫·德·蒙特马约尔

---

① 先是 4 年，后增至 8 年。

的《狄安娜》（1558—1559）为最重要。洛佩离开巴伦西亚后不久，在巴伦西亚贵族贝尔纳多·卡塔拉·德·巴莱里奥拉的支持下，创建了夜间工作者学院，一大批贵族作家参加了学院的工作。后来，德尼亚侯爵和莱尔玛公爵先后来到巴伦西亚，他们在1595年至1597年间更新了巴伦西亚的诗歌氛围和节日气氛，贵族加斯帕尔·梅尔卡德尔在其田园小说《巴伦西亚的草原》（1600）中对此进行了描述。博学的知识界如大学的人文学者洛伦索·帕尔米雷诺、戏剧导演胡安·蒂莫内达等也对戏剧传统作出了贡献，他们把戏剧演出从宫廷扩大到面向中产阶层广大民众。当时的巴伦西亚，有不少享有盛誉的戏剧家，如安德雷斯·雷伊·德·阿尔铁达、克里斯托瓦尔·德·比鲁埃斯、佛朗西斯科·德古斯丁·德·塔雷加、洛佩·德·鲁埃达等。至少从1566年起，巴伦西亚出现了一条剧团街，剧团之多可想而知；而从1584年起，剧团由临时演出场所转向固定的剧院。洛佩到巴伦西亚时，他还没有确定自己作为戏剧诗人的地位，还没有真正融入那里的文化界和戏剧界。

1599年4月，在费利佩三世和玛格丽塔·德·奥斯特里亚、伊莎贝尔·克拉拉·欧亨尼亚公主和阿尔贝托大公的婚礼同时举行之际，洛佩从阿尔瓦·德·托梅斯回到巴伦西亚，这一次他是作为秘书陪同萨里亚侯爵即未来的莱莫斯伯爵堂佩德·费尔南德斯·德·卡斯特罗到来的。这一次来巴伦西亚，他不再是被逐出京城的微不足道的小人物，而是一位宫廷大诗人。负责记述贵族社会发生的事件。他在《对德尼亚节日的记述》（1599）和《幸福的婚礼谣曲》（1599）中讲述了德尼亚和巴伦西亚举办的节日的盛况。国王在巴伦西亚逗留期间恰好举办谢肉节，洛佩参加了一次从国王面前经过的假面游行，他扮演的是穿着意大利著名喜剧演员博塔加的衣服的堂卡尔纳尔（意为肉先生）。节日期间在城市的一座广场上上演了一出洛佩写的题为《心灵和神圣爱情的婚礼》（1604）的寓言短剧，剧本内容是回忆谢肉节举办期间巴伦西亚的节日气氛。此剧后来编入他的小说《在自己祖国的旅行者》（1604）出版。

洛佩还曾于1616年6月底第三次去巴伦西亚城，当时他已宣誓当了教士。他在致其主人塞萨公爵的信中谈到了他去巴伦西亚的事。他在信中说明了他突然离开京城前往巴伦西亚的原因：他要去那里会见他那个当赤脚僧的私生子。后来，面对公爵对他去巴伦西亚的真正原因的怀疑，洛佩供述了另一个原因：去和他的情妇、"疯子"演员会面，当时她和埃尔南·桑切斯·德·巴尔加斯剧团一起从巴塞罗那到了巴伦西亚。剧团和回来就任总督一职的堂佩德罗·费尔南德斯·德·卡斯特罗（曾是萨里亚侯爵，时为莱莫斯伯爵）乘坐的是同一条船。洛佩曾为他当秘书。他一驾到，洛佩便匆匆去看望他。关于此行，洛佩对塞萨公爵说："他以厚遇待我，在众人面前让我坐在他身边。"洛佩还说，桑切斯·德·巴尔加斯是当时最优秀的戏剧导演之一，洛佩为他写了好几个剧本。公爵"在海上和陵地上"听过该剧团的一些剧目，热情称赞洛佩的剧作。

尽管塞萨公爵对洛佩的这次巴伦西亚之行持怀疑态度，洛佩仍然没有向他的主人公开去巴伦西亚的第三个原因：拜见久别的老主人莱莫斯伯爵。洛佩一向看重贵族的庇护为他带来的好处，可能这才是推动他第三次去巴伦西亚的真正原因。塞萨公爵不喜欢洛佩接近其他贵族，指责他不断去拜访莱莫斯伯爵，但是洛佩在其主人面前总是坚持认为，那几次去巴伦西亚，都仅仅是为了制止那些关于他的爱情生活和同那位"疯子"演员的关系的流言蜚语。他真诚地希望莱莫斯伯爵理解他的苦衷，明白他是一个爱惜名誉、渴望自由的人。

看来，这是洛佩最后一次去巴伦西亚了。但是这座城市都把许多痕迹留在了他的作品里，比如他的剧本《巴伦西亚的疯子》

《巴伦西亚的寡妇》和《巴伦西亚格拉奥区》都以巴伦西亚为背景；在他流放时期写的谣曲中，他以牧人的身份表现他对巴伦西亚的气候、阳光和景色的印象，比如那首以"贝拉尔多是/巴伦西亚果菜园的园丁"的谣曲；还有洛佩的所有作品中散在的关于巴伦西亚及其居民的描写。

第 三 章

洛佩的戏剧

第一节 西班牙戏剧始末

提起西班牙文学，人们最先想到的是塞万提斯和他的《堂吉诃德》、洛佩·德·维加和他的《羊泉村》。

的确，源远流长的西班牙文学，经过中世纪（12—15 世纪）、黄金时代（16—17 世纪）、巴洛克时代（17 世纪 30 年代到世纪末）、启蒙时代（18 世纪）、浪漫主义（19 世纪初到中叶）、批判现实主义（19 世纪中叶到世纪末），直到当代，涌现出许多对欧洲乃至世界文学产生过很大影响的作家和作品，成为世界上不可忽视的文学之一。

在西班牙文学史上，戏剧始终占据重要地位。而要了解洛佩的戏剧，不能不了解西班牙戏剧的发展史。西班牙戏剧最早的表现形式是以宗教宣传为宗旨的"宗教短剧"，如以圣母和其他圣人为题材的"奇迹剧"；以基督的生平为中心，展示圣诞节、受难周和复活节盛况的"神秘剧"；表现人类的美德、信仰、希望、罪孽和死亡的"道德剧"等。这些戏剧，或者在教堂里演，或者在广场上演，形式比较古朴。其中最有代表性的剧目是中世纪的《东方圣人短剧》，表现的是耶稣降生时从东方来朝圣的三位博士的故事，台词均为韵文。这种诗体剧拉开了黄金时代戏剧的序幕，为西班牙戏剧的进一步发展奠定了基础。

与此同时，世俗剧也应运而生。主要表现形式是闹剧。虽然被斥为"不登大雅之堂之作"，却受到平民百姓的欢迎，因为它的台词不用拉丁文，而用通俗的口语，内容具有揶揄和荒诞戏谑的特点。这种戏剧，是后来产生的喜剧的雏形。

15世纪出现了西班牙戏剧的第一个高潮。其主要标志是产生了四位剧作家和一部名著。

戈麦斯·曼里克（141？—1490），是一位长于写抒情诗的剧作家，他最早将教堂用的戏剧改编成通俗剧传入民间。他写过两个剧本：《耶稣诞生》，是在圣诞节表演的短剧，以耶稣降生为主题，以圣歌结束；《圣周的哀伤》，属典型的神秘剧，用几场短戏，展示圣母玛丽亚伤心地哭悼耶稣死亡的情景。

胡安·德·恩西纳（1469？—1529？），是著名诗人和音乐家。享有西班牙戏剧鼻祖的盛名。他是第一个创作完整的舞台剧本的剧作家。前期的剧作有《耶稣受难》、《耶稣复活》、《圣诞节讴歌》等宗教剧和《狂欢节讴歌》、《雷波龙短剧》等世俗剧；后期有《菲莱诺，桑巴多和卡多尼奥》（描述为爱情自杀的故事）、《克里斯蒂与费贝娅》（表现为爱情而牺牲的故事）和《普拉西达与维克托里亚诺》（讲述一对情侣相继殉情的悲剧）。这三个剧本情节较复杂，人物性格鲜明，具有大型戏剧的特征，作者因而被称为西班牙诗剧的开山祖。

卢加斯·费尔南德斯（1474？—1542），是恩西纳的忠实门徒，剧作有六部《闹剧与田园诗》，其中以《耶稣受难短剧》为最重要，是一部具有现实主义精神并配有音乐的好剧，也是迄今屈指可数的西班牙宗教剧代表作之一。

费尔南多·德·罗哈斯（1475—1538），以著名的悲喜剧《赛莱斯蒂娜》赢得大剧作家的声誉。此剧大约写于1492年，1495年出版时为十六幕，1526年增至二十二幕。其全名为《卡利斯托与梅丽贝娅的喜剧》（后改成悲喜剧），写的是贵族青年卡利斯托和少女梅丽贝娅一见钟情，经老妇赛莱斯蒂娜撮合，双双月下相会，难分难舍。但在一次逃亡途中，青年不幸失足跌死，少女也以身殉情。作品表现了西班牙封建宗法社会中出现的新因素：个性解放，勇敢追求自己的幸福，无视罪孽的观念，天堂、地狱、罪过、忏悔、禁欲主义等传统教条在一对青年的爱情烈焰中化为灰烬。剧本同时批判了封建主义社会充满铜臭的金钱造成的罪恶。作品人物具有现实主义色彩：赛莱斯蒂娜是狡猾、贪婪、无耻的三姑六婆之类的人物典型；卡利斯托和梅丽贝娅则是冲破宗教思想和封建礼教束缚、争取个人幸福的典型，被认为是罗密欧和朱丽叶的先驱。此作对西班牙的文艺复兴具有重要意义：它的出现宣告了西班牙中世纪文学的结束，如果说《真爱诗集》（14世纪，胡安·路易斯著）是西班牙文艺复兴的催生剂，那么这部剧作可以说是西班牙文艺复兴的接生婆。

16世纪和17世纪（黄金时代），西班牙涌现出了一批以洛佩·德·维加和加尔德隆为代表的剧作家，这群作家以丰富多彩且不拘一格的戏剧创作促进了西班牙民族戏剧的产生和发展，造成了西班牙戏剧空前的繁荣局面。

希尔·维森特（1465？—1536？），剧作丰富，包括宗教剧、喜剧、世态笑剧、讽喻悲喜剧等。代表作为讽刺社会时弊的三部曲《小船》、以魔法师为主题的《卢维纳喜剧》和笑剧《伊内斯·维雷绮拉》。在戏剧创作上，他十分注重刻画人物性格。在思想内容的表现和人物的塑造上他也胜过同时代的其他剧作家。

巴托洛梅·德·托雷斯·纳阿罗（1476？—1531？），曾在罗马和那不勒斯侨居多年，所以其文学创作深受意大利文学影响。其代表作是《创意集》，其中包括散文、抒情诗、信札和六出喜剧。他的喜剧按性质分为"新闻喜剧"和"幻想喜剧"。前者表现事物、消息和事件，如《兵士对话》和《餐室对话》；后者以虚构的故事为题材，折射现实生活，如《伊媚奈娅》，此剧受

《赛莱斯蒂娜》影响，被认为是后来盛行的袍剑喜剧的先驱之作。剧中出现了后来西班牙舞台不可或缺的角色——丑角。作者在序中写道："喜剧乃高贵天才者的技巧表现，其效果使人的身心得到怡乐。"

洛佩·德·鲁埃达（1510？—1565），是西班牙民间滑稽剧的创始者，剧本几乎都用散文写成，打破了诗体剧的传统。他以其著名的十大短剧名垂不朽。如《橄榄》、《应邀吃饭的人》、《哈乌哈的土地》等。其剧作情节简单，用纯粹的民间口语写成，具有现实主义色彩。剧中人多为仆从、暴徒、恶棍、黑人、摩尔人和吉卜赛女人，主角常常是一个傻瓜。剧情往往是普通人民日常生活中生动有趣的片段，如《橄榄》表现一对夫妇栽种一株小橄榄的情景：刚把树栽下就想到三十年后才能结出的橄榄，为了橄榄的售价竟发生激烈的争吵，妙趣横生，被认为是其短剧中最成功的一部。

胡安·德·拉·古埃瓦（1550？—1610），是洛佩·德·维加的西班牙民族戏剧最接近的先驱，其剧作富有新奇的独创性，因此受到传统文人学士的攻击，但受到人民大众的欢迎。作为剧作家，他第一次把西班牙历史上的英雄事迹搬上舞台。重要作品有《拉腊的七公子》、《国王桑乔之死》、《维尔希尼娅之死》和《诽谤者》等。其剧情具有尖锐的戏剧冲突和激动人心的表现力。如《诽谤者》写男主角莱乌西诺欲娶艾丽奥多拉为妻，但遭到她拒绝。他恼羞成怒，遂派仆人去抢，仆人被她杀死。他提出诉讼，她被判死刑。但最后真相大白，他自食其果，受到惩罚。其现实主义精神显而易见。

洛佩·德·维加（1562—1635）是西班牙历史上最伟大的戏剧家，他以丰富的剧作确定了西班牙戏剧发展的方向，奠定了它不可动摇的基础，被称为西班牙民族戏剧的创建者。他善于发现人民群众的爱好和心愿，把整个民族的精神面貌和思想感情忠实地反映在他的作品中。

　　洛佩·德·维加文思敏捷，作品丰富多彩，被誉为"天才的凤凰"。他一生共创作了一千八百部剧本，但保存下来的只有四百六十二部，另有独幕剧四十八部。其剧作大体可分为九大类：即风俗剧、袍剑剧、牧歌剧、英雄剧或外国历史剧、西班牙历史剧、宗教剧、神话剧、骑士剧和哲理剧。其剧作多为喜剧：有一千五百多部。维加最优秀、具有代表性的剧本是《羊泉村》、《塞维利亚之星》、《最好的法官是国王》和《园丁之犬》等。

　　《羊泉村》（1619）描写羊泉村全体农民奋起反抗封建领主的压迫，他们打进领主的城堡，处死了暴虐无道的领主。国王派法官调查凶手，村民们异口同声回答说是"羊泉村"。国王只好免于追究。剧本在抨击封建统治者的同时，高度赞扬了普通百姓不甘受辱、勇于反抗的大无畏斗争精神。《塞维利亚之星》是一部历史悲剧，写的是桑乔四世国王访问塞维利亚时所干的丑事：他看上一个称"塞维利亚之星"的绝色"黑发姑娘"，便买通姑娘的侍女夜间为他开门。不巧姑娘的哥哥布斯托回家来，狠狠地羞辱了他。国王恼羞成怒，密令姑娘的未婚夫奥尔蒂斯去杀死她的哥哥。为了效忠国王，奥尔蒂斯放弃了爱情，杀人后被关进牢狱。最后国王承认自己是罪魁，奥尔蒂斯被无罪释放，但一对良缘被好色的国王破坏了。在作者的笔下，桑乔四世是一个偷香窃玉的角色，破坏他人爱情的祸首，杀人案的主谋，是一个不折不扣的暴君。《最好的法官是国王》（1622）塑造了一个正直、公正的国王形象。农民桑乔举行婚礼时，妻子被封建领主抢走。桑乔去寻找，遭到毒打，于是去求国王主持正义。国王写信命令领主放人，领主不放。国王便微服前往，领主气焰嚣张，国王怒不可遏，判其死罪并成全了桑乔和姑娘的婚事。《园丁之犬》（1618）是一出袍剑喜剧，描写一位守寡的年轻贵妇对她的秘书产生了爱情，难以向他吐露真情，却又处处阻碍他和侍女相爱，正像一只园丁之犬，自己不吃菜，也不让别人吃。多亏秘书的仆人替秘书编出一套世系家谱，贵妇才和出身卑微的秘书结为良缘。剧本批评了有害的门第观念和阶级偏见。维加的喜剧情节生动有趣，结局出人意料，带有浪漫主义色彩，语言具有抒情意味，对话就像一首首优美动人的抒情诗。

维加的戏剧打破了古典主义戏剧三一律的模式，富有创新精神，真实地反映现实生活，并充分发挥艺术的想象力。他的剧作具有完整而全新的结构，情节多变化，语言绚丽多彩，人物真实生动，为西班牙民族戏剧的创立和发展做出了杰出的贡献。

米格尔·德·塞万提斯（1547—1616），以名著《堂吉诃德》赢得巨大声誉，在戏剧方面也取得了可贵的成就。他的悲剧《曼努西亚之围》（1584）唱出了一首英雄主义的颂歌：西班牙的曼努西亚古城受到罗马军团围困，全城人民拒不投降，最后壮烈牺牲。此剧取材于古谣曲，内容和谣曲大同小异，出版后获得了巨大成功，成为西班牙人民热烈的爱国主义的象征。此外，他还写有《八出喜剧和八出幕间短剧》（1615）。八出喜剧是《西班牙勇士》、《妒忌之家》、《阿尔及尔浴室》、《幸运的无赖》、《伟大的苏丹妻子》、《爱情的迷宫》、《娱乐》和《佩德罗·乌德马拉》。其中《阿尔及尔浴室》取材于阿尔及利亚的狱中生活。《佩德罗·乌德马拉》以巨人和恶棍为主要人物，主角是个青年，最后找到了情人。《幸运的无赖》中的人物、情节堪称戏剧的典范，对话优美、生动。八出短剧为《奇迹》、《小心存放》、《吃醋的老汉》、《萨拉曼卡之洞》、《市长选举》、《离婚判官》、《伪装的比斯开人》和《无赖鳏夫》。这些幕间短剧多以嘲讽的笔调抨击社会上的丑陋的人和事，暴露贵族们的偏执自私，对流浪汉、穷人、老兵等小人物表示同情，形式生动活泼、富于幽默，且短小精悍，不失为戏剧中的精品。

蒂尔索·德·莫利纳（1580？—1648）是一位继承维加戏剧

传统的剧作家，作品有三百余部，其中以《塞维利亚的骗子手和石头客人》为最有名。主人公堂胡安是个荒淫无耻的贵族子弟，其父是国王的宠臣。剧情开始于那不勒斯宫廷，堂胡安假冒伊莎贝尔的未婚夫将她奸污，事发后带仆人乘船逃回西班牙。上岸前遇到大风浪，渔女蒂丝贝娅救活了昏迷的堂胡安，他见她生得美丽，花言巧语骗她并把她玷污，然后骑马逃往塞维利亚。在塞维利亚，他得知老朋友摩塔侯爵将和行政长官的女儿安娜结婚，便又设计进入安娜家，把她奸污，其父闻声赶来，和堂胡安决斗，被杀死。堂胡安随后逃往附近的村庄，适逢一农民要成亲，他本性不改，使用离间计把村姑骗到手糟蹋，然后逃回塞维利亚。堂胡安此时已四面楚歌，只得逃进教堂，在那里看到堂冈萨洛的石像，上面写着他正等着报仇。二人约定第二天见面。一握手，堂胡安觉得五脏像烈火在燃烧，想忏悔也晚了。作家借助这一形象，谴责了贵族阶级的荒淫无度和蹂躏人民的罪行、宫廷的淫乱和政治的腐败。在文学上，堂胡安这个典型产生了世界性的影响：西班牙的索里亚写了《堂胡安·特诺里奥》，法国莫里哀写了《唐璜》，普希金写了《石客》，拜伦写了《唐璜》，莫扎特写了歌剧《唐璜》等。

胡安·路易斯·德·阿拉尔孔（1581—1639），一生写了大约二十部剧本，大多取材于社会中间阶层的日常生活，剧情简单朴实，主题鲜明，结构紧凑，文笔优美自然，被认为是一位最接近现代的作家。其代表作是《可疑的老实话》。主角是个青年，撒谎成了他的习惯，父亲给他找了一门很好的亲事，他却谎称在外省结了婚，后来发现那位小姐正是他追求的女郎。但是后悔已迟，那位小姐嫁了别人，他只好和一个他不爱的女子结了婚。剧本无情地嘲讽了那种不老实做人、因爱撒谎而自食其果者。此剧是一部颇有影响的世界名著，法国剧作家高乃依曾受其启发写了《撒谎者》一剧。

　　属于洛佩·德·维加流派的剧作家还有安东尼奥·米拉·德·阿梅斯瓜（1577？—1644），他写有五十多部剧本，代表作是《魔鬼的奴隶》。另一位是胡安·佩雷斯·德蒙塔尔万（1602—1638），写了五十多部剧本，代表作为历史剧《西班牙的塞内加第二》和悲剧《特鲁埃尔的情侣》等。

　　佩德罗·加尔德隆·德·拉·巴尔卡（1600—1681），是几乎和维加齐名的大剧作家，剧作颇丰，不算幕间短剧，仅重要剧作就有喜剧一百二十出，宗教短剧八十出。他的戏剧具有巴洛克风格：韵文格调美，形式整齐，词句绮丽，结构完整划一，内容深刻。他最重要的剧作是《人生是梦》。

　　《人生是梦》是一出哲理剧，故事发生在中世纪的波兰。王子出生后，国王根据星象，深信王子成人后将成为暴君，于是把他关入荒山中的塔内，与世隔绝。王子成年后，国王想试验预言是否灵验，便命人将王子麻醉后带回宫中。王子醒来，眼见一片奢华，以为是做梦。知道身世后，他野性发作，把一个仆人掷入大海，并侮辱国王。国主觉得预言灵验，就又把王子押回塔中。王子醒来，以为刚才的事是一场梦。后来人们把王子救出，拥戴为王，和国王交战，国王大败。王子即位，不念旧恶，与父言和。剧本表现了作者的一种哲学观念：人生如梦。在阶级社会中人是不自由的。他看不到出路，感到惶惑，于是陷入宿命论，认为人生是一场幻梦。这是消极的方面，但剧中也有积极的因素（人民起义的情节），这是可贵的。在艺术上，剧情紧张，一步步发展到高潮，戏剧性十分强。加尔德隆的重要剧本还有《萨拉梅亚的镇长》、《自尊的医生》、《秘密的侮辱需要秘密的报复》、《神奇的魔术师》等。非凡的艺术才能和杰出的戏剧创作，使他成为洛佩·德·维加之后西班牙剧坛上的主帅，其剧作至今流传不衰。

　　和加尔德隆同代的重要剧作家还有：

　　佛朗西斯科·德·罗哈斯·索里亚（1607—1648），写有大约七十个喜剧和十五个宗教短剧。最有名的是《除了王上，对谁也不买账》，写的是贵族加西亚杀死调戏其妻的朝臣门多的故事。此外，他还开创了一种以骄傲的草包为主角的喜剧，如《傻人傻事》，剧情充满笑料，妙趣横生。

阿古斯丁·莫雷托·伊·卡瓦纳（1618—1669），一生写了大约八十部剧本，最有名的是《以白眼还白眼》，写一位伯爵的女儿狄安娜，美丽却傲慢，对追求者不屑一顾。一位伯爵爱上她，却束手无策，仆人献一计：针锋相对。结果刺激了狄安娜，使之爱上了他，有情人终成眷属。他的剧作结构朴实、稳妥，对白富有情趣，人物形象鲜明，心理刻画生动，具有国际影响：法国的高乃依和莫里哀、意大利的戈齐等都曾仿效他的作品。

在后来的岁月里，西班牙戏剧虽然没有出现大的高潮，却涌现出了不少重要剧作家。

安赫尔·德·萨阿维德拉·里瓦斯公爵（1791—1865），浪漫主义剧作家，他最有名的剧作是《堂阿尔瓦罗》，描述从新大陆来的青年阿尔瓦罗在塞维利亚爱上一位侯爵的女儿莱奥诺尔，由于侯爵反对，双双相约私奔，不幸手枪走火，误杀了侯爵，阿尔瓦罗逃走，恋人隐居。侯爵的两个儿子找阿尔瓦罗报仇，发生决斗，一死一伤。受伤的阿尔丰索遇见妹妹，以为她是阿尔瓦罗的同谋，将她杀死。阿尔瓦罗陷入绝望，跳崖自尽。剧本暴露了封建社会的黑暗、反动，同时表现了命运支配一切的宿命思想。在艺术形式上，此剧集浪漫主义之大成：完全打破了"三一律"，时间上相隔好几年，地点来回于西班牙和意大利，情节跌宕起伏，场面五光十色，烈火般的爱情伴随着血海深仇，一切都达到了浪漫主义顶峰，使剧本成为西班牙浪漫主义的典范之作。

何塞·索里亚（1817—1893），皇家学院院士，他的著名诗体剧《堂胡安·特诺里奥》和莫利纳的《石头客人》的剧情大同小异，但更为风行，浪漫色彩十分浓厚。直到今天，每逢4月1日万圣节，西班牙各地都要上演它。因而有评论家把他同洛佩·德·维加相提并论。

贝尼托·佩雷斯·加尔多斯（1843—1920），以写小说著称，但在戏剧上也取得突出成就，写有二十多部剧本，其中最有名的是《裴翡达夫人》（1896）。剧情是：主人公佩佩·莱伊是一位具有自由主义思想的青年工程师，从马德里来到内地小城奥瓦豪萨，准备和表妹罗莎里奥结婚。姑妈裴翡达夫人是个狂热的天主教徒，顽固守旧，把侄儿视为思想上的敌人。彼此发生多次冲突，最后命打手把他杀死。剧本猛烈批评了天主教教条和封建道德，各类人物形象鲜明，情节紧张生动，是一部脍炙人口的杰作。

贝纳文特·伊·马丁内斯（1866—1954），是西班牙"90年代"作家群中的剧作家，写有百余部剧本，主要作品有讽刺喜剧《利害关系》（1907）、表现母爱的《夫人的爱》（1908）、以农民生活为背景的《被憎恨的女人》（1913）等。其剧作具有现实主义、风俗主义、唯美主义和现代主义多种倾向，深受萧伯纳的影响，将嘲讽的矛头指向马德里中上层资产阶级对金钱和地位的崇拜及其伪善行为。例如他的名剧《利害关系》，作者以资本主义制度下的金钱关系所带来的自私的利害关系为题材，对资产阶级的伪善面目进行了无情的揭露和辛辣的嘲讽。《秋天的玫瑰》是他重要剧目之一，全剧主要通过几对夫妻的婚姻生活中出现的矛盾及其解决办法，表现男女双方的婚姻观和家庭观：只有相互体谅、相互包容，遇事需要克制和等待，才能品尝到爱情的甜蜜、家庭的幸福。艺术上富有特色：人物个性鲜明，对话精巧、简洁，形式完美，既适合上演亦适合阅读。1922年，贝纳文特因"继承西班牙戏剧优秀传统中运用得恰到好处的风格"，获诺贝尔文学奖。

加西亚·洛尔卡（1898—1936），著名诗人和剧作家，一生创作了十二部剧本，主要有《玛丽亚娜·皮内达》（1927）、《古怪的鞋匠老婆》（1930）、《流血的婚礼》（1933）、《叶尔玛》（1935）等。

《流血的婚礼》是加西亚·洛尔卡的戏剧代表作，此作奠定了他在剧坛上的地位。1933 年 5 月在马德里首次公演时引起巨大反响。作品展示的是发生在乡村的婚姻悲剧：举行婚礼时，新娘被她原先的情人抢走，在追赶途中发生决斗，两个男子汉双双丧命。作品将传统与现实、诗歌与幻想、高雅与通俗融为一体，色调鲜明，形象生动，有力地鞭挞了西班牙农村残存的封建礼教、世俗偏见、民间陋习和愚昧落后现象。

洛尔卡的戏剧具有鲜明的人民性，既有继承也有创新，既通俗又高雅，既富有诗意又具有散文特点，充分运用戏剧的各种表现技巧，深为人民大众所喜闻乐见。

阿莱杭德罗·卡索纳（1903—1965），当代著名剧作家，以新颖的题材和独特的形式显示了在戏剧艺术上继承传统、勇于探索、大胆创新的精神。作品比较丰富，主要有《搁浅的美人鱼》（1934）、《黎明的贵妇》（1944）、《枯死的树》（1949）、《生与死的王冠》（1955）等。

《生与死的王冠》是一出悲剧，以真实的历史为依据，描述了一对青年男女的不幸爱情故事：葡萄牙王子佩德罗钟情于宫内长大的美丽姑娘伊内斯。由于廷臣和老宫女们的中伤，国王把她逐出宫廷。但这对恋人更加情深意切，索性在北方秘密结合，然后回乡下居住。国王把西班牙公主接来与王子婚配，王子自然不从。公主以打猎为名，调开王子，独闯伊内斯家中，企图逼她与王子分离，伊内斯据理力争，粉碎了公主的意图。但国王不肯罢休，把王子遣送他乡，同时派人杀死伊内斯。国王的暴虐无道激起百姓起义，杀死了国王和凶手，王冠戴在了为爱情、正义而死去的伊内斯头上。剧情曲折、感人，场景设计合理，人物性格鲜明，热烈歌颂了青年男女不畏封建礼教、勇敢争取爱情幸福的斗争精神，同时鞭挞了统治者迫害人民的罪行。

安东尼奥·布埃罗·巴列霍（1916—2000），当代西班牙享有盛誉的剧作家，曾学习绘画，内战中一度被监禁。1949 年出版第一个剧本《楼梯故事》，上演后获得成功，被授予维加戏剧奖。剧本基本采用传统手法，表现几家贫苦房客的生活，戏剧结尾道出了作者的意图：父辈在生活的苦斗中失败，把希望寄托在下一代身上。此剧深受维加、加尔德隆和佩雷斯·加尔多斯及易卜生的影响。他的重要剧作还有描写盲人生活、具有存在主义倾向的《炎热的黑暗》（1950），带有浓厚的古典神话的悲剧色彩的《编织梦幻的女人》（1952），表现历史题材的《侍女们》（1960）。其他剧本有《黎明》（1953）、《今天是节日》（1956）、《圣奥维多的音乐会》（1962）、《天窗》（1967）、《基金会》（1974）等。他曾四次获国家戏剧奖，1986 年获塞万提斯文学奖。

第二节　民族戏剧的开创者

洛佩·德·维加是"黄金世纪"享受盛誉的作家，他是大自然造就的天才。他之所以被誉为"天才中的凤凰"，不仅因为他创作了数量可观的作品，还因为他富有革新精神：敢于离开前人走的老路，唾弃戏剧的阳春白雪，重视为平民百姓写作。他的荣誉大厦不是凭着卖弄学识而是凭着为人民大众写作而建造起来的。

洛佩出世时西班牙就存在大量戏剧作品，但是缺少一种真正的民族戏剧。人们深感需要走一条与前人不同的道路，可是眼前一片模糊，不知道新路在哪里。人们做过各种尝试，却没有一种尝试符合民族的需要和国民的口味：也许平民百姓喜欢引人发笑的喜剧，也许上层社会爱看高雅的剧目，却没有一种戏剧能够博得社会各阶层一切人的喝彩。总之，必须创造一种让广大人民群众喜闻乐见的民族戏剧，这种戏剧能够让每个西班牙人由衷地说："这才是我们喜欢的戏剧。"

为了创造这样的戏剧，洛佩从理论和实践两个方面进行了努力。在理论方面，他于 1609 年发表了题为《当前创作戏剧的新艺术》的诗体论文。在论文中，他打破了古典主义戏剧的清规戒律，提出了与之针锋相对的"新艺术"论。他认为，民族戏剧不应机械地遵循古典诗剧的严格规定，重要的是要符合时代精神和平民大众的需求。民众渴望在戏剧中看到的是和他们休戚相关的现实。而现实生活是多种多样、丰富多彩、时刻变化的。所以他主张破除古典主义戏剧死板的统一律，把喜剧因素和悲剧因素集合在一起，安排好戏剧的情节，因为情节是戏剧的重要组成部分，是推动戏剧冲突发展的动力，要让情节紧紧地扣住观众的心弦，直到剧终，不能放松。正如洛佩指出的："让情节从头出现，贯穿全剧，一场一场引向结局，不到最后一场，不许把结局揭晓，因为观众过早地知道结尾，就会把身子转向门口……"

在戏剧的题材选择上，洛佩认为最重要的有两个：一是荣誉，二是美德。他说："没有比荣誉更高超的题材，它感动一切人，无一例外，除了荣誉，就是美德，因为美德到处受人赞扬。"照洛佩的理解，荣誉和美德具有广泛的含义。荣誉就是人类的一切美好理想，生活所要求的正当权利，谁要是剥夺别人的正当权利，谁就损害了别人的荣誉。所以人们应该维护自己的荣誉，和损害自己荣誉的人做斗争。而美德就是争取和捍卫荣誉的表现，也就是维护正义的英雄主义品质。这种含义，正是当时的人文主义思想的重要内容。

《当前创作戏剧的新艺术》这篇论文的重要性，在于它提出了剧作家应享有的创作动机的自由和艺术想象的自由，在于它主张戏剧应该摆脱古典主义框框的束缚，建立生动活泼、受广大社会阶层欢迎的民族戏剧，使这种戏剧能够反映新时代的精神和现代的生活。正是由于这种新见解，所以洛佩把自己的这种理论称为"新艺术"。

在实践方面，洛佩创作了大量适合演出的诗剧，有喜剧也有悲剧，有宗教剧也有世俗剧。他的剧本一般是三幕，每个剧都有真实的情节，紧张的冲突，悲喜因素交织在一起，有动听的音乐，甚至还有舞蹈。他笔下的戏剧故事，有的取材于真实的历史事件，有的取材于国内外的小说，有的取材于民间传说，有的直接取材于现实生活。由于情节生动、真实、紧张、有趣，平民百姓爱看，上流社会的达官贵人也喜欢看。尤其是有些剧中描述的各种各样的爱情故事，很受各阶层人士的欢迎。

　　每一出戏的演出过程也多姿多彩。在正剧开幕前，先来一段开场白，向观众介绍剧情，或者表演歌舞，让观众怀着愉快的心情看戏。在幕与幕之间，加演一些与正剧无关的滑稽短剧或歌舞表演。正剧结束后，也照例演一些滑稽节目。这就使剧场的气氛显得格外欢快，让观众自始至终心情快乐。演出的场所通常是因陋就简，虽说有固定的剧场，但是十分简陋，往往是利用住宅的庭院或由胡同改建。舞台中央是布景，两侧用布遮挡，台前没有大幕。庭院两旁的走廊或窗口，就略加改造变成贵族和贵妇们享用的包厢，一般的观众则坐在或站在庭院里看戏。这样的剧场，当时叫作"科拉尔"，意思就是"庭院"、"露天剧场"。

　　洛佩的戏剧，以情节为主体，角色完全服从于情节的需要，什么阶层的人物就有什么阶层人的性格。剧本的台词都是诗歌，采用民间流行的谣曲（romance）、首尾韵四行诗（redondilla）、短歌（seguidilla）和民歌（copla）的格律，抑扬多彩，既生动、活泼、通俗易懂，又容易记忆。洛佩认为：

> 十行诗适合表达抱怨；
> 十四行诗适合等待者吟诵；
> 描述要求用谣曲，
> 尽管用八行诗效果也很好。
> 表现严肃的事情用三行诗，

表现爱情则宜用首尾韵四行诗。

（《当前创作戏剧的新艺术》）

在戏剧创作上，洛佩主张破除因袭的清规戒律，不囿于传统，不受前人的拘束，为使平民大众高兴而写作：

当我写剧本时，
总要用 6 把锁
把戒律锁牢；
从我的书房里
把泰伦提乌斯①
和普劳图斯②赶走，
免得他们对我叫喊；
我为了渴望得到
大众掌声的人
创造的艺术写作；
因为大众付了费，
就应该为使他们高兴
而努力表演。

（《当前创作戏剧的新艺术》）

概括地说，洛佩的新艺术最重要的特点是：

1. 趣味：虽然古典主义戏剧的规则很好，但是时代不同，观众的趣味是多样的，剧作者应该适应观众的趣味。戏剧的目的是激发观众的乐趣。

2. 人物：包括悲剧人物和喜剧人物，二者同时出现在剧本中

---

① 泰伦提乌斯（约公元前190—公元前159），古罗马喜剧家。
② 普劳图斯（约公元前254—公元前184），古罗马喜剧家。

或舞台上；人物一般有七类：

一是国王：如果是年轻人，他一定很狂妄，有时不公正；如果是老人，他一定很谨慎，并且认为有必要建立公正的社会秩序。

二是小生或年轻人：他具有一切美德：年轻，热情，有耐心，能够忍受痛苦……支配着他的感情是爱情、嫉妒和荣誉。

三是反面人物：一般是滥用职权的贵族，他专断独行，做尽坏事。他在剧中的角色是反面的。最终总要受到国王的惩罚。

四是贵族小姐：受年轻贵族追求的对象，为人高贵、勇敢、坚定，是理想主义者。个别情况例外。这类女性社会地位比较被动。她们常常扮成男人，像男性那样行动，以维护自己的名誉。这种女扮男性的女人往往引发种种妙趣横生却纠缠不清的局面。

五是小姐的父亲：是一位维护家族和女儿名誉的模范家长。

六是小丑：一般是小生的仆人，或者是他的朋友和参谋。他聪明，却胆怯，爱钱、爱吃、爱玩。经常和小姐的女仆相爱、结合。他的出现或参与可以打破紧张的气氛。

七是女仆：是小姐的心腹和陪伴者，扮演着女性丑角的角色。

3. 三一律：古典主义戏剧主张情节、时间和地点的三一律，或"三整一律"，即每剧限于单一的故事情节，事件发生在一个地点并在一天内完成。洛佩认为，情节的单一可以坚持，但是考虑到真实性，关于时间和地点的规定没有必要遵守。三一律虽然有利于剧本情节结构的简练集中，但它已成为束缚戏剧创作的清规戒律，洛佩较早地打破了这种规定。

4. 幕数：古典主义戏剧一般分为 5 幕，洛佩的戏剧本为了幕（约 3000 行诗），每幕 8 页，演出 3 个小时，包括开场前的颂词、幕间剧和舞蹈。

5. 悲剧因素和喜剧因素相结合：洛佩认为戏剧和生活一样应该多样化，在同一部戏中可以有贵族和平民、国王和农夫……社会各阶层的人都有，当然其言谈举止和衣着等都应得体，小丑或滑稽角色甚至可以出现在悲剧性非常深或剧情非常严肃的剧中。

6. 主题：洛佩认为荣誉、名誉和美德是戏剧的重要主题，这些对一个人和一个家庭来说是不可少的，也是不可侵犯的。否则就要进行报复，甚至通过流血来雪耻。名誉通常与女人有关联，如果被玷污，就要由男人站出来洗雪。所以，在剧中经常有女人扮成男人去为被伤害的名誉复仇。荣誉是人们的美好理想和追求，有血性的男子或女子总要为荣誉而战。美德则是争取和维护荣誉的力量。爱情是洛佩戏剧的另一个重要主题。一位年轻男子或骑士追求一位小姐，有情人终成眷属，在其戏剧中司空见惯。一部戏中，只要有一个爱情故事，它就变得十分有趣，就会受到观众的欢迎。所以，洛佩的许多剧作都以爱情为主题。

7. 剧本用诗歌写成，即人物的对白都是诗歌，采用的是民间常见的歌谣、短句歌谣（每句为六音节）、首尾韵四行诗（第一、第三行和第二、第四行押韵）、四行至七行的短诗和短歌、每节八行（每行十二个音节）的民歌民谣、三行诗、两韵五行诗、十四行诗、十一音节诗等各种诗歌形式，诗歌和剧情协调一致，即根据需要采用适当的诗歌形式：对白用十行诗或首笔四行诗，叙事用歌谣，独白用十四行诗，严肃的情节用三行诗。

8. 表演顺序：开始用吉他乐曲和一出短剧。然后是第一幕，一出幕间剧，之后是第二幕，结束后是一支舞蹈和第三幕，最后用一出闹剧结束全剧。剧场演出一般是下午两点和四点之间开始，天黑前结束。

9. 结局：戏剧表演的目的要符合时代精神、社会需要和观众的喜好，自始至终引发观众的乐趣，让观众高兴地离开剧场，或者给观众留下回味的余地。

总之，洛佩以其"新艺术"从理论和实践上，对西班牙的传统戏剧和欧洲的古典主义戏剧进行了一场革命，在很大程度上把戏剧从"阳春白雪"变成了"下里巴人"，使之成为真正的民族戏剧、人民的戏剧。对于洛佩的戏剧，西班牙人完全可以自豪地说："这才是我们喜欢的戏剧。"洛佩的戏剧新艺术既继承又打破了前人的戏剧传统，为西班牙民族戏剧确定了崭新的艺术形式，为当时的剧人也为后人树立了典范，有力地促进了戏剧的发展和繁荣。

还应指出的是洛佩热爱生活，他把戏剧作为表现生活的一种方式，所以在他的剧中，悲剧因素和喜剧因素交织，贵族和平民、神和人共存。为了吸引观众，他的剧作表现的题材多种多样：英雄业绩、宗教圣事、牧民生活、民风民俗等，人物则是15世纪西班牙社会的代表人物：老人、青年、小姐、女仆、达官贵人、平民百姓，各色人等。剧本中经常插入诗歌，诗歌和主题相适应，采用各种韵律。其剧作取材于历史、文学、圣人生活、幻想世界以及他个人的生活和经验。

《当前创作戏剧的新艺术》这篇论文的根本意义在于它对以往的戏剧即古典主义戏剧进行革新，以生动活泼、灵活多变的戏剧艺术取代因袭的戏剧的死板戒律，给剧作家以创作动机上的自由和艺术想象上的自由，使戏剧能够贴近社会生活，反映现实和时代精神，适合民众的胃口。

第三节　洛佩戏剧概述

在16世纪和17世纪的西班牙戏剧史上，洛佩·德·维加扮演着极其重要的角色，他甚至被视为"新戏剧"的真正创造者。

在新戏剧方面，文学史家历来认为有不少戏剧家对洛佩的创造发生过影响，比如西班牙的胡安·德尔·恩西纳（1468—1529）的田园诗、托雷斯·纳哈罗（1476？—1531？）的喜剧、卢卡斯·费尔南德斯（1474？—1542？）的牧歌和喜剧、洛佩·德·鲁埃达（1510？—1565）的喜剧、葡萄牙希尔·维森特（1470？—

1536？）的戏剧和西班牙传统戏剧中的胡安·德·拉·库埃瓦（1543？—1610）的悲剧和喜剧。戏剧批评家们特别指出西班牙巴伦西亚的戏剧家们对巴洛克戏剧的产生所起的重要作用，就在洛佩因诋毁其昔日情人的家庭而被判离开马德里（1588）流亡巴伦西亚期间（1589—1590），他在那里直接接触到了著名戏剧家塔雷加（1554—1602）、克里斯托瓦尔·德·比鲁埃斯（1550？—1609）、雷伊·德·阿尔铁达（1549？—1613）和里卡多·德·图里亚等人的剧作。

　　从严格的文学意义上讲，有必要提及在16世纪最后30年间，在巴伦西亚、塞维利亚和与洛佩的生平密切相关的马德里等大城市出现的可以称为"商业戏剧"的早期戏剧。因为这是西班牙戏剧的早期表现，是西班牙戏剧史上不可或缺的篇章。1562年，洛佩出生在马德里，他的文学生涯和个人的一生直到殁世都和这座城市密不可分。从1610年到他去世的1635年，他居住在现今叫塞万提斯街的佛朗科斯街。在洛佩的少年时代，马德里建起了两家剧院，这就是众所周知的十字剧院（1579）和亲王剧院（1582）。马德里的戏剧活动，无疑为洛佩的戏剧创作提供了有利条件，他于16世纪80年代开始写剧本，剧院的广告不断更换，每个新剧只上演两三天，这极其有力地推动了洛佩的剧本创作，其收入自然与日俱增。

　　在洛佩的保存至今的众多剧作中，创作最早的是《加西拉索·德·拉·维加的业绩事件和摩尔人塔尔费》（1579—1583？），这个剧本分为4幕，而不像洛佩后来的剧目那样都分为3幕。洛佩一生到底写过多少剧本，这一直是文学史家和研究者探讨的问题。洛佩自己在生前的1631年出版的《献给克劳迪奥的牧歌》一书中说，他写了"1500个戏剧故事"。但是根据莫利①和布鲁埃尔

---

① 莫利（1878—1970），美国西班牙文化研究者。

顿①撰写的著名的洛佩年表（被认为是现代人研究洛佩戏剧的基础），目前西班牙保存的洛佩剧作共有 315 部。另外，还有 27 部可能是洛佩的剧作，74 部怀疑是他的剧作。

应该指出的是，洛佩最初创作戏剧只是为了演出，而不是为了出版。作为一位除了流浪汉小说以外当时的其他任何文体都涉猎的多才多艺的作家，洛佩还年轻的时候就相信，他的文学成就将能得到的声誉和承认，与其说由于他的戏剧，不如说由于他的其他文体的作品。所以他就写了一部长篇小说《阿卡迪亚》（1598），此作属于当时十分流行的田园小说，小说中插入了许多诗歌。同样，他也作了两篇史诗，一篇题为《巨龙颂》（1598），是描述英国海员和海盗弗朗西斯·德雷克（1540？—1596）的，另一篇题为《伊西德罗》（1599），写的是一个马德里农夫（后来成了圣徒）的故事。此外，他还出版了一本十四行诗集《诗韵》（1602），其中包括他的著名诗篇《安赫利卡的美丽》。

1604 年，洛佩的戏剧开始系统地出版。第一卷包括 12 个剧本。而在同一年洛佩出版其长篇小说《自己祖国的旅行者》时，他在该书的前言中列了一份包括 219 部剧本的名单，并声明这些剧本确实是他的作品。问题是，洛佩戏剧的系统出版，并没有征得洛佩本人的同意，因为洛佩把他的剧本手稿为演出而卖给了所谓的"编剧"（实际上是剧团的导演），几乎把剧本的文字所有权出让给了别人，这是那个时代的惯例，并不像现在这样存在版权概念。甚至洛佩没有在其前 8 卷的献词中署名，直到 1617 年马德里阿隆索·马丁遗孀的印刷所所印的洛佩戏剧第 9 卷中才有了洛佩的署名。

洛佩的剧本在十字剧场和王子剧场取得了成功，带动了洛佩戏剧的出版，后来洛佩的许多卷剧本的印行和再版即是明证，以

---

①　布鲁埃尔顿（1890—1956），美国西班牙文化研究者。

至于在洛佩生前，他的剧本出版了多达 25 卷。剧本的出版通常以洛佩的手稿的抄本为基础，但这种抄本并没有经过洛佩过目。而当洛佩把剧本手稿卖给剧团后，剧团的编剧往往对剧本进行修改，以便于表演。这种被修改的剧本就成了它出版的基础。这样，从剧本创作，到卖给剧团修改演出，再到印刷出版，需要好几年的时间。

这么长的过程不可避免地影响到一个剧本出版时间的确定，并且不难理解（比如说）洛佩为什么在收入第 14 卷的《真正的情人》一剧的献词中说，这是他的第一个剧本，而那时他只有 12 岁。就是说，此剧大约作于 1574 年，比莫利和布鲁埃尔顿在洛佩年表中所说的第一个剧本《加西拉索事件》还早几年。为了解决这个矛盾，最合乎逻辑的解释是设想洛佩所指的《真正的情人》不是第 14 卷中的那一部，而是没有保存下来的原始本，因为莫利和布鲁埃尔顿所说的剧本印刷于 1585—1589 年。《真正的情人》的情况十分明显地说明在确定洛佩的大多数剧本的写作时间方面存在的问题。这是一个很棘手的问题，解决起来很困难。有的根据剧本本身的有关内容来确定，有的根据洛佩本人在某篇文章中的暗示来确定……但这样确定的时间只是很接近，并不准确，只能说某个剧本可能或大约出版于何年。

一般说来，洛佩的全部戏剧创作生涯大体可以分为三个时期：即早期（1580—1604）、新艺术时期（1604—1627）和暮年时期（1627—1635）。

一 洛佩早期（1580—1604）的戏剧

洛佩的头几部戏剧大约写于 1580 年。1604 年显然是这个时期的末年，因为洛佩的戏剧于 1604 年开始分卷出版，意味着洛佩的新戏剧取得的成就已经广为人知。这个时期创作的剧本大约占保存至今的剧本的一半。在收入目录的 315 部剧本中，约有 160 部剧本确属洛佩所作。洛佩早期的戏剧提供并强化了作为洛佩新戏剧特点的戏剧程式。这是一个探索时期，在这个时期洛佩比较成功地证验了后来成为他的新戏剧艺术的基本特征：比如从属于剧情的情节和人物的连接，突出某些喜剧人物即滑稽角色的表演。据洛佩自己说，这类角色直到他创作《洋李》的1596年才出现。

在其戏剧创作的初期，洛佩比较偏爱宫廷戏剧。这类戏剧的演出环境是在宫廷的上层贵族中间，以某座宫殿作为演出场地。宫廷戏剧和当时流行的城市戏剧不同：城市戏剧的主角是中层贵族、小姐和绅士，后来叫"袍剑剧"。洛佩写了不少宫廷戏剧，早期的有《无辜的王子》（1590）、《应该报答的恩惠》（1593）、《受迫害的劳拉》（1594）、《磨》（1596）、《爱情的嘲弄》（1587—1595）、《失踪的公主》（1588—1595）、《忧伤的王子》（1588—1595）、《受迫害的卡洛斯》（1590—1595）和《费利萨年的大理石》（1594—1598?）、《巴伦西亚的疯子》（1590—1595）等50余部。

二　洛佩"新艺术"时期（1604—1627）的戏剧

自1604年后，创作戏剧的新艺术无论在理论上还是实践上都在洛佩的戏剧创作道路上得到了加强。所以，在其成熟期，洛佩写了许多保存至今的名剧，按其类型说，有历史剧（或悲喜剧）、宫廷喜剧和城市喜剧。其历史剧一般以村民为主角，村民被认为是洛佩戏剧的典型。其历史剧最突出的代表是由《佩里瓦涅斯和奥卡尼亚的骑士团队长》（1604—1608）、《羊泉村》（1611—1613）和《最好的法官是国王》（1620—1623）组成的三部曲。三部曲中，《羊泉村》无疑是最著名的，因为它被认为是洛佩的戏剧和整个巴洛克戏剧的象征。

《羊泉村》以戏剧形式再现了西班牙15世纪在科尔多瓦城的羊泉村发生的真实的村民起义过程。为写此剧，洛佩从和历史事件有关的传说和纪事中汲取了灵感。村民们奋起杀死了骑在他们头上作威作福、无恶不作、无视国法的领主兼骑士团队长的恶霸费尔南·戈罗斯，表现了羊泉村全体村民万众一心、同仇敌忾和反动派进行斗争的可贵精神。《佩里瓦涅斯和奥卡尼亚的骑士团队长》表现的也是领主和他的庶民之间的对立和斗争。剧中的主要角色虽然不像《羊泉村》中那样是集体，但是剧本的结局也是放荡不羁的领主被杀死，因为他以其令人发指的行为把村镇的等级制度推向了危险境地。村民佩里瓦涅斯发现领主企图趁着黑夜闯进他家欺侮其妻，便气愤地杀死了他。他捍卫了自己的名誉，亲自伸张了正义，国王和王后赞赏他的行为，赦免了他的死罪。洛佩通过此剧再一次成功地塑造了村民的不畏强暴、卫护自身利益的形象。第三部剧《最好的法官是国王》的剧情和前两部相似，表现地方贵族堂特约滥用职权，欺压村民，搅乱村镇的正常秩序，在其卑劣的欲望驱使下阻碍农民桑乔和村姑艾尔薇拉的婚礼，并当夜把新娘抢走，囚入一座塔中并将其强暴，桑乔向国王报告了特约的暴虐无道，国王微服私访，了解了实情，下令将特约斩首，桑乔和艾尔薇拉完婚。

除了以村民为主要人物的剧作外，还有表现骑士的著名悲喜剧《奥尔梅多的骑士》（1620—1625），此剧根据胡安·卡洛斯二世当政时期发生的真实事件写成：奥尔梅多的骑士堂阿隆索在梅迪纳市场上和堂娜伊内斯小姐一见钟情，并相约出会，但是堂罗德王戈也在追求伊内斯，并向其父亲提出娶伊内斯的要求，父亲答应了。伊内斯宁肯当修女也绝不嫁给他。堂阿隆索在斗牛活动中救了情敌堂罗德里戈，后者却恩将仇报，把恩人杀死。国王主持正义，下令处死了杀人犯。这是一出主人公死于非命的爱情悲剧。

洛佩在"新艺术"时期写的宫廷喜剧主要有两部，即《生活在自己角落的村夫》（1614—1615）和《园丁之犬》（1613），前者以法国国王的宫廷为背景，以国王在一座墓碑上看到的一则墓志铭为灵感写成，墓志铭说："农夫胡安安葬在此地，/从来不曾为国王效力，/他既不去京城，/也不肯见国王。"国王见农夫的态度如此固执，便产生了好奇心，非去见见此人不可。国王微服出行，见到了农夫，受到农夫热情接待，国王约请农夫到他那里作客。农夫到了宫殿方知客人是国王，国王请他当管家为国王效劳，农夫自觉惭愧，承认自己错了。剧本塑造了农夫朴实而可爱的利莎的姑妈堂娜特奥多拉不准侄女随便和男人来往，为此她费尽心思监视和跟踪侄女的行动。为了对付她的跟踪，他们想出一个办法，即让贝利莎假装患了忧郁症，不思饮食，郁郁寡欢。而让利萨多的仆人冒充医生给她看病，开出的处方是：贝利莎必须每天喝矿泉水和糖，并每天早晨外出散步。同时让利萨多的朋友塞洛假装追求堂娜特奥多拉，分散她的注意力，无暇跟踪这对恋人。此计果然有效，有情人终于如愿以偿。此剧表现了爱情的力量是任何势力也阻挡不住的，相爱的人总有办法冲破封建礼教的桎梏，获得恋爱的自由。《傻大姐》讲述的是秉性截然相反的两姐妹的婚恋故事：妹妹尼赛聪明过人，有良好的文学修养，是一位令人敬佩的才女；而姐姐菲内娅却愚昧无知，常冒傻气，胡言乱语，信口开河，令人哭笑不得，家庭教师也拿她没办法。善良的父亲想给女儿们找个好婆家，便给尼赛物色了绅士劳伦西奥，给菲内娅物色了另一位绅士利塞奥。但劳伦西奥人穷，喜欢有钱的女人，利塞奥则喜欢有才的女人。菲内娅从叔父那里得到一笔可观的嫁妆，劳伦西奥便千方百计博取她的欢心。最后两姐妹终于各得其所，两个绅士也都如愿以偿。剧情颇为生动、曲折、不乏幽默。傻大姐的形象十分可爱，最初她在生活和婚姻方面总表现得傻乎乎、疯癫癫，但经过多次和男人接触和接吻，她终于情窦大开，成了一个聪慧的小姐。

　　包括上述剧作在内的洛佩最著名最流行的剧本都是他在这个

时期写的，有些作品既反映了洛佩的戏剧成就，也充分体现了他的新戏剧形象，同时颂扬了国王微服私访、热情而耐心改变农夫狂妄傲慢态度、值得礼赞的可敬之举。《园丁之犬》是洛佩的著名宫廷喜剧或风俗喜剧之一：狄安娜伯爵夫人受到里卡多侯爵的追求，但她钟情的人是其秘书特奥多罗，只是由于门第差别而不能结婚。但是她也不允许其秘书和她的女仆玛赛拉相爱和结婚，正如看菜园的狗，自己不吃，也不让别人吃。剧本尖锐讽刺了封建主义门当户对的婚姻观念，细致地刻画两个地位悬殊的、一贫一富的男女主人公的复杂心理矛盾。

《马德里的矿泉水》（1608—1612）和《傻大姐》（1613）是洛佩"新艺术"时期城市喜剧的代表作，前者描述利萨多和贝利莎这一对恋人为追求恋爱自由而使用的妙计：为了卫护家族的名誉、贝利莎的思想和原则。正是在洛佩的这个成熟时期，他从戏剧理论角度发表一篇重要宣言，以使人们更好地理解他提出的戏剧创作思想的主要特征，这便是著名的《当今创作戏剧的新艺术》（1609）。这是一篇诗体文论，是应马德里一所文学科学院的要求写的，收在《诗韵》（1609）一书中出版。此作曾被当时的批评者视为一个"错误"，洛佩也因此而为他维护的新戏剧的程式感到后悔。随着岁月的流逝，人们才愈来愈清楚地认识到他的新艺术所包含的思想的重要价值。

新戏剧受到的批评和攻击来自那些信守和维护古希腊理论家亚里士多德在其《诗学》中确定的艺术原则的人。其艺术原则就是把悲剧和喜剧绝对分开，规定剧本情节、地点和时间三者必须完整一致，即每剧限于单一的故事情节，事件发生在一个地点，并于一天内完成。但是洛佩的大多数戏剧并不遵守时间和地点的完整一致。此外，更让那些卫道士恼火的是，洛佩根本不同意把喜剧和悲剧分开，因为他更喜欢悲喜剧的混合体，这是那班循规蹈矩者和亚里士多德的拥护者所不能容忍的，譬如西班牙的人文主义者佛朗西斯科·卡斯卡莱斯（1564—1642）在其著作《诗歌索引》中就称悲喜剧是"雌雄同体"的怪物。

正是在这种背景下，洛佩发表了他的"新艺术"论。时值他的戏剧演出在剧场获得巨大成功，而他的基本理论却受到古典主义理论家们的质疑。所以，洛佩做这样的说明是可以理解的："在写一部戏剧时，/我得把规则用6把锁锁起来"，"因为平民大众看戏付了钱，/为他们带来快乐是应该的。"

至于古典主义的时间、地点和情节的三一律，洛佩肯定地说，他只遵守最后一条，不管他受到了多少批评，包括塞万提斯在《堂吉诃德》中通过受秦牧师之口对他的批评："国内一位大手笔"①，"他的文笔华丽精巧，词典优美，娓娓动听，充满了庄严的警句，总之风格高雅流畅，从而得以誉满天下，可是为了迎合戏班子的口味，他的剧作并非达到应有的完美程度。"②毫无疑问，塞万提斯也酷爱戏剧，并且写了不少剧本，但是其数量远不及洛佩，所以他不得不承认，他所称为的"大自然的精灵"给他夺走了"喜剧王国的权杖"③。

在"新艺术"中，洛佩决定把每部剧分为三幕，就像他的绝大多数剧本一样（只有其处女作《加西拉索事件》除外）。这样划分有利于剧情发展，正如洛佩自己解释的："第一幕设置戏剧冲突，/第二幕展开戏剧冲突，/第三幕解决戏剧冲突。"古典戏剧或古典主义戏剧分为五幕，后来变为四幕，最后改为新戏剧的三幕，这个过程持续了整个16世纪。

此外，洛佩还用一章的篇幅来说明剧中的人类人物（国王、老人、情人、女扮男装的小姐和仆人），以及舞台布景。特别重要的是洛佩对自己在新戏剧中所采用的各类诗歌的介绍，因为其新

---

① 指洛佩。
② 《堂吉诃德》，董燕生译，第435页。
③ 《8部喜剧和从未上演的8个幕间短剧》序。

剧的特点是使用复律诗：十四行诗、三行诗、十行诗、八行诗、谣曲和首尾韵的四行诗。从数量上说，后两种是洛佩戏剧中采用最多的诗歌形式。

无论在理论上还是实践中，新艺术的创始者洛佩都十分清醒地意识到他在成熟时期获得成功的那些最著名或最杰出的剧作中采用的表现方法。一般说来，17 世纪头 20 年是洛佩的戏剧生涯的成熟阶段或制高点。

三 洛佩暮年时期（1627—1635）的戏剧

洛佩于 1635 年去世，终年 73 岁，但是他在 1627 年即 65 岁那年就写了第一份遗嘱。显然，他是预感到自己的来日已经不多，创作的热情也就随之低落，所以在其生命的最后 10 年，其戏剧作品自然比其他时期相对减少。此外，洛佩的晚年适逢宫廷戏剧的支持者和推动者费利佩四世（1605—1665）当政时期，舞台时尚和趣味发生了一些变化。这些变化促进了舞台布景转换器的使用和舞台布景的改变。而在此之前，露天剧场的舞台布景是很简陋的。洛佩似乎不乐意接受这种新时尚，这导致他渐渐远离了戏剧创作，他甚至不愿意参加宫廷举办的豪华的戏剧演出活动。

和以卡尔德隆·德·拉·巴尔卡（1600—1681）为首的年轻剧作家们不同，洛佩对宫廷戏剧特有的舞台布景转换器和舞台布景的变化不怎么感兴趣，所以他在他的戏剧第 16 卷（1621）的对话体序言中抱怨时下戏剧败落，"或者由于没有好演员，或者由于写戏的诗人太差，或者由于对听众缺乏了解"，以致搬上舞台的剧目表面上热闹、好看。然而，豪华的宫廷戏剧在费利佩四世当政时期却盛行一时。其实，洛佩有时也为宫廷的戏剧演出写作，比如他和著名意大利舞台设计师科斯梅·洛蒂合作，上演了《没有爱情的丛林》，此作被认为是第一部西班牙歌剧。同样，他还受人之托为万能的奥利瓦雷斯伯爵一公爵的妻子组织的 1631 年 6 月 24 日的戏剧晚会写了《圣胡安之夜》一剧。

　　但是洛佩所从事的这类宫廷演出并不经常有。年迈的洛佩觉得自己不仅离宫廷戏剧远了，而且离流行的文学时尚也远了。以卡尔德隆为代表的其他剧作家反倒成了喜剧王国的主人，特别是在卡尔德隆专门经营的宫廷戏剧方面。

　　洛佩老年时期颇有代表性的剧作是他于 1631 年亲自署名的《掩盖报复的惩罚》。在这部剧作中，除了那一对情人外，真正的主人公是为过去的好女色的生活感到后悔的老公爵费拉拉。对于费拉拉公爵来说，戏剧矛盾的结局是悲哀的，因为他发现他儿子同年轻的继母保持着乱伦的关系，公爵不得不用死来惩罚他们，哪怕采用虚伪的方式，只要他的家丑不外扬、他的名誉不扫地就行。奇怪的是，此剧"仅仅在宫廷里演出了一天"，据洛佩在致读者的前言中说，"因为这和您关系不大"。而批评界则推测，这部悲剧演出少的原因可能是老年时期的洛佩和年轻的剧作家们之间的竞争越来越激烈了。

　　同洛佩其他时期的剧作相比，他老年时期最有代表性的作品是《多罗苔亚》（1632），洛佩称之为"散之剧"，是一部戏剧体的小说，写的是洛佩年轻时代同艾莱娜·奥索里奥的爱情，彼此相爱长达 5 年，最终还是分手，他们的爱情是刻骨铭心的。主人公费尔南多和多罗苔亚就是洛佩和奥索里奥的化身。《多罗苔亚》是一部很特别的作品，它不是用诗而是用散文写成的。此外，其结构不是三幕，而是古典式的五幕。和新戏剧相比，《多罗苔亚》不注重故事情节的发展，而注重人物性格的表现。总之，洛佩在这部为阅读而不是为演出写的《塞莱斯蒂娜》式的喜剧中，打破了他自己在《新艺术》中提出的关于新戏剧的规则。

　　最后应该强调的是，在黄金世纪的戏剧史上，洛佩的影响和重要性没有任何其他作家可以与之比肩，无伦在创作的剧本数量[①]还是上演的剧本数量上，都是如此。其戏剧作品本身就足以构成一个戏剧流派。此外，还有不少同道或弟子继承和发扬他的"新艺术"，如蒂尔索·德·莫利纳、纪廉·德·卡斯特罗、米拉·德·阿梅斯夸、胡安·鲁伊斯·德·阿拉孔、贝莱萨·德·格拉等。这些剧作家通常在洛佩在世时或逝世后形成团体，一起从事戏剧活动。

第四节　洛佩戏剧的类型

西班牙历史发展到 16—17 世纪，封建主义已经没落，资本主义开始萌芽，这一切为文学的大发展奠定了基础。这个时期，以塞万提斯、洛佩·德·维加、蒂尔索·德·莫利纳、卡尔德隆·德·拉·巴尔卡、路易斯·德·贡戈拉等人为代表的一大批经典作家、诗人和戏剧家脱颖而出，小说、诗歌和戏剧得到空前发展，西班牙文学出现了一个全盛时期，这就是西班牙文学史上著名的"黄金世纪"。这些作家在欧洲文艺复兴时期的人文主义思想影响下，进行着丰富多彩的创作活动，在作品中抨击腐朽没落的封建社会，为受压迫遭欺凌的平民百姓伸张正义，表现出鲜明的现实主义倾向。在戏剧和诗歌方面，则以洛佩·德·维加为首，为西班牙文学做出了突出贡献。

洛佩早年酷爱戏剧，十一二岁就写了 4 个短剧；到 41 岁就写了 230 部剧本；到 47 岁，增加到 483 部；到 56 岁，增加到 800部；两年后增加到 900 部。洛佩自己说，到 70 岁，共写了 1500部。他的学生、朋友、诗人和传记作者佩雷斯·德·蒙塔尔万说他写了 1800 部。但幸存的只有 426 多部，计 25 卷。至少有一百

---

① 　洛佩自己说有 1500 部，其传记作家蒙塔尔万说有 1800 部。

来部每部都是 24 小时内完成的，两个白天他能写一部 2400 行的剧本。此外，他还写有 400 部宗教短剧，幸存下来的仅有 42 部。

洛佩的剧作卷帙浩繁，题材多种多样，无论怎样分类，都是勉强的、不尽准确的。但是为了介绍和研究的方便，文学史家和研究者还是把他的戏剧分了类。他们的分类大体是这样的：

1. 风俗剧。此类剧类似古罗马喜剧家普劳图斯和泰伦提乌斯的喜剧，大多表现社会习俗、人情世态、平民百姓的生活，批评某些人或阶层的恶习。这类剧有《生活在自己角落的农夫》、《园丁之犬》、《傻大姐》、《巴伦西亚的疯子》、《提水罐的少女》、《贝利莎的英武》、《无赖卡斯特鲁乔》等。

《生活在自己角落的农夫》描写一个名叫胡安的农夫，心满意足地生活在村中，相信"不见国王的人，他就是国王"，所以他决心不去见国王。国王得知他这么固执，便微服私访，上门求见，结果二人成了好朋友，他被请进了宫殿，方知这位贵人就是国王。剧中还写了农村姑娘利莎达在城市里认识了青年奥东并爱上了他，虽然不同的社会背景妨碍着他们相爱，但是爱情的力量战胜了一切，有情人终成眷属。《园丁之犬》描写狄安娜伯爵夫人受到里卡多侯爵的追求，但她喜欢的人是其秘书特奥多罗，只因门第之差别而不能与之成婚，但她也不允许秘书和她的女仆玛尔赛拉恋爱、结婚。有人编了个故事，说特奥多罗是伯爵的儿子，早年被土耳其人俘虏而失散多年，还让那位伯爵来认儿子。狄安娜终于相信特奥多罗门第不低，便和他结为夫妻。剧本生动地刻画了狄安娜夫人的性格，她就像看菜园的狗，自己不吃也不让别人吃。《傻大姐》讲述的是秉性相反的两姐妹的婚恋故事：妹妹尼赛聪明过人，是令人敬佩的才女；而姐姐菲内娅却愚昧无知，常冒傻气：胡言乱语，信口开河，令人哭笑不得。父亲想给女儿们找个好婆家，给尼赛物色了绅士劳伦西奥，给菲内娅物色了另一位绅士利塞奥。但劳伦西奥人穷，喜欢有钱的女人，利塞奥则喜欢有才的女人。

菲内娅从叔父那里得到一笔可观的嫁妆，劳伦西奥便千方百计博取她的欢心。最终，姐妹二人各得其所，二位绅士也如愿以偿。《巴伦西亚的疯子》描写贵族青年佛洛里亚诺自认为在殴斗中杀死了雷伊内罗王子，害怕官方追捕，便和朋友躲进巴伦西亚一家疯人院。与此同时，美丽的小姐艾里菲拉和家里的仆人莱奥纳托私奔，仆人却把她的全部贵重财物抢走，把她丢在疯人院门口。疯人院的人以为她是疯子，便把她拉进了疯人院。久而久之，艾里菲拉和佛洛里亚诺产生了爱情。但是官人找上门来，因为佛洛里亚诺确实杀死了王子。正当审判时，王子出现了，他说被杀的不是真正的王子，而是他派来和佛洛里亚诺进行决斗的人。真相大白，佛洛里亚诺和艾里菲拉终于喜结连理。《贝利莎的英武》写贵族小姐贝利莎乘马车外出散心时遇见一个衣冠楚楚的青年，那个青年突然遭到身后一个人的攻击，他勇敢反击时又跑来三个人帮助那个坏蛋。贝利莎路见不平，赶忙把车夫的剑拿过来，跳下车去帮助那个青年。那些人落荒而逃。那个青年叫堂胡安，他是为争风吃醋而和那个人结怨的。他爱的女子叫卢辛达，贝利莎因爱上了堂胡安而心生妒忌。堂胡安也因卢辛达喜欢堂恩里克而肝肠寸断。最后胡安感到厌倦了，便想回故乡兰德，战死在沙场。贝利莎告诉他，她既然救了他的命，就已表明她的忠诚，胡安的矛盾心情消除了。

2. 袍剑剧。此类剧作主要表现青年男女的爱情，往往以女性为主角，情节曲折、生动，是洛佩最新颖最优美的剧种。剧中常常有骑士、国王，但并不注重描写历史事件，而是表现爱情故事，揭示人物的嫉妒心理，表现为爱情进行的决斗等。代表性的剧目有《马德里的矿泉水》、《谨慎的情人》、《托莱多之夜》等。《马德里的矿泉水》描述的是利萨多和贝利莎这一对恋人为追求恋爱自由而使用的妙计。为了维护家庭的名誉，贝利莎的姑妈想方设法监视侄女的行动，不准她随便和男人来往。为了对付她的监视，她假装患了忧郁症，并让利萨多的仆人冒充医生给她看病，开出的药方是让贝利莎每天喝含铁的矿泉水并早晨外出散步，同时让利萨多的朋友假装追求贝利莎的姑妈。这样，贝利莎既能天天外出和利萨多幽会，又能使姑妈无暇监视这一对恋人，此计果然有效，有情人终于如愿以偿。

3. 牧歌剧。这类剧，故事情节比较复杂，但是也颇具情趣，那些富有诗意的描写十分优美。朴素的美丽事物，大自然的美丽景象和甘美的田园生活，在作者的笔下如诗如画。对美与欢乐的赞颂，对爱情力量的讴歌，对牧人真挚、高尚品格的赞美，体现了洛佩的人文主义思想。这类剧的代表作有《无爱的丛林》、《哈辛托的牧歌》、《愤怒的贝拉尔多》、《真正的爱人》等。其中《无爱的丛林》描述的故事是：爱神朱匹特终日无所事事，母亲维纳斯要他去用他的箭点燃人们的爱情，于是他从塞浦路斯来到马德里曼萨纳雷斯河畔的森林，森林中的男女彼此态度冷淡，毫无爱的热情。朱匹特便用他的箭射他们，在他们心中点燃起了爱火，于是本来无动于衷的青年男女相爱了，无爱的丛林就变成了有爱的丛林。全剧在大合唱中结束。

4. 英雄剧或外国历史剧。这类剧以西班牙国外历史上的英雄人物为主角，表现重大历史事件，或者以某种历史变故为背景描述一个富有戏剧色彩的故事。代表作有《亚历山大的伟绩》、《燃烧的罗马》、《莫斯科大公》、《奥东帝国》、《比塞奥公爵》、《卡洛斯五世保卫维也纳》等，大多取材于中世纪的编年史、英雄史诗，有的来自行吟诗人和古典谣曲传播的历史传奇。比如《比塞奥公爵》的故事就源自葡萄牙人鲁斯·德·比纳的著作《国王堂胡安二世纪事》，写的是比塞公爵和吉马朗斯公爵被无辜杀害的事件。他们的言行本来就清白无辜，却被说成图谋不轨。国王为了维护自己的王冠和权势，不惜听信宠臣堂埃加斯的谗言，排斥异己，致使两位忠诚的公爵遭杀害。

5. 以西班牙的历史和传说为题材的戏剧。此类剧以真实的历史事件或历史传说为基础，描述一个故事，可以想象或虚构，常常采用民歌民谣、民间故事等。其源泉大多是智者十世编纂的《西班牙编年通史》。代表作有《羊泉村》、《最好的法官是国王》、《奥尔梅多的骑士》、《塞维利亚之星》、《佩里瓦涅斯或奥卡尼亚骑士团队长》、《最后一个罗特人》、《阿拉贡的钟》、《西曼卡斯的姑娘们》等。其中，《羊泉村》写羊泉村村民淳朴善良，过着和平幸福的生活。但是驻在村上的骑士团队长费尔南及其一伙欺压百姓、坏事做尽。费尔南企图诱奸村姑劳伦西亚，屡遭拒绝，贼心不死，正当村姑和心上人举行婚礼时，他带着人趁黑夜把劳伦西亚抢走，囚在他家。但她坚贞不屈，逃出了魔掌，决心报仇，讨回名誉。费尔南的暴虐无道激起全村人的愤怒，众人拿着农具、刀剑、长矛，冲进费尔南家，把他千刀万剐。国王派人来抓凶手，每个村民都说是羊泉村干的。国王无可奈何，只得宽恕了村民。《最好的法官是国王》写封建领主堂特约参加他的仆人桑乔的婚礼，竟看上了新娘艾尔薇拉，强行把她带走，囚于城堡。桑乔在愤怒之下前往宫廷，请国王做主，国王写了一封信请桑乔带给特约，特约见信不以为然，还打了桑乔。桑乔只好再次求见国王。国王说"最好的法官是国王"，于是亲自前去处理，责令特约把新娘交给桑乔，并把他的一半财产作为新娘的嫁妆。剧本颂扬了主持公道的国王、为拯救心上人而不屈不挠的桑乔，鞭挞了仗势欺人、心灵污秽的封建领主特约。

6. 神话剧。洛佩的这类剧不多，但十分精湛，多以神话人物为主角，描述具有神奇色彩的故事，尤其是爱情故事，同时描绘奇异的自然风景。人物和大自然构成一幅美丽图画。这类剧的代表作有《克雷塔的迷宫》、《维纳斯和阿多尼斯》、《珀耳修斯》和《最坚定的丈夫》。《克雷塔的迷宫》表现的是代达罗斯和帕西淮的著名传说及阿里阿德涅和忒修斯的爱情。《最坚定的丈夫》表现的是俄耳浦斯和欧律狄刻的爱情故事。《珀耳修斯》描述的是《安达洛墨达》史诗中的故事。

7. 宗教剧。以《圣经》中的故事和圣人事迹为题材，具有浓重的宗教色彩。有时出现魔鬼或在云端飞行的天使。有以《旧约》故事为题材的《世界的创造和人的原罪》、《迪纳的失窃》、《雅克夫的工作》、《托比亚斯的历史》、《美丽的埃斯特尔》；有以《新约》故事为题材的《基督的降生》、《最好的母亲》；有以圣人为题材的《伯利恒的红衣主教》、《非洲的圣人》、《圣母的教士》、《人类的炽天使》等。

8. 骑士剧或再现小说故事的戏剧。这类剧的剧情，有的取自骑士小说，有的取自西班牙或意大利小说。代表作品为《罗尔丹的少年时代》、《罗特蒙达的嫉妒》、《曼图亚伯爵》、《费德里科的游集》、《掩盖报复的惩罚》等。其中《掩盖报复的惩罚》的剧情是：费拉拉公爵放荡不羁，妻子死后他和年轻美丽的卡桑德拉结婚，新婚之夜即把她抛下，继续外出风流。其子费德里科趁机和继母通奸，奸情暴露，父亲用披巾把奸妇包住，命令儿子把她杀死，儿子听从了。随后儿子也被杀死。此剧是洛佩根据意大利作家班德娄的第14卷小说的第一部的故事写成的，悲剧性的故事如出一辙。

9. 哲理剧或伦理剧。这类剧表现的是普通人的忠诚、无私和友谊，即普通人的美德，而不是英雄人物才有的崇高品德。代表作有《什么都想要的人》、《在肥沃的土地上播种》、《堂胡安的花朵》、《朋友们的考验》、《被轻视的奇迹》、《赫塔菲的村妇》等。

此外，洛佩还有大量的宗教短剧。这类短剧多为表现宗教的历史，台词趋于精美。美丽的诗歌和感人的场景，对婚礼的描写和对神圣事物的热爱，使他的短剧格外动人，而且极富情趣和特色，成为后人模仿的榜样。其短剧比较重要的有《被宽恕的通奸者》、《为名誉两发疯》、《收割季节》、《天国的继承人》、《基督的洗礼》、《我主基督的降生》、《出售黑莓》、《狼牧人和天国的茅屋》等。《收割季节》是佳作之一，此剧将《圣经》中关于小麦和毒麦的寓言搬上舞台，有人认为有些段落不够完美，但谁也不否认它是历来最优秀的宗教剧之一。其最优秀之处是对反叛的天使们的战斗场面的描写，埃斯波莎、恩比狄亚和索继维亚之间的对话以及埃斯波莎的十四行诗《温柔钟情的夜鹰》。《出售黑莓》中世俗剧的成分多于圣礼剧的成分，如果把领圣体的描写略去，它就是世俗剧了。《被宽恕的通奸者》用敷衍体诗、民歌和歌谣写成。《天国的继承人》的故事取材于《马太福音》第31章：天国的农夫让阿莫尔圣人和普罗希莫看管葡萄园，他们把葡萄园租给了神父和希伯来村，自己则开始挥霍。农夫派了三个牧人去摘葡萄，被承租人打死。继承人终于出场，把农夫钉上了十字架。《狼牧人和天国的茅屋》取材于《路加福音》第15章关于善良牧人和丢失羊的寓言，是真正的牧歌，剧中插入的抒情诗特别优美。

第 四 章

洛佩的剧作——风俗剧

第一节 《傻大姐》

《傻大姐》一剧是洛佩为女演员赫罗尼玛·德·布尔戈斯作的，他把原稿给了她。后来他不得不将一份不完善的复印稿拿去和另外 11 部喜剧作为第九卷（1617）出版。手稿上写的日期是1613 年 4 月 28 日于马德里，是其遗存的 43 部手稿之一。当时上演的和其后洛佩出版的剧本与原稿差别很大，并且不完整，反映了导演和演员对剧本所做的改动。1859 年胡安·E. 哈森布希出版这个剧本时又随意做了改变，第一次划分了场次。直到 1918 年鲁道夫·谢维尔的评注版在加利福尼亚问世时，才有人对原稿进行研究。而 1953 年西班牙国家图书馆为纪念洛佩逝世三百周年出版的摹本终于使剧本得以复原。

在洛佩创作《傻大姐》那一年，此剧由克里斯托瓦尔·奥尔蒂斯的剧团搬上舞台，取得很大成功。奥尔蒂斯自己扮演男主角利塞奥，赫罗尼玛扮演尼赛小姐。角色是由洛佩亲自分配的。他觉得尼赛小姐比她姐姐菲内娅重要，所以让赫罗尼玛演她。

有一个与此剧的演出有关的插曲不妨在此一提：那个时候，有一个爱好诗歌的绅士来到马德里，其绰号叫"记忆力非凡的人"，因为他的记忆力异乎寻常，一个剧目他只要听三遍，就能把全剧背下来，并且在剧本出版前他就抢先印出来出售。《傻大姐》

的命运就是这样。而洛佩是当时的一流剧作家，自然成了第一个受害者。不止于此，那个家伙不但把剧本盗去，而且肆意删节和加添内容，把疯狂举动、胡说八道、愚昧无知等硬加在人物头上，严重损害了作品和剧作家的名誉。洛佩曾向司法部门投诉，但是无济于事。这使洛佩不得不做出这样的决定：谁出版他的剧本，都必须保证他的利益和作品的完整。

就喜剧的类别来说，《傻大姐》属于剑袍喜剧，是洛佩优秀的剑袍喜剧之一，也是洛佩的具有永久的价值、依然名列西班牙古典剧目演出名单，包括在国际戏剧舞台上上演的少量剧作之一。在此剧中，这类风俗喜剧的典型因素，比如关于爱情与妒忌的情节、青年男女的竞争、仆人的戏谑性的言行和民歌，同学院式的戏剧特有的主题，比如对爱情的新柏拉图主义的展示，关于文学技巧的评论和夸饰主义诗歌的列举，结合在一起。喜剧的成功之处就在于各种不同的因素达到了巧妙的平衡。其结果，正如西班牙传记作家阿隆索·萨莫拉·维森特在《洛佩·德·维加：其生平和作品》（1961）中指出的，"剧本展示了一种令人振奋和有趣的生活的快乐方面，给人一种轻松愉快、让人永远微笑的深刻印象"。（第 285 页）

一 剧情

全剧分有三幕。

在第一幕中，一位名叫利塞奥的年轻绅士带着他的仆人图林来到伊列斯卡斯一家客栈，然后前往马德里，利塞奥将在那里和菲内娅小姐完婚。但是他还不认识她，只有丰厚的嫁妆证明了双方父母商定的婚姻计划。此外，从马德里来的绅士告诉他，他不但十分了解菲内娅，而且也相当了解她妹妹尼赛：菲内娅是个傻丫头，愚昧无知；但是她有不少求婚者，因为她的一位叔叔为了她成亲而留给她一笔财产；尼赛却是一个既聪明又知书达礼的女孩。这使利塞奥茫然不知所措。他后悔和一个傻丫头订立了婚约，同时又觉得她的妹妹可爱。

在马德里，在菲内娅和尼赛家的客厅里，她们的父亲奥塔维奥正在和他的老朋友米塞诺谈论妨碍两个女儿出嫁的问题。父亲的看法是，即使像菲内娅这样的傻丫头也比喜欢卖弄学问的尼赛可取。所以，当米塞诺告诉他，有人追求尼赛时，他不问那个人是谁就答应了。

有一次尼赛和她的女仆塞西娅谈论文学问题，但在批评夸饰主义诗歌的晦涩费解时更多地证明了她知道的常识，而非卖弄学识。后来又提到菲内娅学习字母表十分吃力，老师批评她笨，她还不服气地和老师顶嘴。

其后，三个青年（劳伦西奥、杜阿多和费尼索）参加尼赛的学术讨论会。他们请尼赛评一评杜阿多作的关于新柏拉图主义爱情观的富有哲理的一首十四行诗。尼赛说她一点儿也不懂。其实，这时尼赛正在关注她的心上人劳伦西奥，她指责他没有单独来看她，而只对文学问题感兴趣。劳伦西奥却在打自己的小算盘：他想抛开尼赛的爱情，因为像他这样的穷青年，需要的是"有用的"东西，而不是"美丽和诚实的"东西。接着，劳伦西奥把离开尼赛、追求菲内娅的决定告诉了他的仆人佩德罗，因为她的财富比她的呆傻更重要。尽管佩德罗指责主人这样做不值得，但他还是怀着对主人的忠心答应帮助他。劳伦西奥开始追求菲内娅，用高深的新柏拉图主义术语谈论他对她的爱情，但是她不懂，总是理解得很荒唐。在进行他的爱情表白的过程中，菲内娅渐渐地喜欢上了他，尽管她还听不懂他的爱情理论。菲内娅单独和女仆克拉拉在一起的时候，她对她说她不喜欢那个陌生的追求者利塞奥，因为她见过他的照片，照片上他没有腿，她更喜欢像劳伦西奥那样的健全人。

在尼赛的陪伴下，父亲走来通知菲内娅说求婚人利塞奥到了，要求她说话要谨慎。但是她见了他后却胡言乱语，毫不慎重。利塞奥觉得她很不可爱，反倒被她的妹妹尼赛深深吸引。后来他单独对仆人图林说，他已决定不跟一个傻乎乎的女人成亲，特别是见到举止得体的尼赛后。

第二幕的故事发生在一个月后，还是在菲内娅家中，故事始自劳伦西奥、费尼索和杜阿多三人的交谈，他们在吃惊地议论菲内娅新近所表现的正常的谈吐，劳伦西奥说这应归功于他根据新柏拉图主义理论对她进行的爱情启迪。一个月间，尼赛患病，如今刚刚痊愈，三个青年见她走来，便用他们喜欢的唯美主义诗歌祝贺她康复。但是尼赛无心听诗歌，而单独跟负心的劳伦西奥说话，严厉地指责他在她患病期间一心为贪图金钱而和菲内娅谈情说爱。

菲内娅在上舞蹈课，表现得像学识字一样笨，老师气愤地骂了她一顿。尽管这堂课再次证明了她的愚笨，但是她却这样反驳说："丈夫们会教得更好。"这说明在爱情的影响下，她的头脑还在发生变化。在同女仆的谈话中，菲内娅表露了她对爱情的感受，言谈也显得谨慎和聪明，这显然是爱情教育的结果。但是她还看不懂劳伦西奥给她写的一封信，她请父亲奥塔维奥给她念，并且说，劳伦西奥爱她，还拥抱了她。听了这个消息，父亲很为女儿的名誉和劳伦西奥的举止感到不安。他明白，惩罚是没有用的，只能禁止女儿再和劳伦西奥拥抱。图林惊慌地跑来说，利塞奥要和劳伦西奥决斗，这验证了奥塔维奥的担心，他决定阻止可能发生的丑闻。

菲内娅跟克拉拉议论父亲的禁令，她振振有词地表达了她的爱情，克拉拉对她的变化感到惊讶，对她解释说，这是遇到一位合适的老师的结果。但是菲内娅决定听父亲的话，履行婚约。克拉拉也表示忘记劳伦西奥的仆人。

利塞奥和劳伦西奥前往郊区，准备在幽静的雷克莱托斯附近决斗。但是劳伦西奥说，他决定不追求尼赛，而追求姐姐，因为她更富有。这样，二人的争斗就烟消云散了。他们成了好朋友，都保证互相帮助，成功实现彼此的婚姻计划。当奥塔维奥和图林赶来阻止他们的决斗时，发现他们变成了好朋友，本以为他们会刀砍剑刺地拼个你死我活，但是他们谁也不提驱使他们到那里去的原因。

在家里，姐妹俩在谈论共同的意中人。尼赛为菲内娅的变化感到惊讶，因此她更加妒忌了，她求菲内娅不要把劳伦西奥给她抢走，因为菲内娅已经有另一个追求者了，菲内娅答应了。在同劳伦西奥交谈时，菲内娅诉说了她必须把他从她的心中赶走的困惑心情，恳求他撤回他对她的爱情。当劳伦西奥拥抱菲内娅时，被尼塞发现了，她很生气，劳伦西奥安慰她，说那都是逢场作戏。

菲内娅对劳伦西奥表达了她又爱又妒忌的惶惑心情，请求他撤回他的爱情，免得她进退两难。劳伦西奥趁着他的朋友杜阿多和费尼索的到来，向菲内娅提出了克服她的困难处境的办法。办法就是在两个见证人面前，他要菲内娅答应做他的妻子。菲内娅当然非常乐意了。而当菲内娅告诉父亲她答应嫁给劳伦西奥时，奥塔维奥气坏了。但是尼赛安慰他说，这不过是劳伦西奥和利塞奥的计策，目的是教训和教育可怜的菲内娅。对利塞奥的由衷的表白，尼赛气愤地拒绝了。但是劳伦西奥在场，她又对利塞奥说了一些好听的话，实际上她是说给劳伦西奥听的。

当劳伦西奥和利塞奥单独在一起的时候，劳伦西奥答应帮助利赛奥得到尼赛，他用的办法是欺骗，这是征服一个聪明女子的唯一手段。

第三幕的故事发生在一个月后，场景是在菲内娅家的客厅里。菲内娅在对着爱神自言自语，感谢爱神把她变得聪明了，但愿劳伦西奥成为她的爱情课程毕业的奖赏。

克拉拉告诉菲内娅，她父亲赞扬她变得聪明了，但这要归功于她和利塞奥的爱情。但是菲内娅却说，奇迹的原因是劳伦西奥。克拉拉说，他的仆人也是她的爱情教师。另一方面，奥塔维奥深感遗憾的是，尼赛的文学癖好使她不能成为一个良好的家庭主妇，他想让杜阿多做他的女婿。他虽然是诗人，但毕竟是个绅士。尼赛却坚持对劳伦西奥的爱情。在舞蹈课上，姐妹二人同样灵巧地跳舞，菲内娅表现出了另一种新的才能。利塞奥向图林表明了他要向菲内娅求婚的决定，以报复尼赛对他的蔑视。菲内娅则向劳伦西奥表达了她爱他的决心。但是劳伦西奥担心菲内娅这种美妙变化会成为失去她的原因，因为她会重新吸引利塞奥。现在，她充分地表现出她的才能和勇气，为了克服妨碍她的爱情的障碍，她重新装傻，好让利塞奥最终退出婚姻。

利塞奥告诉菲内娅，他跟她的婚礼已经决定。但是菲内娅反驳他说，他会后悔的，他应该重新考虑跟尼赛结婚。劳伦西奥对他施行的骗术成功感到得意，但面对菲内娅美好的新精神，他却又讨厌她假装的这种傻呆。

尼赛在幕后听到了劳伦西奥对菲内娅所做的甜蜜的爱情表白，冲出来打断了他们的交谈，指责他们骗了她。但是劳伦西奥用别的假话来搪塞，菲内娅也再次装傻来应对。奥塔维奥看到菲内娅又变傻了，感到十分惋惜。为此，尼赛提出，必须禁止劳伦西奥再到家里来，以割断他同菲内娅的联系和保全家庭的名誉。父亲照此办理。但是劳伦西奥说，菲内娅已在证人面前答应做他的妻子。奥塔维奥对他这种过分的行为提出了抗议，并决定诉诸法律。劳伦西奥觉得他的计划又失败了。于是菲内娅提出了一个既聪明又大胆的办法：把劳伦西奥藏在一间阁楼里，以便二人秘密幽会。让菲内娅觉得遗憾的是，只要公开她的爱情，她的名誉就会受到伤害，但是她又欣慰地想到，秘密的爱情会更有意思。当父亲为了避免菲内娅再受骗而下令说，家里有男人来的时候，她必须躲起来。菲内娅保证说，到时候她一定躲到阁楼上去。

　　奥塔维奥要求利塞奥下决心履行他同尼赛结婚的诺言，不然就不要到这个家里来。

　　菲内娅和克拉得意地谈论在阁楼上藏人的办法多么美妙，证明她们多么聪明。当奥塔维奥带着他的朋友们走来，告诉菲内娅他已决定把她嫁给费尼索时，她马上躲到阁楼上去了。

　　利塞奥用令人信服的理由重申了他的爱情后，告别尼塞走了。她也终于看透了劳伦西奥的嘴脸，愿意接受利塞奥。塞利亚跑来告诉奥塔维奥说，菲内娅和她的女仆正在阁楼上跟劳伦西奥和他的仆人欢天喜地地吃喝呢。这迫使奥塔维奥前去维护他家的名誉。他手持利剑，发现了那几个该死的东西。但是菲内娅狡猾地说，她不过是按照他的吩咐躲在那里，由于害怕而让人陪伴。奥塔维奥觉得事情已经无可挽回，只好答应把"聪明的傻女儿"许给劳伦西奥，同时也把尼赛许配给利塞奥，两个男仆人也和两个女仆人结了婚。

二　主题

　　喜剧的中心主题是说明爱情具有唤醒最低下的智力和促进人的精神趋于完美的力量。在本剧中，正是爱情把一位傻大姐变成了一个具有聪明的头脑、坚强的意志和火热的心的女性。这个主题比一般情况还要清楚地贯穿全剧。然而本剧所做的是贯彻"寓教于乐"的艺术原则（这是黄金世纪的全部文学的特征），其目的不是狭隘地教育人应该怎么做，而且通过一种富有情趣的剧情来阐述关于人生的某种哲学概念。就是说，喜剧是要树立一个生动的榜样，让人效法，而不是死板的说教。虽然这种思想并不多么新鲜和复杂，但是洛佩巧妙地把它变成了一种充满活力和情趣的戏剧场景。这种思想源于拉丁诗人奥维迪奥（公元前43年至公元17年），他那部关于爱情艺术的著作在中世纪曾广为流传，特别是在歌颂宫廷爱情的行吟诗人中间。后来和新柏拉图主义一道在文艺复兴时期被奉为圭臬。洛佩的演绎兼具他的爱情观念的两个层面，即精神上的和肉体上的。他一方面陈述新柏拉图理论，看到爱情有一种教育功能，能够把人的心灵提升到愉快地欣赏完美事物的高度，通过启发人的智力来唤醒爱的本能；另一方面，在他的笔下，爱情通过甜蜜的言语而产生，这些言语当然是女主人公由于受到拥抱而情不自禁流露出来的。

喜剧的次要主题是表现妇女在家庭和文化生活方面的女权主义问题。洛佩一向坚决反对以西班牙诗人克维多（1580—1645）为代表的主张男尊女卑的悠久传统。由于对爱情的执着，洛佩把女人视为人生的必不可少的部分。但是他看重的，不仅是女人的美丽，而且还有女人的才智，因为才智是一个女人值得人爱的不可或缺的因素。当然他也不会忽略对变化无常、自私心重、爱说谎的女人的谴责，尤其在他的书信中。但是在他的喜剧中，占支配地位的观点是主张男女平等。而这个观点表现得最出色的就是《傻大姐》一剧。那个名叫菲内娅的姑娘，由于有了爱情，其智力才被唤醒，她既渴望精神生活，也渴望爱情生活。从傻大姐变成了一位聪慧的小姐，从一个被人看不起的傻丫头变成了一位令人敬佩的聪明女人。

而菲内娅的妹妹尼赛，虽然喜欢卖弄学识，但实际上她是一个和蔼可亲的女孩，她爱好文学，但是并没有陷入矫揉造作的可笑境地。她的确懂诗歌，懂文学，头脑聪明，举止得体，是洛佩赞赏的女性。尽管有几个人物（如当父亲的奥塔维奥和嫌贫爱富的青年劳伦西奥）说了一些反对男女平等的话，指责女人热心发展自己的智力，爱好文学，而不愿意当守本分的家庭主妇，但是洛佩在剧中塑造的女人形象在爱情的策略方面即在善于按照自己的意愿选择丈夫而无须父亲事先批准方面，是高于男人的。

三　人物

被称为傻大姐的菲内娅是该剧的主要人物之一，由于爱情的教育，她由一个傻乎乎的丫头变成了一位聪明的小姐，她善于想办法排除自己婚姻道路上的一切障碍。但是她的这种变化并不是突然的，令人难以置信的，而是伴随着她的爱情意识的产生和加强而逐渐实现的。在这个过程中，她也尝到了嫉妒的滋味。对洛佩来说，嫉妒是爱情的不可分离的影子；对菲内娅来说，嫉妒是爱情的不可分离的影子；对菲内娅来说，嫉妒是她生命中遭受的第一痛苦。她最终从一个不正常的女子变成了一个钟情的典型女性：她热情、勇敢，具有为得到渴望的男人所需要的智慧。实际上，一开始我们就在她的愚蠢的表现中看到了某些真知灼见的迹象，比如她批评老师对她使用的体罚的教育作用；再比如，她对老师大发脾气，说明她不赞成传统的教学方法，只有通过爱情才能使她的头脑变得聪明起来。正如她自己说的，"丈夫是教得最好的老师"。她还说，"除了爱情，我没有别的老师，爱情教育了我"。

尼赛是该剧中的另一个主要人物。她爱好文学，追求高雅的精神，这和她姐姐菲内娅的愚昧无知和呆痴形成鲜明对照。但她并不是一个只会卖弄学问、爱慕虚荣的女孩。洛佩没有把她描绘成一个克维多笔下那种装腔作势、荒唐可笑的人物，而是塑造了一个十分宽厚善良、既懂得爱情又具有文化知识的女性。其实，从本剧的头几场我们就注意到：尼赛虽然有假斯文的一面，但是她也确实具有丰富的知识。所以当她和她的仆人讨论文学问题时，她不时地批评夸饰主义诗歌晦涩费解，并指责那些喜欢卖弄学识的人不理解她，却还老是夸她。实际上，尼赛不过是一个文学爱好者，在求知上没有什么野心，甚至她的这种爱好也很容易让位于她对爱情的操心。其实，在第二幕开始的时候，生了一个月的病后，尼赛几乎对她的崇拜者们献给她的唯美主义诗歌没有了兴趣，只是不耐烦地单独跟她那个忘恩负义的追求者交谈。这时她已被爱情搅乱了头脑，虽然无所适从的父亲还在谈论她那种读书的癖好、担心她会变成"一个女堂吉诃德"，但是她的人格的智力层面被淹没了，直到剧终再也没有呈现。

和上述两个小姐比起来，劳伦西奥和利塞奥是次要人物，但他们是男主人公。他们的性格截然不同：劳伦西奥嫌贫爱富，为了钱财，他不惜抛弃聪明的尼赛，去追求富有的傻大姐。其背信弃义的嘴脸昭然若揭，正如尼赛指责他说的："你装模作样，轻浮放荡，阿谀奉承，甜言蜜语，口是心非，反复无常，变化多端。"利塞奥和他完全不同：他是一个十分明智的青年，他看重的是女方的才智和品德，而不是她的财产，所以他离开了有钱的菲内娅，而去追求聪明的尼赛。

第二节　《生活在自己角落的农夫》

《生活在自己角落的农夫》是一部表现城市和乡村题材的风俗剧，对我们今天的读者或观众来说，也许可以认为它是对平静安逸的农村生活的赞颂和对城市生活的贬斥。但剧作的结局却出人意料。

此剧出版于 1617 年，是洛佩艺术成熟时期的作品。但是创作于何年，文学史家们的说法却不尽相同。

一说创作于 1611 年，因为剧中有一首民歌，而这首民歌曾出现在 1611 年出版的他的剧本《贝伦的牧羊人》中：

> 完全可以说，
> 那人多么幸运！
> 他不在乎人们的恶言恶语，

　　　　孤孤单单的一个人！

　　　　身边只有他年幼的孩子，

　　　　他以各种方式讲述外国的战事，

　　　　放心地睡觉，享受着自己的土地。

　　二说创作于 1614 年或 1615 年，因为剧中提到了费利佩四世和路易十三世的婚姻：他们的婚礼都是在 1614 年或 1615 年举行的。

　　三说创作于 1616 年初，当时洛佩陪伴其父旅行刚刚回来。

　　一般说来，洛佩的剧作都不是凭空杜撰的。《生活在自己角落的农夫》的部分内容和洛佩本人的经历及他对塞萨公爵的忠心与效劳有关，但创作此剧所依据的具体材料却相当多。据文学史家考证，这些材料主要有 4 份。

　　其一，农夫胡安的墓志铭和一则谚语。在剧本第一幕中，国王在参观一个小村庄的教堂时，发现一篇没有注明死者死亡日期的墓志铭。墓志铭是这样写的：

　　　　农夫胡安葬在此地，

　　　　他从来不曾为国王效力，

　　　　他既不去京城，

　　　　也不肯见国王，

　　　　他不怕什么，

　　　　也不叫人恐惧

　　　　没有什么需求，

　　　　也不曾受伤和被囚拘，

　　　　许多年间他也没见

　　　　家里发生什么不幸、

疾病和妒忌。

　　看到这些诗后，国王先是禁不住笑起来，因为他看到了那块石头上写着他在世界上没见过也没有听说的事情，的确太异乎寻常了。但是接着心中产生了想见见"这个如此奇异的人"的渴望。从此刻起，国王不断地向他周围的人了解关于农夫胡安的情况，最后决定："农夫胡安必须为国王效力，一定让他见见这个国王和这里的一切。"

　　这篇墓志铭并非洛佩所虚构，而是他对在自己阅读中遇到的一些诗的再创作，因为他在这些诗中发现了把它们搬上戏剧舞台的巨大可能性。比如在普鲁登肖·德·桑多瓦尔1606年出版的《卡洛斯五世皇帝的生平与业绩》中就有一篇类似的墓志铭：

　　　　农夫胡安葬在这里，
　　　　他从没有见过国王，
　　　　他也不对任何人心怀妒忌，
　　　　他不是证人、犯人和参与者，
　　　　总之，他和跟他一样的女人结为夫妻，
　　　　他有几个儿女和一些财产，
　　　　他和他的妻子生活和睦，
　　　　他像基督徒一样死去。

　　两篇墓志铭的内容十分相似，洛佩从中找到了他的剧作的主题和主人公，从而根据这个富有戏剧性的故事编写了《生活在自己角落的农夫》这个非常优美的喜剧。

　　农夫胡安这个名字在西班牙语里是很典型的，就像民间故事里的傻子胡安，或其他传说里的西班牙人胡安、士兵胡安一样。农夫是指人物的农民身份。所以，剧中的主人公就是乡村人的代表，即乡下人的典型。

洛佩所依据的谚语是在胡安·德·巴尔德斯的《语言的对话》一书读到的。巴尔德斯在他的书中写道："我们调查过，我们卡斯蒂利亚最纯洁的东西是谚语，我只想给诸位举一个例子：'不想见国王的人，他就是国王'。"

这则谚语的意思是说，他住在离京城很远的地方，他不想见国王，他是幸福的，他觉得自己就是国王。但是在洛佩看来，这么说真有点不合常理。国王是一切和谐、幸福的源泉，他连国王都不肯见，他怎么觉得自己是幸福的呢？

墓志铭和谚语在洛佩的这部剧作之前就已存在，但这并不会削弱其剧作的价值，反倒提升了它的价值。洛佩善于在墓志铭中发现具有不一般的戏剧价值的戏剧典型：一位农夫，生活在自己的小天地里，感到很满足，对京城生活的忧虑和痛苦毫无关系，对此他自己概括为"不见国王"。但是洛佩本人的世界观和他那个时代的哲学观念与社会政治思想却不认为这种态度是正确的。所以，洛佩就构思了一个曲折的长故事，故事以一种合乎时宜的处罚结束：让农夫胡安搬进京城居住。

其二，关于《烧炭夫和法国国王》的故事。这是一个很有名的法国故事，主人公是一个卑贱的烧炭夫和法国国王。这个故事被收在安东尼奥·德·托克马达（西班牙作家，卒于1569年）的《讽刺性的对话》一书中。故事讲述一位国王酷爱狩猎，一天晚上追捕一头鹿时迷失在山里。他在山村遇到几个牧羊女，她们把他带到自己的父亲家中。她们的父亲是一个热情好客的烧炭夫，他欢迎国王来到他家，请他共进晚餐，让他在他家过夜。烧炭夫一家不知道客人是国王，吃晚饭的时候，烧炭夫和客人争论谁应该坐在上席，谁也不肯接受这一荣誉。但是烧炭夫提出了他的看法：

"请听我说，先生，要是在您家，我会听你安排，现在您在我家，你就应该听我安排，不要这么客气。"

国王只好坐在上席，最先开始用餐。然后，国王舒适地进入了梦乡。天亮后客人想用一枚珍贵的戒指感谢主人对他的款待，烧炭夫却拒绝说：

"先生，我没有很好地招待您，不值得您酬谢，您反倒给了我为您效劳的机会。有一天我可能去您家，您一定会比我更好地招待我。人和人是朋友，山对山无情么。"

国王告别烧炭夫走了。临走前没有忘记嘱咐烧炭夫，他进城的时候一定要去他家作客。有一天，烧炭夫果然进城去拜访他。他走进宫殿，这才明白他的客人竟是法国国王。让座的争论再次发生：现在是国王招待他的客人，他让客人坐在上席，让客人最先开始用餐。客人就是不肯。于是国王叫道：

"听我说，好兄弟，您不是说在您家听您的，在我家听我的吗？那次在您家，我服从了你的安排，现在我也希望您听从我安排。我想对您说，您要记住，您是我的客人，就像那次我是您的客人一样。"

此外，国王还问他有什么愿望。烧炭夫说，希望国王免除他的同行们的捐税。国王答应了他的请求，另外还让烧炭夫把他的几个女儿送到京城来。国王为她们置办了丰厚的嫁妆，后来把她们嫁给了高贵的绅士。

这个传说在许多方面和《生活在自己角落的农夫》相同，比如：

1. 法国的环境。
2. 村夫和国王相遇，国王没有说明他的真实身份。
3. 两次进餐，主宾角色互换，关于礼节的争论。
4. 结尾部分：子女前往京城，后来结婚。

但是不同之处也很明显，特别是两个村夫的形象：农夫胡安比烧炭夫更豪爽也更富足；农夫胡安是个具有十分复杂心理的人，而烧炭夫只是一个会干活的人。

　　洛佩采用了这个传说的若干细节，按照他的艺术需要和思想意图创作了《生活在自己角落的农夫》一剧。

　　其三，赞扬朴实而幽静生活的作品。据文学史家考察，农夫胡安体现的关于农村生活的理想化观念，来自洛佩所了解的文学经典，即古典诗人的诗作、文艺复兴时期的作品和牧歌。希腊拉丁古典作家最先热情赞扬城市所能提供的朴实的退隐生活的优越性。古罗马诗人贺拉斯的著名《歌集》第三卷中有不少诗主张远离世俗烦扰、保持内心平静的生活理想和知足常乐的人生哲理。这种文学主张一直延续到文艺复兴，在五百年的漫长岁月里，此类作品有增无减。1441年，意大利作家莱翁·包蒂斯塔·阿尔贝蒂在《家庭》一书中对农村生活进行了赞颂。西班牙作家安东尼奥·德·格瓦拉修士一定知道这部作品，他在1539年出版其名著《鄙视京城，赞扬农村》，在此作中，美好的乡村生活和混乱的城市环境形成鲜明对照。只是他对农村生活的赞扬不是建立在贺拉斯的主张上，而是建立在普遍而实际的利益基础上：生活舒适，食物优良，饮酒的快乐，等等。在赞扬农村生活的同时，他也竭力鄙视京城的生活，就是他自己过的那种生活，他觉得城市生活充满了恶习。格瓦拉修士的意图似乎是规劝那些当时从农村迁移到京城的那些并不富裕的绅士，还是回他们的家乡去好，农村生活比城市生活优越得多。

　　另一位西班牙作家路易斯·莱翁修士则坚持贺拉斯的主张。他在他的题为《远离争吵的人多幸福》的赞歌中诠释了贺拉斯的思想。但是他更幸运的诗作是《孤独生活之歌》，此诗作于他在1572年因错误诠释《圣经》而被宗教裁判所监禁之前。他在诗中像贺拉斯一样，表达了谋求精神宁静的愿望："远离喧嚣的城市生活/他的生活就会十分宁静！"

　　洛佩的生活方式虽然远远地脱离了贺拉斯的理想，因为他一直生活在纷乱的城市环境中，但是他还是对贺拉斯的文学主张做出两个方面的贡献：一是他在其剧作中插入了一系列赞扬农村生活的诗歌，从而汇入了贺拉斯潮流；二是把乡村和城市的对立变成了戏剧冲突。

洛佩虽然满足于他自己那种不安定的生活，但是他不能不羡慕远离闹市的朴实而宁静的生活，所以他在《生活在自己角落的农夫》中的若干美丽的诗歌中歌唱这种生活。譬如以"无边无际的苍天啊，感谢你神圣的关心"，开头的那一节诗，农夫在感谢上帝赐给他大量财富后，表达了他对其生活状况的满足心情，展示了他比城市人优越的地方。在和国王的交谈中，农夫多次讲述他那种离群索居的生活有多么美好："我是我的意愿的国王，／我不忙于生意，／我的闲暇时间却绰绰有余，／这是最大的幸福"，"如果我愿意，／就黎明起身，／去教堂听弥撒，／尽管神父不提要求，／我还是给他一定的施舍，／这样在那一天，／本地区的穷人就不会挨饿。"后来，洛佩还借国王之口赞扬幽静闲适的生活：

> 苏格拉底说，
> 当人的生活忙于生意，
> 它就像暴风雨中的溪水，
> 混浊而汹涌地流去。
> 处在幽静中的人的生活，
> 却像平静的泉水，
> 它潺潺地不停地流动，
> 水上还漂着一些花朵。
> 啊，人的生活真是不同，
> 在感到心灵自由时
> 才觉得幸福！
> 看来生意就是毒药。
> 像泉水一样生活的人才幸福，

他平和，宁静，

远离混乱的环境。

　　这些诗篇，会在读者心中引起共鸣，由衷地相信洛佩的这种信念：同大自然共处的幽静生活是幸福的。

　　洛佩从传统文化中选取了"鄙视京城，赞扬农村"的主题，以此创作了他的剧本《生活在自己角落的农夫》。为此，他在剧中设置了两种意愿即农夫的意愿和国王的意愿之间的冲突。一方面，一位农夫拥有丰厚的财富，他强烈渴望过一种离群索居的生活，因为他认为心灵的平静是城市生活不可能达到的；为了维护他那种平静的生活，他坚持不见国王。尽管他对国王无比忠诚，但是人们还是竭力要改变他的态度，不管他愿意不愿意。然而，无论怎样，他铁了心要捍卫他在自己角落里过的僻静生活。另一方面，国王为农夫的固执态度感到恼火，非要见见他的这个臣民不可：

我们去见他；农夫胡安

必须为国王效劳，

必须让他见见我这个国王。

　　国王果然去了农夫的家，受到农夫热情的接待：共进晚餐、过夜，了解了他的生活。后来农夫也去了京城，受到国王的款待。最后，国王让他当了他的管家并让他直到死都要在他面前。国王终于改变了农夫胡安的错误，在宫殿和国王共进晚餐时，胡安自己承认：

　　"老爷，我认识到了我的错误，

我应该去死。"

　　农夫最大的错误是狂妄自大。国王给他上了一堂谦卑做人的课：面对"自己角落的国王"农夫的傲慢表现，国王对他说明了自己的真正身份和如何微服私访去见他。国王对他说："我是法国国王，""我有富有的臣民，／庞大的军队，／我的收益比你的社园多许多倍，／我有城堡、金银钻石、珍珠、花园……""我本没有闲暇去见你和认识你"。农夫只得承认自己错了。他不应该自认为是他自己那个小天地的国王，不应该拒不见国王。

尽管如此，国王还是认为他是个好人：

> 你别怕，农夫胡安；
> 好人是永远不害怕的。

> 这把剑放在这里，
> 是为了伸张正义，
> 我可以用它杀坏人，
> 但不会砍你的脖子。

最后国王对农夫一家给予了慷慨的馈赠：授予他儿子以高贵的骑士称号，送给他女儿一份昂贵的嫁妆，发给他本人一张管家证书。

洛佩以这样的结局纠正了"鄙视城市、赞扬农村"的偏向。农夫的态度是不对的，但是，认为这部剧是对农村平静生活的纯粹赞颂，是对城市生活的抨击，却很难让人接受。的确，洛佩一方面赞美农村的生活和农村的优美环境："农夫胡安是他自己角落的国王，享有令人羡慕的内心的宁静；雇工们幸福地干着他们的农活；他们生活平静，感受着大自然，还有收获油橄榄或围绕一棵榆树跳舞的美丽风俗画……"另一方面他也批评城市生活混乱、忙碌、恶习泛滥、不安全……但是洛佩的目的是把城市和农村放在一起对比，加以协调，使城市人和乡村人和谐相处，使生活和谐。而国王是调和城乡对应的关键因素，只有城乡互补才有城市人和乡村人和谐相处的幸福生活。

其四，传统的民歌民谣。《生活在自己角落的农夫》中插入了4首这样的诗歌或炎谣曲：两首是谣曲，即《骑士去打猎》和《美丽的山姑，你去哪里?》，前者描写一位多情的骑士去山上打猎：

> 绅士骑着马，
> 去巴黎的山上打猎，
> 左手握着缰绳，
> 右手拿着游集。
> 心里想着心上人，
> 出发前没有看见她，
> 因为她已结婚，
> 她丈夫不让她出门。

后者描述的是绅士和小姐的对话：

> ——美丽的山姑娘，你去哪里?
> 这片绿色松林会有危险。
> ——骑士啊，我的先生让我待在这儿，
> 他去谷地下边，
> 去杀一头熊。
> ——唉，那位先生真该死，
> 天色快要黑了，
> 把他的女人留在这儿，
> 只为去杀一头野兽!

夫人啊，要是你愿意，
就和我一起回村里，
如果天下雨，
你可以披上我的大衣。

有两首是西班牙摩尔人诗歌，一首是《我独自在小山上》，另一首是《啊，命运！》。前者描写一位小姐，刚刚被情人抛弃，害怕迷失在山里：

我独自在小山上，
我该去哪里？
啊，上帝，我要是迷失了，
我该去哪里？
我悲伤，担心，
被那个忘恩负义的丢下。

后者是一首伴随农民收获油橄榄而唱的歌：

啊，命运，
帮我收获油橄榄吧！
可爱的油橄榄，
表面又绿又嫩，
里面却是木质的。
……

所有这类民歌或歌谣都有音乐伴奏，甚至伴以舞蹈。歌词有力地表现了某个人物的处境、忧虑和疑问，并有效地烘托了戏剧的气氛，从而成为洛佩的戏剧特别是《生活在自己角落的农夫》

的创作源泉。

从结构上说，《生活在自己角落的农夫》的故事有两条线索，这两条线索先是交替发展，后来同时发展。第一条也是主要的线索是一个具有政治色彩的情节，因为它超越了纯粹个人的冲突的界限，波及一位国王和一个臣民；第二个线索是描述年轻人利莎达和奥东的爱情。全剧结束时两条线索汇合在一起，矛盾冲突都圆满解决。

以农夫为主角的第一条线索始于他那种不去了解也不会见国王的决心，因为他相信，就如谚语讲的，"不见国王的人，他就是国王"；所以他坚持幽居在他的村子里。两个国王的对应显而易见：一个是国家的君主，一个是生活在自己角落的国王农民，彼此谁也不认识，最后国王去农村拜访他，并把他带回了京城。

第二个线索是，农村姑娘利莎达离开家乡，在城市里认识一位青年奥东并爱上了他；但是不同的社会背景成为他们相爱的巨大障碍，是爱情的巨大力量清除了一切绊脚石。

国王离开宫廷去农村，利莎达离开农村去京城，方向相反，但是殊途同归，达到了同样的目的。由于国王的活动，即他把农夫胡安带到他的宫殿，他女儿的婚礼也在那里举行，两条线索于是合二为一，国王最终把京城和农村联结在一起。

第三节　《园丁之犬》

《园丁之犬》是洛佩·德·维加的著名风俗剧之一，也是平民百姓特别喜欢的爱情喜剧之一。此剧写于 1604 年或 1613—1618 年，出版于 1618 年，是 17 世纪西班牙戏剧中十分诙谐有趣的一部袍剑喜剧。

一　《园丁之犬》的源头

埃内斯托·科勒在他印行的《园丁之犬》中说，《园丁之犬》最接近的源头可能是意大利作家班德娄（1485—1561）的一部小说。那个时代，西班牙的许多戏剧和一些中篇小说的故事都源于班德娄的小说。在这个方面，洛佩也如法炮制：他谈过班德娄的不少意大利原文小说，在其一生的各个阶段采用了班德娄相当多的故事情节用于他的创作，人们发现至少有20多部作品他是受到班德娄小说的影响或撷取了班德娄小说的情节写成的。比如《羊泉村》，除了借用了佛朗西斯科·德·拉德斯的《圣地亚步、卡拉特拉瓦和阿尔坎塔拉三骑士团和骑士事业纪事》的记述外，也采用了班德娄小说第三卷第54部和第62部小说的某些情节。洛佩的另一个剧本《掩盖报复的惩罚》（1613）无疑是班德娄小说第一卷第44部小说的翻版。而班德娄小说第一卷第45部小说则应是《园丁之犬》的源头。班德娄在这部小说中讲述一位名叫安娜的匈牙利女王的故事：一位出身社会下层的年轻官员爱上了她，她怀着深切的感情回报他，当他受国王派遣、带着国王的亲笔推荐信去西班牙宫廷拜见卡洛斯五世国王的时候，她竭力祝他好运，顺利升迁。

两部作品的情节不无相似之处，比如两部作品的追求者地位低下，追求的对象都是贵妇人，一个是女王，另一个是伯爵夫人，她们都接受了对方的追求。只是伯爵夫人的那种炽烈的妒火是女王所没有的。洛佩对班德娄的许多小说都颇熟悉，自己又有为塞萨公爵当秘书的经历，从所读的班德娄的小说中取得灵感创作《园丁之犬》应是水到渠成的事。

二　《园丁之犬》的剧情

故事发生在意大利那不勒斯的一座城堡。全剧分为三幕，剧情如下：

　　贝尔弗洛伯爵夫人狄安娜是个年轻貌美的寡妇，她家财百万，又有高贵的门第，吸引了许多求婚者。

　　一天晚上，狄安娜听见她闺房附近有男子走动的声音，便起床察看，有人把一顶帽子扔到蜡烛上，扑灭了灯火，然后逃跑了。狄安娜叫来她的三个贴身侍女查问。侍女多洛台雅和阿纳尔达都说她们毫不知情。但阿纳尔达告密说，侍女玛尔塞拉和夫人的秘书特奥多罗最近正在谈恋爱。狄安娜立刻叫来玛尔塞拉询问。玛尔塞拉承认特奥多罗正在追求她，她说，她知道他是个可爱的富于机智的年轻人，他的爱情是为了一个诚实正当的目的，也就是婚姻，所以她接受了他的追求。狄安娜只得承认他们的爱情关系，允许他们订婚。但是侍女们走后，狄安娜不禁妒火升起，坐立不安。因为她早已有意于这位"优雅、标致、聪明"的秘书，只是因为身份地位相差悬殊，使她无法和他结婚。

　　那天晚上的闯入者正是特奥多罗和他的仆人特里斯坦。狄安娜从特里斯坦口里套出了实情。特奥多罗追求的是玛尔塞拉。狄安娜心生一计，叫来秘书，拿出一封书信草稿，要他帮助修改，在信里，狄安娜含蓄地暗示了自己对特奥多罗的爱情和嫉妒心情。特奥多罗猜出了她的衷情，但是他认为，虽然"她的娇艳使我入迷"，但她的地位高高在上，"那不勒斯的公子王孙，都向她争献殷勤"，一个小秘书"怎能成为她的夫君"？

　　这时玛尔塞拉来找特奥多罗，告诉他女主人已同意他们订婚。特奥多罗给弄糊涂了，他心里想，那么，是我在胡乱猜测，竟然认为伯爵夫人对我有意，我是多么愚蠢呀！

　　正当他和玛尔塞拉情意绵绵地拥抱在一起时，被走进门来的女主人撞见了。狄安娜醋意大发，借口两人谈恋爱拥抱触犯了家规，叫来侍女多洛台雅，把玛尔塞拉锁进女主人的卧室，免得给下人们一个不好的影响，接着狄安娜单独留下特奥多罗，再一次对他暗示自己的爱情。特奥多罗于是决心抛弃玛尔塞拉这只美丽的蝴蝶，而去追逐"辉煌的太阳"狄安娜。仆人特里斯坦警告他说，他一心想高攀，可别弄得自己头晕目眩。特奥多罗说，他决定冒冒这个险。

多洛台雅私自把玛尔塞拉放出女主人的卧室，玛尔塞拉亲热地招呼特奥多罗，特奥多罗对她却十分冷淡，叫她别惹伯爵夫人生气。玛尔塞拉明白过来，决定对特奥多罗和向女主人告发她的阿纳尔达进行报复。她知道阿纳尔达爱上了夫人的侍从发比欧，就故意向发比欧表示好感，发比欧也立刻向她表示忠诚，至死不渝。

李加多侯爵和菲得里柯伯爵都向狄安娜求婚。狄安娜这个叫人捉摸不定的女人，忽然叫来特奥多罗，亲授一封口信，接受李加多侯爵的求婚，叫特奥多罗立刻把口信送去领赏。

特奥多罗大失所望，哀叹自己妄想的破灭。特里斯坦劝他回到玛尔塞拉身边，说这是唯一补救的办法。于是特奥多罗又找玛尔塞拉重叙旧情，两人重归于好。特奥多罗对她指天发誓，表示忠诚，两人一块咒骂伯爵夫人，说她是"丑八怪"、"母夜叉"，是"傻婆子"、"碎嘴子"。躲在一旁的狄安娜和阿纳尔达把这一切都听了去。狄安娜禁不住跳了出来，吓得玛尔塞拉赶紧溜走。狄安娜留下了手足无措的特奥多罗，又给他口授一封信，叫他笔录下来。这封信只有几行字，内容是说，一位出身高贵的夫人如果爱上了一个贫贱的男子，他就绝不应该再向别的女人讨好。写完这信，狄安娜对特奥多罗说，这封信就是写给他的，叫他收起来好好想想。特奥多罗立刻又和玛尔塞拉断绝了关系，叫她去嫁给发比欧。

李加多侯爵接到狄安娜的信，立刻高高兴兴地来见狄安娜。狄安娜却改了口，说是特奥多罗误会了她的意思。她说她并没有接受他的求婚。特奥多罗这下相信女主人是爱他的，就向她表白了自己的爱情。但是狄安娜听了他的求爱，又警告他说，他出身低微，怎敢向她这样高贵的夫人谈什么爱情。气得特奥多罗忍无可忍，回答说，既然她不要他，就请她把玛尔塞拉许配给他吧。特奥多罗又说，狄安娜自己不要，又不许他和玛尔塞拉结婚，正像俗语所说的："园丁之犬，不吃甘蓝，别人若吃，它就阻拦。"他说："您若不想吃，我就回到原来爱我的人儿那里。"狄安娜恼羞成怒，打了特奥多罗几个耳光。但打完又很心疼，命令管家给他两个金币。特奥多罗被打出了血，反而觉得高兴，因为狄安娜的强烈嫉妒说明了她确实对他怀着爱情。

狄安娜的两个求婚者听说她打了特奥多罗，认为他一定对女主人居心不良，便决定去雇一名刺客把他杀掉。哪知他们找的刺客竟是特里斯坦。特里斯坦拿了他们五十金币，立刻去通知特奥多罗，说有人要刺杀他。他又给主人出了个主意，叫他给一个贵族当儿子，这样，他的地位就和女主人相当了。

白发苍苍的鲁多维柯伯爵有个儿子，也叫特奥多罗，二十年前被摩尔人俘虏，从此音信杳然。特里斯坦告诉伯爵，特奥多罗就是他亲生的儿子。鲁多维柯伯爵相信了他的话。

这时，特奥多罗忍受不了女主人的折磨，决定远走海外，避开这无穷烦恼。他对狄安娜说，他要到西班牙去，因为狄安娜的求婚者要暗杀他。狄安娜一会儿说叫他走，一会儿又叫他留下，玛尔塞拉听说特奥多罗要走，请求带她同去，狄安娜却让她嫁给发比欧。

正当狄安娜下了决心，要告诉特奥多罗，由于他出身微贱，她无法和他结合，两人只好分手时，恰好鲁多维柯伯爵来认儿子。狄安娜看到特奥多罗成了贵族，立刻向他表示，现在他们身份相等，当晚就可以举行婚礼了。两个求婚者气冲冲地找他们雇的刺客特里斯坦，责问他为什么不履行诺言。特里斯坦说，原先讲的价钱，是为了杀死仆人特奥多罗，现在要杀的是伯爵特奥多罗了，杀一个伯爵，比杀十个仆人要贵得多，于是又骗了一大笔钱。事情揭穿以后，两个求婚者只好自认倒霉。

特奥多罗与狄安娜结成了夫妻。同时，特里斯坦和多洛台雅，发比欧和玛尔塞拉也得到女主人同意，结为夫妻。①

这个故事尖锐而辛辣地嘲讽了封建主义的门当户对的婚姻观念。

三　《园丁之犬》的艺术特点

《园丁之犬》在艺术上的突出特点是人物的心理描写。女主人公狄安娜是一位出身高贵、具有万贯家产的寡妇，她爱上了她的秘书特奥多罗，而特奥多罗是个出身卑微、贫穷寒酸青年。狄安娜自恃身份高贵，为维护她的名誉而不能公开爱恋特奥多罗，虽然爱他，也只能把她的心意藏在心中。但是当她看到他的秘书追求他的侍女玛尔塞拉时，她再也不能克制自己的感情，便借口让秘书修改一封信的草稿，暗示了她对秘书的爱意和妒忌心情。秘书却觉得狄安娜那么娇艳，那么高贵，那么多公子王孙对她献殷勤，他这个小秘书怎敢吃她这块天鹅肉！所以他还是坚持对玛尔塞拉的爱情。狄安娜看见他和她的侍女热情拥抱，便醋意大发。再次向秘书暗示她的爱意。当秘书真正追逐女主人时，狄安娜却又说他出身低微，没有资格跟她这个高贵的夫人谈爱情。秘书气愤地说狄安娜自己不要他，又不许他爱玛尔塞拉，这恰恰应了那句俗语："园丁之犬不吃甘蓝，别人若吃，它就阻拦。"生动刻画了狄安娜那种既热爱又不敢爱、自己不爱又不准他人爱的矛盾心理。

《园丁之犬》的另一个特点是成功刻画了仆人特里斯坦等人的形象。特里斯坦是洛佩笔下的所有诙谐人物中最出色的一个，和

① 《外国名剧故事500篇》（下），中国戏剧出版社，1987年，文美惠文。

法国博马舍塑造的同类人物费加罗比较，毫不逊色。特里斯坦不仅扮演着他的主人特奥多罗的心腹的角色，多次为主人出谋划策，而且假扮被雇用的杀手，让李加多侯爵和菲得里柯伯爵把杀死自己主人的任务交给他，他拿了他们 50 个金币，却把有人刺杀主人的消息告诉了主人；特别是为改变主人的身份他大胆地为主人找了一个高贵的父亲鲁多维柯伯爵：他扮成一个希腊商人，去拜见这位伯爵。他巧舌如簧，把事先编好的故事讲给他听，说他父亲如何买了一个英俊的小男孩，如何在他家里长大，如何从他家里逃走，他又如何去找他，住店时一位女佣看到他写的特奥多罗的特征说"他不就是鲁多维柯伯爵的儿子吗？"故事编得有鼻子有眼，不由得伯爵不相信。伯爵果然去狄安娜家认了儿子。这样，特奥多罗就有了高贵身份，终于和狄安娜喜结良缘。在主人面临困境时，特里斯坦表现出了他的智慧，他编的故事是那么幽默、有趣，真不失为洛佩笔下的一个聪明透顶、诙谐到家的角色。

特里斯坦的主人特奥多罗则是一个犹豫多变、毫无男子汉气概的人。他本来很爱玛尔塞拉的，但是听了狄安娜说的那番诋毁玛尔塞拉的话后便改变了主意；当知道狄安娜同意他和玛尔塞拉结婚时，又高兴地把此事告诉玛尔塞拉；而当狄安娜对他表白爱慕之心时，他随即抛开了玛尔塞拉。正如玛尔塞拉所说："无情无义的特奥多罗，/她的富贵一触到你的心灵，/你就把我抛在脑后；/她爱你时，你就抛弃我，/她抛弃你时，你又来找我。/谁能忍受这样的生活？"（第二幕第 21 场）

相比之下，玛尔塞拉却是一个纯真、可爱、忠于爱情的姑娘。她一直认为："特奥多罗的爱情指向正当而诚实的意图，就是跟我结合在一起。"特奥多罗那么朝三暮四，她依然痴心不改；当狄安娜让她跟发比欧结婚时，她说"我非常爱特奥多罗"；直到特奥多罗有了贵族身份和狄安娜结为夫妻，她为了报复他才决定爱发比欧并与之结婚。

《园丁之犬》剧中采用了多种诗歌形式，有首尾韵四行诗、八音节诗、十四行诗、八行诗、八音节的十行诗、十一音节诗、八音节五行诗等。其中十四行诗最具有代表性，共有9首：第一幕4首，第二幕3首，第三幕2首。第一首和第三首是关于妒忌和爱情之间的关系的思考；但是尽管看上去是对一个虚构人物的内心感受的分析，而实际上是现在心中的爱情表白和回答。例如第一首这样写道：

> 狄安娜：我三番五次地注意到
> 特奥多罗的英俊、优雅和聪明，
> 如果不是门第不同，
> 我会重视他的才智和文雅谈吐。
>
> 爱情是共同的天性，
> 但是我把名声看得
> 比我爱的人的尊严还贵重。
> 只要想到他，我就觉得不正经。
>
> 我很清楚，我的忌妒心重，
> 如果别人经常给他好处，
> 我会感到十分痛苦。
> 因为我希望：为了和我匹配，
> 特奥多罗的地位可以高些，
> 或者为了和我匹配，我的地位可以低些。
>
> （第一幕第11场）

其他十四行诗都是独白。比如第五首：

　　玛尔塞拉：假装爱一个人多么难堪！
　　忘记一年的爱情多么困难，
　　因为我愈是回避，
　　它愈是竭力在脑海里出现！

　　但是倘若必须，且能无损名誉，
　　用对别人的爱情治疗自己的爱情
　　往往是使自己醒悟的好主意；
　　分散注意力是个不错的措施。

　　只是，唉！打算通过别人的爱情
　　达到爱的目的，那可是
　　异乎寻常的报复方式。
　　最好是等待，而不是破罐破摔；
　　要不断想到，熄灭的爱情
　　有时会有办法重新燃起。

（第二幕第 17 场）

　　这首诗深刻地表现了玛尔塞拉失去爱情的痛苦，越是回避特奥多罗的爱情，它就越在她脑海出现。无可奈何，她想到用对别的男人的爱取而代之，她觉得这既是自己了断旧情的好办法，也是报复特奥多罗的好措施。所以，她认为"爱发比欧并非耻辱，／你既然把我抛弃，／这便是最明智的补救方式；尽管发比欧并不杰出，／但是我借此报复也很满意"（同上）。

第四节　《巴伦西亚的疯子》

　　《巴伦西亚的疯子》是一部表现疯癫题材的风俗剧。此剧作于

1590 年至 1595 年间，1620 年编入洛佩·德·维加戏剧第 13 卷出版。故事发生在马德里疯人院里。文学史家认为，这可能是欧洲喜剧史上首次将一家疯人院写入供表演的剧本，因为在此之前没有见过任何一部表现疯人院的剧作。

这部剧的产生同表现疯子或疯癫题材的文学传统和一定的社会——历史背景以及洛佩本人在巴伦西亚的生活经历密不可分。

一

从 15 世纪到 17 世纪的文学中，表现疯子和疯癫题材的文学作品扮演着重要角色。德国诗人和人文学家塞巴斯蒂安·布兰特在 1494 年出版的《疯癫之船》中，以讽喻的方式讽刺了社会各阶层患疯病的人，他们被囚禁在一条驶向那拉戈尼亚城的船上。之后，模仿它的作品不计其数：其一是乔斯·巴德的《疯人之船》（1500），原著为拉丁文，后被译成法文，并被延长为 13 章。巴德沿着布兰特的传统，通过表现疯癫题材暴露女人们的缺点：一共 6 条船，装饰着 6 幅雕刻。第一条船上是夏娃，她在致一切死者的挽歌中承认了自己的错误、对人类的灾难负有责任。其他 5 条船象征着造成疯癫的 5 个感官，通过来自古代哲学家们的科学解释，揭示了每个感官带来的危险，这些危险正是人的罪过和堕落的源泉。在此，对女人的看法是传统的，否定的：一个有罪的、诱惑男人的、应对罪过负责的夏娃。

值得指出的是，这些疯人之船在时间上非常早地开创了一种文学结构形式，它在一切、几乎一切表现疯癫，特别是表现疯人院的文学作品中是永恒的：它们让我们看到了一系列表现人类的疯癫：幻想、恶习和爱、恨、怒、妒等激烈感情的疯子典型。

意大利诗人阿里奥斯托 1516 年出版的骑士叙事长诗《疯狂的罗兰多》于 1549 年译成西班牙文并多次重印。此作是洛佩在其剧作《巴伦西亚的疯子》中具体提及和戏弄性模仿的文学作品之一。

他戏弄性模仿的故事是罗多蒙特和曼德里卡多为了争夺格拉纳达国王的女儿多拉利赛而进行的决斗。在阿里奥斯托的长诗中，尽管多拉利赛已经许给了阿尔及尔王罗多蒙特，塔尔塔里亚王曼德里卡多还是在她的商店里看见她后爱上了她并劫持了她。洛佩在其剧《巴伦西亚的疯子》第一幕结束前有这样的模仿：艾里菲拉嘲弄地提到了多拉利赛对曼德里卡多的爱情，特别是她被劫持后的第一夜：两个人溜进一座牧人的茅屋，双双尝到了禁果。在《疯狂的罗兰多》中，两个追求者都是撒拉逊①英雄，而曼德里卡多是一位勇敢、光荣、地道的骑士，二人决斗后，多拉利赛选择了他。结果，人们纷纷唾骂罗多蒙特，致使他渐渐丧失了理智。因此，在洛佩的剧中，当艾里菲拉宣布她就是多拉利赛时，佛洛里亚诺也马上说他是曼德里卡多。在《疯狂的奥兰多》中多拉利赛的另一个追求者罗多蒙特是阿尔及尔王，他是一位大英雄和野蛮军人的象征。洛佩在其剧中两次提到此人，两次和前面提到的同曼德里卡多的决斗和因爱而产生的妒忌有关。

《疯狂的罗兰多》的主要情节是写查理大帝的骑士罗兰多对安杰丽嘉的爱情。罗兰多和他热恋的安杰丽嘉从东方归来。查理大帝的另一位骑士利纳尔多也倾心于安杰丽嘉，并向她求爱。罗兰多大怒，同利纳尔多决斗。当时还值阿格拉曼王率领回教德，击败查理的军队，围困了巴黎。查理大帝对罗兰多和利纳尔多宣布，在对回教徒的作战中谁建立功勋，就把安杰丽嘉许配给谁。但安杰丽嘉趁机逃走，经历千辛万苦，最后被一个牧羊人收留。后来她和一位在战场负伤的回教徒勇士梅多罗相遇，把他带到牧羊人家中治疗、护理，日久生情，二人结了婚。罗兰多走遍天涯海角，找到牧羊人，得知安杰丽嘉已结婚，不禁痛苦万分，气愤绝望发了疯。此作有力地推动了作家们对精神失常的人物形象的偏爱。

①　中世纪欧洲人对阿拉伯人的称呼。

但是在《巴伦西亚的疯子》中，洛佩只是稍微提了一下罗兰多：

> 那个有名的葡萄牙人，
> 爱上了一位非凡的夫人，
> 但他在科因布拉丧失了理智，
> 就像另一个罗兰多，
> 他走遍天涯海角，
> 停留在这个地方，
> 他清醒多了。

另外，在这部剧作中描写的疯癫和查理大帝的勇士的愤怒与绝望关系关不大。虽然洛佩笔下的几个人物如费拉、莱达如同罗兰多，是为爱情而发疯的形象，但是他们的疯癫并不真实，没有一个人具有罗兰多那种超人的力量和非凡的英雄气概。

通过对这几部文学作品的介绍，充分证明存在对疯癫和疯子问题的各种各样的诠释。这为洛佩提供了表现疯癫或疯子题材的前提。

二

至于在西班牙，从 16 世纪末开始，就有一些古典作品表现疯人院内的疯癫问题。这一点也不偶然，因为在 15 世纪初西班牙各地就创办了收容精神失常的首批机构：譬如巴伦西亚（1409）、萨拉戈萨（1425）、塞维利亚和巴利亚多利德（1436）、帕尔玛·德·马略卡（1456）、托莱多（1480）、巴塞罗那（1481）、格拉纳达（1527）等城市，都建立了疯人院。

随着这些新的城市机构的产生，另一种疯子的形象出现在城市的视野里。这种疯子不再是没有身份的人，他们在城市里流浪，到处被拒绝，遭驱逐，受到残酷暴力的伤害，被关在城市的钟楼里，或者被交给水手送到尽可能遥远的地方。这些人被认为微不足道，是社会上的渣子，不配生活在城市里。

在戏剧演出方面，疯子的文学典型在欧洲首先在西班牙建立的疯人院里被搬上舞台，是很吸引人的。丧失理智的人在医院的表演，临似一种隆重的收容活动，推动了欧洲一张收容所大网的形成，随后疯人院之类的机构既不断增加，也不断扩大。

从另一方面说，尽管疯人院的表演直接产生于上述历史环境，但是不应排除某些文学传统可能对疯人院的这种戏剧演出有所影响。"爱情医院"的情况就是这样。

很显然，某些包含着对"爱情医院"讽喻的古典作品对某些疯人院的演出有着很直接的影响。西班牙诗人路易斯·乌尔塔多·德·托莱多（1523？—1599？）的《傻子医院》尤其如此。乌尔塔多·德·托莱多选编的作品集中有两部作品堪称文学典范，它们是《恋爱中的男子医院》和《受伤害的女子医院》，都是诗歌体，围绕对爱情医院的讽喻写成。两部作品虽然不是乌尔塔多·德·托莱多所作，但都收在《纯洁爱情宫殿和死亡宫殿》（1557）一卷中。其中包括10部作品，有他本人的，也有纯粹改编的。这些作品都不同程度地涉及爱情医院的主题。乌尔塔多·德·托莱多的《傻子医院》也不例外，不同的是乌尔塔多·德·托莱多的医院的患者不是失恋或患相思的病人，而是"傻子"。他们不是由于爱某个人而感到痛苦，而是由于他们那种依恋的癖好和疯狂地喜欢世界的东西：他们是有毛病的人。疯癫的概念源于《旧约》，它和丧失理智、罪孽和过错密切相关。总之，乌尔塔多·德·托莱多在《傻子医院》中讽刺了其表现如同发疯或呆傻之类的毛病。此作对洛佩的《巴伦西亚的疯子》具有重要意义：后者和前者一样，也实现了对疯癫主题的传统讽刺意味同在医院表演的主题的融合。但是和洛佩的疯人院相反，乌尔塔多·德·托莱多的医院是讽喻性的，它和任何社会历史背景都毫无关系，在其作品中，医院只是用来讽刺作为受谴责的恶习而表演的愚蠢行为的一种形式。

到了 16 世纪下半叶即从 1570 年开始，饥饿、贫困、失业、瘟疫、死亡和人口的减少成了西班牙危机的标志。这种危机造成一种痛苦和绝望的社会气氛。正如 1596 年至 1602 年间经常被派往卡斯蒂利亚京城参加会议的代表强调的那样，烦恼和抑郁控制着广大民众，他们忍受着危机带来的严重后果，生活越来越贫穷。就在这个时候，在反改革运动的思潮影响下，诸如尘世的浮华、世界性的疯癫、世界的反面和觉醒等哲学与文学话题应运而生。恰如当时的一则谚语所说："我们都是疯子，无论你我他。"既然都是疯子，那么整个世界就丧失了秩序，一切似乎都垮台了。

这种不安情绪也波及了医疗界。除了没法治疗威胁着民众健康的疾病外，医生们往往从个人的角度谈论抑郁问题。医生们从古典作家那里知道了三种疯癫表现，即躁狂、抑郁和狂乱。在同样受到 16 世纪末经济危机影响的西班牙和其他欧洲国家，人们对抑郁问题尤其感兴趣。在西班牙，佩德罗·梅尔卡多 1558 年出版《关于抑郁的对话》，安德列斯·贝拉斯克斯医生 1585 年出版《抑郁之书》，改隆索·德·圣克鲁斯 1613 年完成了一部关于抑郁的著作，意大利乔万尼·佛朗西斯科·阿尔玛 1575 年出版关于三种疯癫的拉丁文著作，法国安德烈·杜·洛朗斯在 1597 年出版的著作中论述了抑郁和其他疾病，英国罗伯特·伯顿 1621 年出版其著作《关于抑郁的剖析》。

三

疯子，尤其是抑郁症患者，作为文学典型备受那个时代作家们的青睐，因为从堂吉诃德伊始，这种人物形象在当时的西班牙文学中几乎无所不在。在 16 世纪的巴伦西亚文学中也是如此，描写精神病患者和因爱情而精神失常者的作品屡见不鲜。在《巴伦西亚的疯子》创作之前，疯癫和相思病在巴伦西亚的不少作品中扮演着重要角色。比如胡安·鲁伊斯·德·科雷亚的《利安德与海洛的故事》（15世纪下半期）、《疯子的小花园》（作者不详，1486）、收在《爱情问题》（1513）中的《托里诺的牧歌》，以及《田园牧歌》（作者不明，1519）等，都是表现这些主题的代表作。在《巴伦西亚的疯子》之后，表现疯癫主题的重要剧作有加斯帕尔·德·阿吉拉尔的《忧伤的吉卜赛女郎》（1608）、克里斯托瓦尔·德·维鲁埃斯的《残忍的卡桑德拉》和《愤怒的阿蒂拉》（1609）、纪廉·德·卡斯特罗的《堂吉诃德·德拉·曼却》（1618）。

　　然而，奇怪的是，关于著名的巴伦西亚疯人院，在《巴伦西亚的疯子》之前的全部巴伦西亚文学中，只是只言片语地一笔代过。而在游客们的游记或访谈中却不断提到它，在他们看来，那个小小的巴伦西亚医院仿佛是城市的象征，新奇极了。比如1494年到过巴伦西亚的德国人明策尔回忆他参观这家疯人院时说，他看见一个患精神病的犹太人，被关在一个笼子里，狂怒地叫喊。游客要他祈祷，怎么求他也没用，因为他老是粗言恶语，亵渎神明。

　　同样，那个时代的不少轶事也在一些城市的著名疯人院里将各种典型的精神病患者搬上戏剧舞台，譬如托莱多的使者医院、塞维利亚的无辜者医院，尤其是巴伦西亚疯人院。

　　巴伦西亚疯人院在西班牙城外也很有名。1561年有一部法文著作说，人们普遍相信月亮对疯子有一定影响，并以嘲弄的口吻断言：巴伦西亚的月亮对其居民的有害啄食是造成成千上万巴伦西亚疯子的原因。此外，有一些外国学者指出，在1586年和1603年间，洛佩对表现疯癫题材非常感兴趣，他的无数作品中都写了真正的或伪装的疯子，特别是巴伦西亚疯人院的疯子。

四

阿里奥斯托笔下的疯癫或《疯狂的罗兰多》中的勇士的狂怒，似乎深深地迷住了洛佩，成为他创作多部剧本的灵感之源。

在《巴伦西亚的疯子》之前，大约在 1587 年，他就写了《罗达蒙特的嫉妒》一剧，此剧第三幕演的就是罗兰多因安杰丽嘉的背叛而愤怒并发疯的故事，同时表演了罗克托蒙特（剧中叫罗达蒙特）因曼德里卡多和多拉利赛相爱而妒火中烧、怒不可遏的情景。此外，洛佩大约在 1589 年写的田园剧《愤怒的贝拉尔多》描述了贫穷的牧人贝拉尔多（洛佩本人的影子）对牧羊姑娘、富有的牧工头一心弄到手的哈辛塔的爱情。由于家庭的干预和利益驱使，这对恋人被迫分手，贝拉尔多因此而痛苦万分，继而绝望和发疯。

而在《巴伦西亚的疯子》之后，洛佩的许多剧作仍然表现疯癫题材，只是疯癫的形式不同而已：有阿里奥斯托式的疯癫（《哈辛托的牧歌》、《卡塔伊的安赫利卡》和《为荣誉而发疯》），神仙的疯癫（《天堂的疯子》）等。此外，他的剧作还证明他对表现疯子的其他面孔具有浓厚兴趣：有野蛮的疯子（《无辜的王子》、《乌松和巴伦丁的诞生》、《维拉的山姑》），有伪装的疯子（《忧伤的王子》、《理智的疯子》、《强制的疯子》、《阿尔及尔的俘虏》）。

在洛佩的小说中也不乏疯子的典型。《阿卡迪亚》中的塞利奥由于他的心上人和别人举行婚礼而被气疯，另一个人物安弗里索由于嫉妒也怒火中烧，失去理智。在《自己祖国的旅行者》中，洛佩描写了巴伦西亚疯人院的小世界，其中的人物潘菲洛为了让医院收容和留在心上人尼赛身边而假装自己是疯子；在此之前，尼赛痛不欲生，丧失理智，被送进男子疯人院，管理人员见她穿着男人的衣服，没有察觉她是女人。当一位意大利伯爵来医院参观、决定带走一个疯子去跟他开心而选中了尼赛时，潘菲洛难以抑制心中的怒火而发了疯。

在《巴伦西亚的疯子》中，其中心主题也是伪装的疯癫和情场失意的疯癫。此剧占有重要地位，因为它是欧洲喜剧中第一部将疯癫主题同涉及医院的传统主题结合起来的剧作。

因此，有必要把这部剧放在它所产生的历史背景即和1589年的巴伦西亚疯人院的关系中来分析。

五

在巴伦西亚居住期间（1588年12月至1590年），洛佩有机会亲自见识该城那家著名的疯人院。这家疯人院的前身是从1409年就存在、1512年和刚成立的总医院合并的无辜者医院。《巴伦西亚的疯子》很可能是洛佩还住在巴伦西亚时写的。

所以，探讨一下究竟是什么引起洛佩对巴伦西亚疯人院的注意并驱使他把它搬上舞台，是有意义的。

在那一年间，可能是他的好奇心推动他参观了著名的巴伦西亚疯人院，也可能他和其他市民一样不止一次在街上看到过这家医院的疯子。在此有必要说明，这家疯人院自1409年创建直到17世纪末都不是一个与社会绝对分离的机构。在巴伦西亚，随着无辜者医院于1409年的创建，精神病患者便渐渐被社会认可，成为巴伦西亚社会的组成部分，受到了救治。社会和疯癫患者之间新的关系随之建立。显然，在15—17世纪的漫长岁月里，医院的管理者一直在努力塑造精神病人的新形象，竭力让市民们以另一种方式看待他们：他们不再是危险的、可怕的、令人不安的人，而是平和的病人。同时举行一些由他们参加的戏剧演出活动，有的具有很强的戏剧性。

尽管在洛佩居住巴伦西亚期间那些狂怒的患者用锁链锁着关在笼子里，平和的患者却可以离开医院像其他人一样参加宗教活动。特别是在复活节和圣诞节，有一些患者在扮成主教骑着小毛驴的孩子监护下在城市里举行募捐活动。在这样的机会，往往让患者们表演几出戏谑性的小剧。这和 12 月 6 日或 12 月 28 日举办的民间募捐活动十分相似。为参加上述募捐活动，患者们穿着引人注目的蓝黄或蓝绿色方格的衣服。

另外，在 16 世纪末即在洛佩住在巴伦西亚的时期，疯人院的管理者有时候让患者们戴上狂欢节的面具，衣服上挂着铃铛和串铃，在有人监护的情况下到街头去跳舞。此外，从 16 世纪末开始，在巴伦西亚愈办愈多的节日活动中，医院的管理者有计划地派一些患者换上五颜六色的衣服到城市里去乞讨。

这几个例子说明，在洛佩住在巴伦西亚那个时期，疯人院的管理者组织患者进行的表演不只是在一个方面和以其滑稽可笑的言行让观众开怀大笑的快乐的疯子的形象有着密切关系。毋庸置疑，引人发笑是城市当局特别是巴伦西亚疯人院管理者为了让那些跟疯人院收容的无助者有关的可敬的市民心情安定而采用的行之有效的好办法。要尽量举办由患者参加的新的演出活动，让市民们相信：疯子是受到控制的、听话的、可以融入社会的，而且社会已经接纳他们进入城市，尽管他们生活在城市的边缘如疯人院这样的机构里。

洛佩意识到，疯人院的管理者所创造的那些由患者参加的节日演出是可以利用的，因为那些表演在很大程度上是戏剧性的：真正的疯子多次上街演出，本身就是一种喜剧艺术表现。于是在这些形象的鼓舞下，洛佩就想把那些快乐的疯子作为喜剧人物搬上舞台，并且让他们在自己的医院里的氛围中表演。

为此，他把医院的某块地方像剧场那样圈起来，成为一个适合举行演出的空间，让一些人假扮成疯子在那里表演。

显然，正是街头的那种演出在洛佩的脑海里产生了在巴伦西亚疯人院里把人类的各种疯癫表现搬上舞台的想法。

六

《巴伦西亚的疯子》描述一个名叫佛洛里亚诺的贵族青年自认为在一次殴斗中杀死了雷伊内罗王子。他把此事告诉了他的一位朋友，二人害怕被官方追捕和抓住，便决定逃往巴伦西亚，假装疯子般进入一家疯人院。在他们来到疯人院的时候，有一个美丽的小姐艾里菲拉和她家的不正派的仆人莱奥纳托逃出父亲家，但是他却把小姐的衣物、耳环、戒指、手镯和许多别的东西全都抢走，赤身裸体把她丢在疯人院门口。疯人院里有两个疯子和一个看守。疯人院的管理人员以为她是个疯子，便硬把她拉进了疯人院。进了疯人院不久，她就开始和那里的人交谈。久而久之，艾里菲拉和佛洛里亚诺彼此产生了爱慕之情。二人并非疯子，却一直假装疯子。这使此剧增添了不少喜剧色彩。不久，他们供认了他们不是疯子的事实。但是新的问题又产生了：又有一个女子追求佛洛里亚诺。而正当佛洛里亚诺和其中一个女子结婚的时候，官人找上门来，因为佛洛里亚诺确实杀了王子。然而，在审判的时候，雷伊内罗王子出现了，王子说，他杀的不是真正的王子，而是王子派来和佛洛里亚诺格斗的人。至此，真相大白，佛洛里亚诺和艾里菲拉结为夫妻，佛洛里亚诺的朋友维莱里奥和菲德拉小姐、莱奥纳托和莱达也都喜结连理。

《巴伦西亚的疯子》在表现疯子或疯癫的文学作品中占有突出地位。洛佩的这部剧第一次实现了在欧洲喜剧方面将疯人院的传统主题同表现疯子的传统喜剧二者的结合。洛佩把此剧的故事放在著名的巴伦西亚疯人院里展开，把一种在人们的想象中似乎不可能的幻想变成了现实，从而在戏剧领域为疯人院主题的表现开辟了道路，在后来的欧洲剧坛上该主题特别受作家们的青睐。

第五节　《贝利莎的英武》

　　《贝利莎的英武》一剧的手稿完成的日期是 1634 年 5 月 24日，所以被认为是洛佩最后一部剧作，在洛佩去世后的 1637 年收录在《帕纳索的维加》杂集里出版。这是一部风俗剧或袍剑喜剧，这类戏剧的故事一般发生在西班牙，有时也发生在意大利或佛兰德地区，其创作灵感常常来自短篇叙事作品。

　　就题材而言《贝利莎的英武》，是一部表现年轻人的爱情的城市喜剧，而爱情是洛佩许多剧作的共同主题。《贝利莎的英武》的故事发生在马德里。全剧分为三幕。第一幕在贝利莎家中的客厅里开始：贝利莎和她的使女菲内娅谈论她的婚姻问题。贝利莎是一位马德里贵族小姐，受到堂恩里克伯爵的拼命追求，但是他的追求只能使贝利莎更加愤怒。贝利莎为人傲慢，一向不把男人放在眼里。但是现在她却对使女说，她如何认识了一位绅士，又如何不顾一切地爱他。原来在一个下午，她乘马车去普拉多大街散心，在卡斯特亚诺泉水附近看见一个衣冠楚楚的青年。那个青年突然遭到从身后边跑来的一个人的攻击。当他勇敢地反击时，又来了三个人帮助被打败的坏家伙。贝利莎路见不平，十分气愤，伸手把车夫的剑夺过来，跳下车去帮那个青年。坏蛋们顿时落荒而逃。贝利莎和那个青年一起乘车到泉边喝水。那个青年叫堂胡安·德·卡尔多纳，他告诉贝利莎，他刚从佛兰德斯来到这儿，那个人（奥克塔维奥）和他打架是为了争夺一个名叫卢辛达的小姐。

　　由于嫉妒，贝利莎日益憔悴，不愿再去普拉多大街散心，尽管马德里风和日丽，春意融融。后来，堂胡安和他的仆人特略在卢辛达家门前等待小姐出门。仆人劝主人，既然卢辛达喜欢奥克塔维奥，他就别再追求她了。但是堂胡安一无钱二无势，好不容易认识一位小姐却要放弃，不免倍感遗憾，所以他不甘心，于是走到卢辛达的使女法维娅的窗前询问。使女说，现在不是追求小姐的时候，小姐快要睡了，已经被她说服第二天去索托河畔散步。这时，卢辛达听到使女指责堂胡安，便走过来。堂胡安对她诉说了他的心情，恳求她允许他进去，但遭到了拒绝。于是他想破门而入，此刻奥克塔维奥和他的仆人胡利奥赶来，双方发生了争斗，奥克塔维奥被打伤。卢辛达和使女赶紧回屋里去了。

第二天早晨，堂恩里克伯爵和他的仆人费尔南多在索托河边散步，一面赞美着自然风景；伯爵想起了他的意中人贝利莎，想象着他渴望为她变的美丽的华贵服饰——宽檐帽、长裙、套鞋、套头披巾。这时仆人告诉他，贝利莎来了。贝利莎看见堂恩里克后显然很高兴，尽管她是来找堂胡安的。几乎同时，堂胡安和他的仆人也来找卢辛达。贝利莎和菲内娅看见了堂胡安，菲内娅让伯爵到马车边等一会儿，因为贝利莎要和堂胡安说几句话。贝利莎问堂胡安是不是诗人，他说凡是恋爱的人都会诌几句诗。贝利莎希望他给她写一首十四行诗。他答应了。这时卢辛达也来了，她对菲内娅说，她真正爱的人是堂胡安。但堂胡安看见卢辛达后却对贝利莎说"你别走"，故意让卢辛达吃醋。堂胡安对贝利莎讲了许多甜言蜜语，卢辛达嫉妒不已。她还听见贝利莎说要和堂胡安结婚。致使两个小姐彼此大骂一场。

第二幕还是在贝利莎家的客厅里开始。贝利莎抱怨自己的爱情不顺，她把自己比作一条小船，一棵树，一个鸟巢，一只蜜蜂，心情孤独而郁闷。菲内娅受女主人之托去了堂胡安家，把一封信交给他，他给她一个金币。贝利莎决定送他一件缎子衣服。菲内娅把堂胡安的生活、衣着、发饰、家里的装饰、照片等细节都告诉了女主人。这时，堂胡安赶来，他的仆人特略恳求贝利莎爱他的主人，贝利莎说需要考验一个阶段，要看他对另一个小姐的态度。堂胡安还要坚持，贝利莎便要求他把他从卢辛达那里得到的所有信物包括照片都交出来。堂胡安答应了。

　　堂恩里克伯爵在他的府第里对他的仆人诉说痛苦的爱情遭遇。为了排解他的苦闷，走来几个歌手唱了一段赞美贝利莎的优美小曲。这时卢辛达和她的使女来到他们面前，卢辛达向伯爵提议报复堂胡安和贝利莎，他接受了。与此同时，贝利莎刚刚收到堂胡安和特略寄给她的一只钻石凤凰首饰，特略告诉小姐，堂胡安的父亲从萨拉戈萨汇来的钱到了，特略还说那件首饰是在瓜达拉哈拉门买的，为的是让小姐在圣马科日去赶特拉皮约庙会时佩戴。特略请她朗诵献给堂胡安的那首诗，贝利莎答应了；他自己则念了一首讽刺诗。他刚走，卢辛达就来了，她提醒贝利莎要监视自己的"丈夫"，因为夜晚他总是在她的门前胡闹，还抱怨贝利莎管得严。贝利莎听了不禁感到惊讶和气愤，随后把堂胡安送她的那件首饰交给了卢辛达。卢辛达威胁贝利莎，倘若堂胡安还要坚持，堂恩里克就要干预了。为了强调她编造的谎言，她告诉贝利莎，堂恩里克和马车就在外面等着呢——后来听到伯爵和卢辛达命令车夫驾车去普拉达大街和胜利大道。贝利莎一个人待在那里又愤怒又嫉妒，抱怨自己的命运和辛辛达对索托河边那场玩笑进行的报复。这时堂胡安和仆人特略赶来，看到贝利莎和菲内娅在那里，很是兴奋。但是当堂胡安想和贝利莎说话时，贝利莎却扭过身去，菲内娅也对特略扭过身去。主仆二人倍感沮丧。

　　第三幕在卢辛达家对面的街上开始。堂恩里克伯爵对他的秘书说，他对帮助卢辛达执行其计划感到厌倦了，最终会对他跟贝利莎的关系带来害处，于是他们决定利用贝利莎的女友塞西亚；他们看到两个青年来到卢辛达的家门前——其实是贝利莎和菲内娅女扮男装——手拿火枪。她们是来看着堂胡安是不是夜晚在追求卢辛达。在此之前，贝利莎收到卢辛达一封信，通知她她要和堂胡安结婚，只是没准备好结婚礼服，她请求贝利莎借给她一套，这可把贝利莎气坏了。这时堂胡安和特略赶来，想跟卢辛达谈谈，因为堂胡安怀疑有人在对他耍小花招，他想说明情况。当主仆二人商量这个主意的时候，贝利莎和菲内娅正在远处察看着他们，发现堂胡安的态度并不像未来的丈夫那么亲切，倒像是一个傲慢无礼的青年。这时，奥克塔维奥和他的仆人带着两个保镖赶来；奥克塔维奥对仆人胡利奥说，几天前堂胡安给他造成的伤口刚刚痊愈，但是他还需要挽回他的名誉。特略觉得他是来杀自己的主人堂胡安的，贝利莎也是这么认为的。贝利莎还爱堂胡安，所以手握手枪站在堂胡安一边。所有的人都被吓跑了。堂胡安和特略想感谢他们的救命恩人，贝利莎和菲内娅连面都没有露就走了，主仆二人不知所措，只得离开卢辛达的家，去追贝利莎。

贝利莎在家中和菲内娅与塞西亚交谈，塞西亚批评贝利莎的行为，特别是关于堂胡安和卢辛达第二天举行婚礼的说法。贝利莎拉门帘时发现伯爵（他收买了塞西亚）藏在她的卧室里，她先是感到恼火，随后看到他彬彬有礼，便平静了。恰在这时，堂胡安和特略闯进来，听见一个男人在屋里说话不胜惊讶：堂恩里克对贝利莎坦白了卢辛达的计划和他不再追求贝利莎的想法；伯爵离开时发现堂胡安和特略躲在栅门后，他威胁堂胡安说，他要是再到这儿来，就杀死他。堂胡安对发生那么多不愉快的事情，感到厌倦了，他说他将回佛兰德去，战死在疆场，以治疗他的嫉妒心。贝利莎对他说，几分钟前她救了他的命，这已表明她对他的忠诚。堂胡安的矛盾心情消除了，便和贝利莎一起准备报复卢辛达。

在卢辛达家，伯爵正在跟她交谈，堂胡安赶来告诉卢辛达，说他给她带来了贝利莎的口信，说她答应把她最好的结婚礼服借给她，并以女傧相的身份前来给她穿戴，卢辛达非常兴奋地接受了贝利莎的盛情。在贝利莎家，伯爵宣布堂胡安将和卢辛达结婚。贝利莎感到奇怪，她说，应该和胡安结婚的是她。堂胡安证实了她的话。卢辛达明白这是对她的报复，但是伯爵愿意娶她，她也就感到欣慰了。

　　文学史家认为，洛佩在自然而有序地表现喜剧冲突方面达到了一个高峰。在结构上，第一幕分为三场，以简明而逐一的方式、直接或通过别人的言语介绍人物，直到五月的一个早晨所有的人物在索托·德·曼萨雷斯表演的最后一场上聚在一起。正是在那个地方，作者决定安排多个场景来迅速有效地展开喜剧冲突，其效果如同观赏一个自然的发展过程，从简单到复杂，既不可避免而又不突兀。

　　在此剧中，洛佩娴熟地构建了戏剧情节，一如他先前的多部剧，证明了他的戏剧创作技巧的高度成熟。比如上面提到的，第一幕的故事分三场叙述：第一场在女主人公贝利莎家中，介绍她这个郁郁寡欢的小姐：她很讨厌追求她的那个伯爵，却对她的女仆菲内娅和女友塞利亚说，她已经爱上了在卡斯蒂利亚附近意外遇到的外地青年堂胡安·德·卡尔多纳。她感到痛苦，妒忌一位名叫卢辛达的小姐，因为堂胡安喜欢她。为了排遣烦闷的心情和希望遇见她心仪的青年，她决定第二天和菲内娅及塞西亚一道去索托。第二场很短，当夜在卢辛达家门前，堂胡安和他的仆人特略恳求卢辛达的女仆法维娅开门，被走来的卢辛达拒绝。堂胡安想破门而入，这时有两个男人从卢辛达家跑出来，4个人打了一架。第三场的剧情第二天在索托展开，贝利莎在那里看见了堂胡安，不一会儿卢辛达也来了，堂胡安跟贝利莎甜言蜜语，卿卿我我，使卢辛达妒火中烧，结果两个小姐对骂一场。

第六节　《马德里集市》

　　《马德里集市》是洛佩·德·维加青年时代的剧作，出版于1587年或1588年。有文献记载，剧团老板加斯帕尔·波雷斯（那时洛佩经常把剧本送给他上演）许可他的同行马特奥·德·萨尔赛多在 1588 年圣诞节期间直到 1589 年 1 月 6 日前在塞维利亚上演洛佩送给他的剧本《马德里集市》和《罗达蒙特的妒忌》。此外，王宫图书馆还保存着此剧 1589 年 1 月 17 日的一部手稿复印件。

剧本故事的背景是马德里的热闹集市，除了熙熙攘攘的人群和讨价还价的交易外，还有近乎粗俗的娱乐活动和公子哥那种对女子献殷勤的并不高雅的言谈举止。男主人公莱安德罗在集市上认识了一个村妇打扮的夫人，她叫毕奥兰黛。莱安德罗甜言蜜语讨好她，她也欣然回敬。她丈夫帕特里西奥一直对她不好，因为他念念不忘他的旧情人。但是，尽管这样，他还是关心自己的名誉的，得知妻子背叛后，他对莱安德罗隐瞒了自己的身份，开始和他交朋友，最终得到了他的完全信任，几乎无话不谈。帕特里西奥确信妻子背叛了他，便决定抓他们个现行。但是两次都只是打断了他们谈情说爱的交谈。于是他把妻子的背叛行为告诉了岳父，请求他出面帮助。面对不可否认的女儿出轨行为，岳父虽然说一定要把女儿处死，但是却没有勇气，反倒劝女婿看在父爱的份上理解他。他这样在众人面前辩白：

> 我是一位父亲；
> 作父亲的人，
> 请看看我。
> 如果我把女儿
> 作为奸淫之人杀死，
> 我就留下了臭名，
> 并将遗臭万年。
> 名誉必须保持；
> 她是女人，可能过失，
> 我是父亲，应该原谅。
> 我不杀我的女儿，

就维护了我的名誉。

帕特里西奥的岳父既维护自己的名誉又要原谅自己的女儿，这使受伤害的女婿陷入了无奈，他自己又生性优柔寡断，只觉走投无路，感到绝望，竟然以自杀了却心中的怨愤和一生。

帕特里西奥死后，毕奥兰黛摆脱了丈夫，守了一年寡后，她终于跟莱安德罗结为夫妻。

从剧本的内容看，虽然有关于马德里热闹的集市和马德里社会风习人情的描写，也有关于男女婚姻和爱情的描述，但是就剧作的主题而言，它还是一出伦理剧或名誉剧，一方面，毕奥兰黛的父亲为了使家丑不外扬而不杀自己的女儿，原谅了她的放荡行为；另一方面，毕奥兰黛的丈夫由于名誉受了损害又承受不住习惯势力的压迫而寻了短见，成为歪风邪气的牺牲品。

此剧的一个明显特点是其异乎寻常的结构形式：主要故事占据了全剧诗体对白的半数以上，其他的诗体对白用来反映社会环境和气氛。马德里的华街闹市几乎扮演着主人公的角色。这样，我们对洛佩为剧本取名《马德里集市》就不觉得奇怪了。马德里人口众多，过着丰富多彩的生活，人们像真正的游行一样挤满了市中心的大街小巷，其中商人，扒手，盗贼，因家庭生活不幸福而外出寻欢的女人，身无分文的绅士，游手好闲的纨绔子弟，醉心于荒唐的娱乐、议论时尚、女人和琐事的闲汉，粗鲁的农夫—淘气鬼们恶作剧的受害者等，三教九流，无一不有。

男主人公莱安德罗是那帮青年的朋友、衣着简单的绅士中的一员，他们的举止更像是一些混混儿，而不像是谦恭的君子。他那种温柔的言谈不乏诗意，与其说是内心感情的自然流露，勿宁说是彬彬有礼的奉承话。但是对受到丈夫冷落的毕奥兰黛来说，这却是最动听的。而作为女主人公的毕奥兰黛，其表现也并不像出身名门贵族的夫人。她在集市上装扮成一个农妇，接受着莱安德罗所献的殷勤，以一种不知廉耻的方式跟他攀谈。俨然一个轻佻的贱妇。

毕奥兰黛的丈夫帕特里西奥自从结婚那天起就和毕奥兰黛貌合神离。在一次独白中他承认自己娶错了女人：

> 我不喜欢这个姑娘，
> 结婚后更不喜欢了，
> 我不和她一起生活，
> 因为不值得和她在一起，
> 她也不太喜欢我。

但是，他还是觉得自己的名誉受到了伤害，不能不设法报复。然而，他又有顾虑，觉得自己动手不如把事情交给岳父办理更妥当。但是他不知道也想不到，他岳父是个竭力顾念门风的自私鬼，虽然知道女儿做了伤风败俗的事情，但他首先顾及的是不能让世人知道自家的丑事，所以他宁肯迫使女婿忍受屈辱也不惩罚自己的女儿。面对岳父的这种名誉观和道德观，帕特里西奥显得软弱无力，无可奈何，终于走上了自残的绝路。

第 五 章

洛佩的剧作——袍剑剧

第一节 《巴伦西亚的孀妇》

《巴伦西亚的孀妇》于 1620 年由莫利和布鲁埃尔顿编入洛佩戏剧第 14 卷出版，在确定写作时间时认为是在 1595 年至 1599 年间，而在剧本中也提到此剧作于 1601 年春天以前。文学史家认为，洛佩于 1599 年 4 月至 6 月间在巴伦西亚逗留后为了再现举办费利佩三世及阿尔贝托的两场婚礼时的欢乐气氛而决定写此剧的，大约在 1599 年最后几个月或 1600 年初。

此剧是洛佩根据自己的各种经历写成的，比如他曾和宫廷的官员一道参加为庆贺费利佩三世和玛格丽塔·法·奥斯特里亚的婚礼而举办的狂欢节的假面游行，他有幸扮演食肉先生：他骑着一匹马，马身上挂着一些兔子、石鸡和母鸡，后面跟着另一个戴面具的人，他背着醃鳕鱼、沙丁鱼和别的鱼肉，他代表封斋节。洛佩写此剧，也是为了向当时他的一位情妇，一个有夫之妇证明，怎样才能满足他们的爱情之需和顾全脸面。同样，还有他同巴伦西亚夜间工作者学院及加斯帕尔·阿吉拉尔和纪廉·德·卡斯特罗领导的文学协会（他在他们那里学来某些戏剧技巧）联系，都是促使他创作此剧的因素。

《巴伦西亚的孀妇》是一部纯粹的袍剑喜剧，它的故事十分有趣：题目所指的女主人公叫莱奥纳达，她年轻而美丽，为了把死去的丈夫永远铭记心中，她决定不再改嫁。但是当她的目光和一个男子的目光相遇后，她那种决心就被打碎了。尽管她竭力克制自己，但是她的欲望的闸门还是被打开了。狂欢节是一个再好不过的机会：一位夫人只有用面具把脸遮住，才可以主动而大胆地进行诱惑男人的游戏，否则是办不到的，因为那个时代的道德观念是禁止的。她所钟情的男子是和她死去的丈夫同名的男青年卡米洛。莱奥纳达独居、自由、富有（每月有三四千个金币的进账），自信完全能够决定自己的命运，可以拒绝一切不中意的追求者，自己选择如意郎君。于是她有了一个主意，让卡米洛的用人去对那个青年说明她的意愿："乌尔班，你戴着面具告诉他，有一位夫人喜欢他，/深情地爱着他，/他可以拥有她。"在观赏黄金世纪的戏剧的观念面前，女人扮演着积极主动的和现实生活及伦理学家要求的相反的角色。在戏剧再现的狂欢节环境中，男女的交往比日常生活中更为大胆，幽会更为自由，社会禁止和允许男女接触的界限完全被打破。女主人公莱奥纳达不顾一切陈规陋俗，主动向她的意中人表示爱意，改变了男性追求女性的常规。她甚至向她喜欢的男人赠送珠宝，报答他给予的帮助。

莱奥纳达还宣称她是家庭压力的反抗者。这种压力来自她的叔父卢森西奥，他坚持要他的侄女结婚。他的坚持纯粹出于名誉观念，而他的这种观念不是建立在侄女的行为基础上，而是建立在侄女的形象可能传遍全城的基础上，他坚持要侄女结婚，肯定和他的担心有关：一个还很年轻、很漂亮的寡妇隐居在家会招来流言蜚语，引起人们怀疑："难道你认为这种事情/会让人们说你好吗？/只会坏了你的名声。/……面对人们的妒忌和卑鄙的小人，/你能躲到哪里去呢？/你能躲藏千年百年/而永不出现吗？"

卢森西奥凭着他的白发和权威对他的侄女发号施令，但是徒劳，命令归命令，这位绝对无知的老者只能尴尬地看着侄女我行我素，莱奥纳达觉得她的叔父不过是她实现其愿望的讨厌的障碍。

她不愿在家里看到这个幽灵。莱奥纳达显然是一个富有反叛精神的女性。

但是在那个时代，妇女是受着社会道德规范的约束的，她们必须按照有关妇女修养的图书所宣传的道德标准做人。比如第一场，莱奥纳达拿着一本书，此书很可能是那个时代十分流行的做祈祷用的教科书，即路易斯·德·格拉纳达修士的《祈祷与静思之思之书》。莱奥纳达在其女仆胡利娅面前朗读书的内容，那是关于劝导女人在家中保持沉默，唯男人之命是从，大门不出二门不迈的常识，让妇女们去读《圣经》和祈祷书。用路易斯修士的话说："如果说所有的男人都需要这样克制自己的话，那么女人比男人就更需要，尤其是姑娘小姐。她们的主要品德是知道羞耻，保持沉默和维护自身的贞洁。"

路易斯修士的著作极大地影响了一类读者，特别是女性。他在《完美的已婚女》（1583）中宣传他那种关于女性修养的理论，此作作为女性的读物，在当时流行一时，有力地推动了女性封建道德典范的树立：

"正如大自然造就了妇女，让她们待在家里守护家庭一样，也让她们闭上了嘴巴；正如不让她们在外面谈生意和签合同，也不让她们做签合同所需要做的事情：多次洽谈。大自然造就正直和美好的女人，不是为了让她们学习科学，也不是为了让她们掌管困难的生意，而是仅仅为了让她们做简单的家务，从而限制了她们的智力，也限制了她们的言谈。"[1]

这段话清楚地阐述了那个时代关于女性教育的著作中居统治地位的观点。文艺复兴时期的人文主义思想竭力主张确定妇女在社会上应有的地位，女性应成为家庭经济生活方面的重要角色，应该通过勤俭持家把日子过好，当了母亲的女人应该受到特别关

---

[1] 《完美的已婚女》，路易斯修士，1950 年版，第 239 页。

注，应该通过教育把家族的优良传统传递给儿女。历来有不少著作家致力于指引和教育妇女扮演好这种角色。而为了担当这种新职责，妇女只要有一些常识就够了。比如管教子女，管好家庭，听丈夫的话。女人的空间是她的家，是私人空间。男人的空间则是外面的世界，是公共空间。所以女人受的教育是保持沉默，不出家门。但是那些机敏、聪明或有文化的女人，尤其是当作家的女性，却总是遭到冷待，因为她侵犯了属于男人的公共空间。西班牙人文主义者胡安·路易斯·比维斯（1492—1540）在其著作《基督教女性的教育》一书中写道：

"但对于女人，谁也不要求她能说会道，才智过人，有管理城市的能力，记忆力强和乐善好施；只要求她做一件事情：就是保持贞洁。女人失去贞洁，相当于男人失去一切必要的东西。"[①] 另一位人文主义者佩德罗·卢汉也说："丈夫的美德是擅长言谈，妻子美德是保持沉默。"[②] 路易斯修士则斩钉截铁地说："所有的女人应该以沉默为荣，因为对所有的女人来说，沉默和寡言不仅是讨人喜欢的品质，而且是应该具备的美德。"[③]

尽管此剧的女主人公很聪明，但是她还是按照谈论道德的著作提供的经验对她的女仆表示，她喜欢看谈虔诚的读物，这和表明自己有修养毫无关系，只能感受一下针对"话多的女人"的通常的偏见。她把自己关在家里，默然不语，把对死去的丈夫的回忆作为未来生活的内容：

> 胡利娅，对任何女人来说，
> 有清醒的头脑
> 和诚实的举止就够了；

① 《基督教女性的教育》，1995 版，第 79 页。
② 《夫妻对话》，1990 版，第 21 页。
③ 《完美的已婚女》，1956 版，第 239 页。

如果想变得聪明，

她就近乎愚蠢了，

甚至接近完蛋了。

我失去了我的卡米洛后，

我看书只为了寻开心，

而不为了做饶舌妇

和让自己变得聪敏。

　　显然，莱奥纳达并不是真心实意地阅读那种谈论女性道德的书，更不想照着去做。因为她深知一个寡妇的处境多么悲惨，不能把封建道德的枷锁套在自己的脖子上。西班牙历史学家安东尼奥·格瓦拉修士（1480—1545）曾满怀同情地描述寡妇们的处境：

　　"她们是不幸的女人，守寡后她们不得出门，不得和陌生人和邻居讲话，只能痛苦地把自己关在家里，躲在自己的闺房里，在那里流泪，对天叹气。多么不幸！多么令人气愤！寡妇的处境多么危险！如果寡妇走出家门，就被认为不正经；如果她笑一笑，就说她轻浮；如果她不笑，便说她虚伪；如果她去教堂，就说她爱游荡，如果她不去教堂，便说她不忠于丈夫；如果她穿着不整，就说她失常，如果她衣着干净，便说她不甘守寡了；总之，不幸的寡妇们会遇到一千人议论她们的生活，却遇不到一个人帮助她们解除痛苦。"

　　安东尼奥·格瓦拉修士是不幸的寡女们的代言人，道出了莱奥纳达们的心声，表述了她们的苦闷心情。她不能成为封建礼教的牺牲品。尽管她在宗教信仰和封建道德的影响下曾决定为铭记她去世的丈夫不再结婚，但是在外界环境的激发下，当遇到一个男人的目光后，她的决心便动摇了，心中燃起了对新生活的渴望。为此，她无所顾忌地和男朋友约会、交往，直到坠入爱河。她终于冲出了束缚她的家门，走进了人生的新天地。

这是《巴伦西亚的孀妇》积极的方面，但是它也有消极的一面，即一定程度的淫秽描写和色情宣扬。这类内容不仅出现在夜晚情人们的幽会的时候，而且出现在对人物神秘约会的不断的回忆中。当乌尔班第一次建议卡米洛去见陌生的寡妇并说她非常漂亮时，卡米洛的反应是怀疑甚至是冷淡："丑也好美也好……/在黑暗中我一样受用/不完全是一回事吗？"仆人表示反对，以一个有性爱经验的人告诉他，在性爱游戏中触觉或嗅觉是很重要的：

> 一样吗？怎么会一样呢？
> 一个肥胖而完美的肉体
> 会像触摸骨瘦如柴的女人
> 和描绘死亡那样
> 不会激起快感吗？
> 美丽的东西就如香味，
> 认识、观赏和感受
> 那种自然的价值，
> 觉得它光滑柔润。

但是卡米洛却嘲弄地坚持他的观点："我是个俗人还是学者？/香味对于我有什么关系？/眼睛所见才是享受。"尽管他依然抱怀疑态度，但是等他夜晚见到莱奥纳达，虽未认出是他所爱的女人，却爱上了她，并这样说："我用手摸了她，/她前额美丽，/鼻子完美……/眼睛突出……/脖子和胸部极其精致。"

剧本结尾是：在交欢的最后一个夜晚后，莱奥纳达决定和卡米洛分手，因为她气愤地看到他和塞西利亚吵架，听见他蔑视他的秘密情人，并不失时机地赞扬一个陌生的女人。她甚至表示决定答应和她叔父介绍的一个外国贵族结婚，然后离开那座城市。

最后，读者或观众听见她这个有婚姻经验的女人表示对再婚的恐惧，因为这可能为她带来争吵、不合和背叛。读者或观众还看到莱奥纳达在实现自己的愿望时敢于避开种种障碍和社会成规，自己做主。卡米洛是年轻、富有的公子，任凭虚荣心和好奇心支配，观众或读者看见他用不太雅观的语言跟他昔日的情人争论，并同意莱奥纳达提出的分手的要求，同时在另一个女人怀里享受女性的温存。

文学史家一向认为，《巴伦西亚的孀妇》的创作和意大利作家马特奥·班德娄的某部小说及普绪喀与厄洛斯的神话传说不无关系（后者在剧本第二幕中有所涉及）。在这两种情况下，其关系都表现在对男女主人公热烈相爱的描写上。但是，如果说神话传说不过是其中一个人物讲述的古典文学故事，那么班德娄的小说却为洛佩提供了描写男女主人公第一次夜晚约会和爱情纠葛的丰富细节。班德娄将米兰选为小说故事的发生地，把一位年轻的独身寡妇选为女主人公，她爱一个青年长达 7 年，那个青年直到死前也没有能看到那个寡妇的面孔。洛佩则把巴伦西亚选为戏剧故事的发生地，把狂欢节作为男女主人公爱情纠葛的背景，让他们戴着面具幽会，互诉衷情。洛佩把戏剧故事安排在巴塞罗那毫不奇怪，因为那是一个有着浓重的城市氛围和节日气氛的地方，洛佩亲自参加过那里的狂欢节和假面游行，那里的贵妇小姐相当自由、独立。狂欢节的假面游行无人不晓，人们游遍城市的街道，戴着面具"干着种种不体面的动作"，夫人小姐无拘无束："巴伦西亚，这就是你的草原/仙女们在那里娱乐/我说的是你的美丽小姐……/她们虽然自由/却不怎么优秀，/她们谨慎/却更为好奇和纯净……"

最后应该指出的是，《巴伦西亚的孀妇》和洛佩本人的生活经历有密切关系。在此剧上演 20 年后他才决定拿出来出版。在"致玛西亚·莱奥纳达夫人"的献词里，洛佩清楚地表明了在其文学作品和个人的生活经历之间存在的联系。玛西亚·莱奥纳达是洛佩用来代替他的情妇、有夫之妇玛尔塔·德·内瓦雷斯而用的假名。他们的关系始于 1616 年，即在他宣誓当教士两年后。他们之间的热烈而伤感的关系持续到 1632 年玛尔塔去世，她生前曾忍受失明和精神失常的痛苦。他们的关系开始时的详情可以在他那个时期写给他的庇护者塞萨公爵的信中查到。在随后的 1633 年，洛佩发表田园诗《阿玛里利斯》，他在诗中以牧人的身份追忆了他经受的那段痛彻肺腑的感情历程。但是这篇不寻常的戏剧献词应该很久以前就写完了，那在玛尔塔·德·内瓦雷斯的丈夫罗克·埃尔南德斯·德·阿亚拉死后不久，大约在 1619 年。由于罗克·埃尔南德斯的死亡，洛佩高兴地向他的情妇表示祝贺，因为她成了寡妇，摆脱了她的丈夫，他和情妇于 1616 年末开始的痛苦的爱情终于结束。洛佩认识玛尔塔时，他已经 54 岁，玛尔塔只有 26 岁。那个时期，他对她的爱情是精神上、几乎是柏拉图式的，他所遭受的折磨不能向任何人诉说，只能藏在心中，竭力克制自己。那时，洛佩十分妒忌也十分憎恨玛尔塔的丈夫。玛尔塔 13 岁时父亲就强迫她和罗克·埃尔南德斯结了婚，从此罗克·埃尔南德斯就成了洛佩极力嘲弄、讽刺和鄙视的对象。1617 年 8 月 12 日，玛尔塔和洛佩的女儿安东尼亚·克拉拉出生。洛佩虽然和玛尔塔在了一起，但是这段婚姻对他来说并不舒心，因为这件有失文人脸面的事早已闹得满城风雨，他不得不忍受同代人的冷嘲热讽。曾经受到洛佩挖苦的诗人阿拉贡（1581—1639）趁机报复说："都怪他这个干瘦的老头儿，/他是那么好色。"他在文坛上的对头贡戈拉（1561—1627）也说，"他是个可笑的人。"洛佩自己也承认他同玛尔塔·德·内瓦雷斯的关系是"违背上天"的爱情。

　　但是对洛佩来说，他同玛尔塔·德·内瓦雷斯的爱情毕竟是刻骨铭心的。他写了这个剧本并把它献给她，这是对她和他们的爱情的最好纪念。

第二节　《马德里的矿泉水》

　　《马德里的矿泉水》是洛佩·德·维加的著名袍剑喜剧之一。由于其手稿没有保存下来，创作年代很难确定，只能根据剧本中的有关内容推测：剧中说，马德里是宫廷所在地，还提到莱尔玛公爵从 1603 年开始修建的宅第，这些情况说明，剧本写于 1606 年 1 月至 4 月后，因为就是这个日期宫廷在迁移到巴利亚多利德 5 年后重新迁回了马德里。另据研究者考证，剧本于 1607 年至 1609 年间某年的 5 月 3 日在马德里首次上演，而 5 月的第三天是维拉·克鲁斯发现日，上演此剧以示庆祝。此外剧中还多次提到其他许多春天的节日活动。所以可以确认剧本写作的时间为 1607—1609 年。

　　《马德里的矿泉水》的剧情是：

　　利萨多是一位并不富裕的年轻绅士，在他的朋友里塞洛和仆人贝尔特兰的陪伴下打发着时光。他觉得自己深深地爱上了一位出身富贵家庭的小姐，她叫贝利莎。他每天早晨都看见她从教堂里走出来，但是想接近她却并不容易。因为她姑妈特奥多拉总和她形影不离，她姑妈是一位居家修女，不许任何男人靠近美丽的侄女。然而，恰恰是贝利莎本人采取了主动，她给利萨多写了一封长信，把她的计划告诉他："我必须假装面黄肌瘦，好蒙骗多疑的父亲和居心不良的姑妈。你去找一位友好的医生来看我，医生必须这样说：今天五月，病人必须带着矿泉水外出散步，才能治好这种病。我还要假装昏厥，医生要给我开一些无关紧要的糖浆类药物。我将以此为借口，每天早晨去阿托查、普拉多或索托散步，去找你。"她姑妈肯定不让她一个人外出，所以还必须找一个理由把姑妈引开。计划第二天实施：由仆人贝尔特兰扮作医生，去为贝利莎看病，搞定了一切。随后，贝利莎就出门到那些地方散步，由于绅士里塞洛早把她的姑妈特奥多拉（假装爱她）诱骗开，所以贝利莎和利萨多便可以自由自在地幽会、谈情说爱了。

但是，天有不测风云。到第二幕事情就变得复杂了。贝利莎的表哥、绅士奥克塔维奥来到她家，很快就爱上了她，并且恳求她父亲把女儿嫁给他，她父亲答应了。与此同时，里塞洛的情人玛尔塞拉得知里塞洛跟特奥多拉的关系后，便以其人之道还治其人之身，也接受了一个高贵家族成员弗洛伦西奥的求爱。

第三幕的故事发生在数月后。在此期间，贝利莎同利萨多的关系和特奥多拉同里塞洛的关系继续发展，尽管遇到了一些障碍。在一次交谈中，贝利莎说她有了身孕，求她的姑妈帮助推迟婚期。但是已经来不及，因为她父亲发现了全部骗局。贝利莎只得化装成男人逃出家门。贝利莎的父亲找到了利萨多，指责利萨多损害了他和女儿的名誉，但是不得不同意把女儿嫁给利萨多。

《马德里的矿泉水》可以称为一曲妇女争取婚恋自由和个性解放的赞歌。对女主人公贝利莎来说，她那个贵族家庭就像一座牢笼，她父亲和她姑妈为了维护家庭的名誉，把她关在家中，像石眼巨人一样监视着她，不许她单独出门，不许任何一个男人接近她。她那个家，与其说是一个家，不如说是一座幽闭可怕的墓穴。然而，在家门外，有宽敞的大街、广场和泉水，有各种让女人快乐的因素：美男子、追求者、甜蜜的幽会……一旦走出大门，或去散步，或出入教堂，都会引起某个绅士或美男子的注意。贝利莎正是这样和利萨多相遇的。遇到利萨多，贝利莎的兴奋和激动心情溢于言表。为了进一步幽会，她想出一个巧妙的计划：假装患病，让医生开出外出散步的药方。同时让人把看管她的姑妈引开。她终于如愿以偿。为了争取人身自由和婚姻自主，她不顾封建礼教，发挥其聪明才智，和父亲斗，和姑妈斗，最终获得了胜利。一个聪明、勇敢、具有叛逆精神的贵族小姐形象跃然纸上。

和贝利莎相反，她姑妈特奥多拉是一个封建礼数的卫道士。

她的身份是居家修女，过着一种隐居的生活，不属于任何宗教团体，衣着近似出家人，朴实、简单。但是其思想却深受封建礼教的熏陶，她忠实地执行其兄长的意志，毫不放松地看管贝利莎，她就像一个监狱看守，牢牢地把守着家门。而作为一个修女，她又是婉约而虚伪的，她耐不住作为女人的寂寞，一旦男性的诱惑出现，她就毫不抗拒地就范了。

利萨多是剧中最重要的男主人公。据一些学者考证，利萨多的原型是洛佩年轻时的一位朋友、诗人路易斯·巴尔加斯·曼里克，他不只一次在作品中使用这个名字，也许是为了铭记他们之间的友谊和他们风华正茂的青年时代。在此剧中，利萨多颇具浪漫色彩，他既感情冲动又大胆勇敢，为了爱情不顾一切。他浪迹天涯，像水手航行在海上，永不靠岸，也像一位尤利西斯，永不停留地漫游，一直到达伊塔尔。他在广阔的城市里游荡，把生命消耗在并不长久的爱情奇遇或情感纠葛之中。当他发现贝利莎时，他正和一个上流社会的妓女纠缠不清，那是一位喀尔刻般的女仙，她窃取了他的庄园，并俘虏了他。他必须在对一个妓女的肉欲之爱和对一位小姐的贞洁之爱之间做出选择。当利萨多认识贝利莎时，他已不再受任何情感的束缚，也不存在同他争夺贝利莎的敌人。但是他这种情况不过是表面的、暂时的。因为不久，贝利莎的表哥奥克塔维奥就出现了。他一看到贝利莎就禁不住说："多么标致的女子啊！"并且表示："如果我能和她结合，我宁愿站到天堂门口去。"他还对贝利莎大加赞美："看见她从野外回来，她就像一朵亚历山大玫瑰，我感到十分惬意：黎明冲破黑暗的牢笼，才会这样光彩四溢。啊，什么样的百合挂着的晶莹露珠能和她脸上的汗珠相比？"对利萨多来说，他显然是一个巨大的威胁。只是由于贝利莎和利萨多彼此相爱至深，才最终消除了威胁，赢得了胜利。

里塞洛几乎是洛佩戏剧中的唯一的人物。按照他的身份（骑士），他属于贵族阶层，但是从他的举止言行看，他又属于仆人一类：贪吃、爱笑、喜欢开玩笑。作为第二个追求者，他是跟第二个小姐恋爱的爱情故事的主角；同时他又像一个仆人，在他朋友的爱情中扮演着嘲弄的助手的角色。总之，他是一个具有自身矛盾的人物，其言谈既有利萨多的高雅，又有贝尔特兰的低俗，他使用的是一种比仆人用的"你"优雅却又比贵族们用的"您"低下的中间形式，他是一个既有贵族气质又有社会下层小人物习性的中间人物，他在上流社会和下层社会之间起着铰链的作用。

玛尔塞拉是剧中的第二个小姐，她扮演着和女主人对立的角色。两个小姐之间存在一种既对称又对立的关系：两个小姐都很年轻，都吸引人，但是第一个小姐忠于爱情，为人热情，第二个小姐却反复无常，十分贪婪。她本来很喜欢里塞洛，但由于里塞洛为了便于利萨多同贝利莎幽会而假装热爱特奥多拉，结果引起了诸多误会和矛盾。最后澄清了事实，化解了矛盾，两个拥抱言和，重归于好。

奥克塔维奥住在贝利莎家，是她父亲的外甥，他具有利萨多没有的特权和得到贝利莎的优越条件。但是他还是失败了。造成他失败的因素有两个：一个是他想得到贝利莎却没有征得她的同意，就是说，他直接请求她父亲把女儿嫁给他。这是一种合法的惯常做法（女儿必须尊重父亲的意志），但是这不能代替女儿的意愿，因为他女儿已经死心塌地爱上了利萨多。另一个因素是，他是外乡人，作为外乡人他不善于在马德里这片不无危险的大海上航行，而且他不掌握马德里这座大城市的语言，必然在虚假的表面现象面前晕头转向，迷失方向。此外，他小气吝啬，自我陶醉，缺乏成功的追求者应有的主要品格：绅士的热情和想像力。

贝尔特兰在剧中起着穿针引线的作用，即在利萨多和贝利莎之间牵线搭桥：在第一幕，贝利莎写了一封信给利萨多，把她如何才能走出家门和他约会的计划告诉他，她叫贝尔特兰把信交给利萨多，他照办了。随后，贝尔特兰扮作医生进入贝利莎的家，为她看病、开药方。到了第二幕，假扮医生的贝尔特兰再次去贝利莎家，探望她的病情，同时带来特奥多拉给里塞洛的信，造成了马塞拉的误解，差一点跟里塞洛分手，经大家的劝解后，她和里塞洛终于握手言和，相爱如初。在第三幕中，贝尔特兰第三次去见贝利莎，不料被主人看穿，被关在楼上，贝利莎知道后，两个人一个男扮女装，一个女扮男装，逃出了贝利莎家，去了利萨多那里。

第三节　《阿尔瓦公爵的巴图埃卡斯》

1693 年，托马斯·贡萨莱斯·德·曼努埃尔神父在其《对古老的巴图埃卡斯及其发现的真实描述和辩护宣言》一书中愤怒攻击那些在整个 17 世纪创作和传播关于乌尔德斯山区的野蛮状态的传说的人，尤其是阿尔丰索·桑切斯。他用西班牙文这样概括桑切斯的拉丁文著作《辩护》的内容：

"阿尔瓦公爵先生家族的一男一女彼此相爱，为了躲避公爵的怒火，他们觉得在西班牙不安全，便逃到离萨拉曼卡大约 12 里远的山里去。由于山区崎岖不平，他们的邻居没有一个人进去过。他们爬到那些山上，觉得像登上了天，他们在那里发现了一个山村，村中住着一些没有宗教信仰、身上没有任何装饰品、讲着陌生语言的人，那种语言类似崇拜偶像的印第安人时代的某些词语，尽管他们找到了一些失去了原来形状的十字架。他们把在那里发现这一切的消息传回了故乡，阿尔瓦公爵家族的一些人便聚集起来，手持武器闯进并穿越那些大大小小的山，把那个山村摧毁了。"

贡萨莱斯·德·曼努埃尔这样评叛桑切斯讲的这个故事：

"这位作者讲的诸如此类的事情，简直就是诗人的想象。别人会根据这种荒诞的新闻编成一出戏。在他看来就是这样，因为尽管他说国王的编年史作者希尔·贡萨莱斯认为这种事令人难以置信，但他还是更信服别人对他讲的东西，在这些人中，他只认为洛佩·德·维加在诗歌方面首屈一指。"

贡萨莱斯·德·曼努埃尔神父并不关心编这出戏的其他人，他最感兴趣的是洛佩的《阿尔瓦公爵的巴图埃卡斯》一剧。这是洛佩写的关于这个问题的第一部剧作。其实，关于上述传说，有许多作品涉及，但是应该说，是洛佩赋予了它以最完美的形式。无疑，他是在一些口头传播的材料基础上完成的。

洛佩的这个剧本应该写于 1600 年前，有人认为写于 1598—1600 年。有关的历史文献和人们关于洛佩在阿尔瓦小城的生活情况，特别是他离开那里的时间的推测，证明了这个日期是对的。剧本讲述的是从阿尔瓦小城逃出来的一对恋人和山上的巴图埃卡斯人相遇的情景，两者的相遇就像从形式到内容完美结合在一起的两个戏剧故事。最后所有的人物：那一对得到原谅的私奔恋人和成为公爵管理下的庶民的巴图埃卡斯人，还有阿尔瓦小城原有的居民，都聚集在了公爵的旗下。

此剧被视为一部为公爵家族服务和宣传的剧作。但它并不是一部纯粹的广告剧，不是那类受人之托赞扬某个家族或姓氏的剧目。在进一步介绍此剧前，有必要指出，洛佩作为一位剧作家，他十分关心剧本故事发生的文艺复兴时代（15 世纪）和剧本写作的时代（16 世纪末）的相当复杂的历史问题和人类学问题。文艺复兴时代的戏剧主题推动着他（不忘记以点点滴滴的性爱内容和幕间剧的兴味性为观众带来愉悦）生动地表现大自然和历史相对立的令人激动的问题。这就是使其剧作超越了最初的宣传和娱乐的功能。所以，可以认为，梅嫩德斯·佩拉约对此剧的赞扬和批评是恰如其分的：

"描述野蛮和文明的矛盾是一个极好的题目，这可以吸引初学者，但是又以其难度和复杂性带来严重危险：有时是明显而虚假的理想化，就像夏布都利昂及其流派的作家所做的那样；有时是轻微而幼稚的现实主义，这是洛佩摆脱不了的问题，比如在其剧作《新世界》、《特内里菲的费切人》和《驯服的阿蒙科》。他在《巴图埃卡斯》中更幸运，所写的故事既不庄重，所写的剧本中的迷信和内容的严肃性也不束缚他。此剧和其他剧作不过是自由想象的游戏。"①

剧本的第一幕几乎都用来介绍几个世纪以来一直与世隔绝、靠天生存的巴图埃卡斯人的生活状况。但是显而易见，他们那种生活并非是世外桃园，也不是在黄金时代，这类主题是洛佩最喜欢的。

洛佩在两个层次上表现了那些自然人的忧虑。一是在感情方面，我们看到那里的小伙子和姑娘们处在爱情的不和谐中，就像在爱情纠葛剧中那样，他们距离可能得到的天然幸福很远。身强力壮却不够聪明的希罗托爱上了塔乌里娜，但是姑娘瞧不上他，因为她爱的是气质高雅的米莱诺。米莱诺看见他们在一起，不免妒忌。而爱上希罗托的赫拉尔达跟塔乌里娜发生了争吵。这是一些爱情和妒忌的问题，是洛佩笔下常有的冲突，是城市和文明产生的问题，就是说，这是城市剧的特点：赫拉尔达爱希罗托，希罗托爱塔乌里娜，塔乌里娜爱米莱诺，纠缠不清。结果就发生了米莱诺和希罗托的尖锐矛盾，甚至决斗。这种对抗把问题推向了第二个层面——精神的层面，一个哲学问题，因为赫拉尔达对塔乌里娜说：

> 老人特里索建议巴图埃卡斯人，
> 让头脑最聪明、身体最健壮者

---

① 《洛佩研究》，1949 年，第 365 页。

　　　　管理和辖治这个山村、

　　　　这些荒山和干旱的荒野；

　　　　他说，那些动物，虽然是动物，

　　　　也有它们的政府，

　　　　不幸的是，我们这样的人却没有。

　　赫拉尔达立刻要求把这种管理权交给希罗托，塔乌里娜也要求把管理权交给米莱诺，结果他们之间的爱情冲突和权力之争更加剧烈了。

　　这时，那个头脑机灵、心情忧虑的老人在一些巴图埃卡斯人的簇拥下出现了。他是一位永恒的知识分子，他不满足于他过的生活，总想寻求一个更好的世界，总是思考自己的身世和命运，具体地思考几个世纪以来一直隔绝着他的人民的那些大山后面有什么。他是一个未开化的文艺复兴时代的人。他不无根据地认为，在他们熟悉的天地外面还有天。他说，一个美好的世界不是为像他们那么少的人创造的。他认为，大地应是圆的，在大山后面还会有大地，有人躲在那里生活。不止于此，他找到一把剑，这种武器不属于他们的文化。他继续寻找，找到一个洞穴，洞里有埋的东西，其中有一个盾牌，几件武器和若干陌生的符号。

　　巴图埃尔斯人议论这些话题，议论他们周围的空间，议论时间。从这些问题中产生了一个基本问题：他们的生活和管理方式。就像前面说到的那样，他们提出或者继续像迄今这样大家在一起生活，靠天吃饭，人人平等，或者物色一位首领，一位国王来管理他们。这时，马尔菲诺从人群中走出来，说他反对这些新玩意儿，他对特里索老人说："看来你是梦见这些发疯的事了。"因为没有人，连最年迈的人也不记得"我们当中有谁比他的同类优越"。达林托却认为，这纯属无知。对此，马尔菲诺回击，且理直气壮：

什么无知？
我们住在这个山村，
山村被一重重的大山封锁着，
有一些高山山顶
顶着了星斗。
从来就没有一个人知道
为我们开辟天地的第一人是谁。
我们用这种语言讲话，
这些茅屋庇护着我们，
这些大树矗立在这里，
我们用弓箭杀死猎物。
既然我们无人管理和平地生活着，
并且我们的人口增加这么多，
你为什么提供机会，
让别人来破坏我们呢？

洛佩年迈后曾写道：当人们"不满足贵族制度/开始建立君主制度"，直到"帝王的统治变成专制"时，权力就会追求利益，引发妒忌和不公正。这是老年的洛佩最进步的声音，也是他对当时的制度最不满的声音。但是在此剧中，他却让特里索老人为世界的广大、为创世者上帝和帝王的威严进行辩护，完全反映了半岛国家海上的发现和有神论时代的要求。他这样提出问题：

啊，达林托！可能有人
创造了那么美丽而耀眼的太阳
和那么皎洁而浑圆的月亮，
并且一个有金面孔，另一个有银面孔，
以及围绕它们的所有星斗吗？

还有这些流动的泉水，

这些树木，这些水果和房子，

只为这么少的人创造和种植。

如前所述，特里索是有证据的：即他找到的剑，后来又发现了埋着的东西，尤其是那些古怪的符号，盾牌上那些令人不安的文学。

再说说那两个恋爱中的男青年希罗托和米莱诺，两个人都想当大家寻找的国王。聪明的特里索提议，谁能够跨过那些隔绝他们的高山并把他们想象的外部世界的消息带回来，谁就当国王。

问题就这样提出来了。但是这些巴图埃尔斯既不是某个美好的阿卡迪亚的牧人，也不是某个黄金时代的幸福的人，而是剧本人物表中的"野蛮人"，他们缺乏特里索老人早就渴望的文明，在爱情和世界观方面也缺乏完美的和谐。这些人觉得自己不完美，便希望用什么新的、陌生的东西来完善，凭着自己靠天吃饭的生活方式面对 15 世纪末的西班牙历史。

如果说第一场讲述的是那种不和谐，第二场讲述的是对历史的怀念，那么第三场发生的便是野蛮世界和文明世界之间的冲突。具体地说，第三场讲述的就是布里安达和胡安从阿尔瓦公爵府逃走的情景：因为他们宁愿在野蛮的土地上一起过着靠天吃饭的生活，也不接受他们的公爵老爷的安排——他有权力把布里安达嫁给另一个男人。于是，这一对相爱的男女便逃出来，进入了那些无知的巴图埃卡斯人不了解的土地。在第一幕结束前、在剧本的一个有趣的时刻，米莱诺找到了女扮男装的布里安达，二人重逢，米莱诺把她抱在了怀里，布里安达战战兢兢。

在第二幕中，文明战胜了大自然。在故事发展的进程中，最重要的部分是布里安达讲解教义。巴图埃卡斯人依然认为她是个男的，便称她为国王。之所以说她讲解教义，是因为洛佩在剧本里写了包括一系列简短的问话和答话的文字，布里安达据此向那些野蛮人解释地理、政治、社会和宗教方面的事情。她向他们提的第一问题是：他们是否了解"他们的大老爷"。就是说，那些野蛮人为什么要归顺一位"天然的"老爷阿尔瓦公爵。

特里索：什么老爷？

布里安达：难道你不知道你们的服从的主人吗？

特里索：除了太阳和我们在头顶上看到的每种东西，我们不认识别的什么上帝和国王。

布里安达：连西班牙人费尔南多——
你们的国王也不知道？

达林托：我们什么也不知道。

特里索：什么西班牙人？

布里安达：西班牙国王呀。

特里索：西班牙是什么？

布里安达：就是大海冲刷着
千百个地方的那块土地。

特里索：什么是大海？

布里安达：大海就是把世界围起来的水域。

特里索：多奇怪的事情！
西班牙就是世界？

布里安达：不，它只是世界的一部分。

特里索：世界的一部分？讲得多深刻！
难道除了西班牙，世界上还有别的吗？

布里安达还向他们讲了城市的社会状况，城市人的职业，西班牙的敌人摩尔人，来自宗教的新法律：

　　特里索：什么是法律？

　　布里安达：是我崇拜的信仰。

　　特里索：什么是信仰？

　　布里安达：是人拯救自己所必需的东西。

　　特里索：我不懂这个。

　　谁拯救自己？

　　布里安达：好基督教徒？

　　特里索：什么是基督教徒？

　　布里安达：是遵守基督教法规的人。

　　在第三幕中，突然出现了一群在剧情的发展和高潮中不曾出现过的人物，这些人像剧本的人物动作说明中说的那样"他们是村民，举着旗子、带着鼓出场：贝拉尔多、卢辛多、巴莱尼奥和村长滑稽地武装着"。这些人原来要表演一幕间剧。这群人以村长为首，要协助公爵使巴图埃卡斯人归顺于他，他们是一个小山村的村民代表。而巴图埃卡斯人不仅要进入公爵府、府里的使臣和仆人们的历史，而且要像那些村民一样成为种地的臣民。

　　剧本结束时，洛佩强调了公爵对那些土地和那些人的天然统治。正如特里索所说：

　　　　伟大的公爵，我们大家拥抱你；
　　　　正如公爵对我们讲的，
　　　　这是隐性和清楚的债务；
　　　　因为你是我们的主人，
　　　　而这座高山属于你。

　　显而易见，这就是指公爵对这些具体的土地实施统治的意图。公爵当然对此也一清二楚：他说"朋友们，我是你们的主人，我的名字比子孙们继承的土地还重要，尽管那些土地使我的门第开始显要"。

洛佩曾为阿尔瓦公爵五世服务（1590—1595），为他当秘书，受其恩惠颇多，在公爵为之提供的舒适生活环境中，他创作了著名田园小说《阿卡迪亚》，小说描绘了如诗如画的公爵领地，还描写了公爵的爱情。洛佩写这个剧本的意图显然是主动为阿尔瓦公爵歌功颂德，宣扬公爵的权势，让巴图埃卡斯村的村民归顺公爵，维护公爵的统治，以此报答公爵赐予他的恩典。

在结构上，剧本将众多不同的因素、不同的文学样式结合在一起，为剧作增添了不少色彩，也为观众带来了快乐。其中有古老的寓言，有一首搬上舞台的短歌，有一出完美的幕间剧，还有三场由野蛮人出演的幕间小戏：分别表现野蛮人之间的爱情纠纷，对男人生育的可能性的粗暴讽刺和由米莱诺、塔乌里娜和布里安达之人物构成的模棱两可的爱情三角关系。

第四节　《门博里亚的青年》

《门博里亚的青年》是洛佩于 1615 年写的一个剧本，当时他 47 岁，剧本 1618 年被编入洛佩戏剧第 10 卷在马德里首次出版，之后又在巴塞罗那（1618）和马德里（1621）再版。这不是洛佩的名著，黄金世纪的戏剧史关于新戏剧的章节也很少，提到它，无论在洛佩所处时代还是今天，它出版的机会一直都很罕见。其出版情况和受重视的程度同洛佩的《羊泉村》和《奥尔梅多的骑士》等剧本形成鲜明对照。

自然，《门博里亚的青年》也是最不被专家学者们看好的剧本之一。在他们关于洛佩戏剧的研究文章和著作里所占篇幅相当少，并且很难找到作为专题对它进行论述的文字。有一篇论文倒是值得一提，就是西班牙著名学者、文学史家梅嫩德斯·佩拉约

（1856—1919）收在他的《洛佩·德·维加论文集》并用作洛佩此剧的皇家科学院版序言的那一篇。

但是，《门博里亚的青年》的剧情还是很有趣的。它讲述的是一对青年男女的爱情故事。姑娘是曼萨雷斯人，小伙子是门博里亚人，两个城镇都属于拉曼都，就是现今的雷亚尔城。故事发生在13世纪圣人费尔南多三世执政时期，当时这位国王和他的儿子（王储）智者阿尔丰索正在为收复国土而同摩尔人进行战争。

据梅嫩德斯·佩拉约等人考证，为了写这个剧本，洛佩像写另一个剧本《奥尔梅多的骑士》一样，是以一首传统的民谣作为依据的。这首民谣插在剧本第三幕中，其后乐师们又多次演唱：

　　　　姑娘是曼萨雷斯人，
　　　　带她私奔的青年是门博里亚人，
　　　　姑娘扭扭捏捏，
　　　　青年人豪爽、自由、英俊，
　　　　姑娘是我们镇上的喀尔刻①，
　　　　带她走的青年是门博里亚人。

　　　　……
　　　　姑娘富有，小伙儿贫穷，
　　　　他从屋顶上把她带走。

梅嫩德斯·佩拉约曾说，洛佩很可能早就知道这首民谣，因为"他年轻时代曾在曼萨雷斯那个地方和美丽的卢辛达相爱"。另

---

① 喀尔刻，希腊神话中的美丽女仙。

两位学者和文学史家迪埃戈·马林和伊夫林·鲁格更为具体地指出：

"可能他在一次穿越拉曼都前往塞维利亚的路上，经过曼萨雷斯时听到过这首民谣……但是也可能是在他后来在逗留曼萨雷斯时从在马德里的几个广场上摆摊买名酒的曼萨雷斯人口中听到过。"

不管怎样，梅嫩德斯·佩拉约和马林、鲁格都认为《门博里亚的青年》故事的来源除了这首民谣外，没有别的。梅嫩德斯·佩拉约断言："此剧的故事肯定源自某个具体传说，只是在任何地方还找不到它的踪迹。"

也有人大胆地认为，《门博里亚的青年》的故事是洛佩自己的丰富想象力的产物，民歌也是洛佩个人在他熟悉、喜欢和在他的其他作品中使用过的传说的基础上进行的创造，因为洛佩不止一次利用民间流行的传说的模式创作他的作品。

《门博里亚的青年》的故事情节是通过各种因素的聚集和结合而形成。剧本的主要故事是关于两个人的爱情史：男的叫费利克斯，是门博里亚的一位穷绅士，曾是一名勇敢的士兵，女的叫莱奥诺尔，是曼萨雷斯的一位小姐，一位富有的村夫的女儿。这个村夫叫特约，他在拉曼都拥有大片的土地和几个酒坊。故事发生在13世纪卡斯蒂利亚和莱翁国王、名叫圣人的费尔南多三世统治时期，当时国王和儿子阿尔丰索正在进行反对阿拉伯人的光复战争。后来，阿尔丰索以智者第十的王号统治国家。而拉曼都地方以酒业、开酒坊著称。

爱情故事是剧本的主干，剧中讲述的历史事件只是展开爱情故事情节的背景。所以，梅嫩德斯·佩拉约断言：

"这个宝贵的剧作不能称为历史剧，尽管剧中写了圣费尔南多国王和堂阿尔丰索亲王的事迹。说他们曾陪同卡迪斯侯爵是错误的，因为这个封号还不存在。"

　　对费利克斯和莱奥诺尔的来往，特约并不反对，反而借给他钱让他去京城，凭着他的战功向国王申请一份衣食补贴，免得让人耻笑，说他把女儿嫁给了一个穷小子。但是，他的申请不仅没有结果，国王反倒要他跟着国王重返战场。他对国王说，他的决定可能会带来一些家庭问题。国王说，"有问题你就自己去解决"。于是当晚他就去了莱奥诺尔家，两人决定一道上前线。随后，国王去了特约的庄园，住在了那里，应承了特约的要求：惩罚费利克斯。国王答应去找他，把他作为特约女儿的劫持者抓回来。与此同时，莱奥诺尔的另一个追求者拉米罗知道她跟费利克斯私奔后，恼羞成怒，晚上跑到可怜的老人特约窗前大唱事先抄下来的副歌，发泄他对莱奥诺尔和她的家庭的不满情绪。费利克斯很快得知此事，便赶回来跟他打了一架，狠狠地揍了他一顿。

　　拉米罗的出现颇具戏剧性，由此而产生了一个爱情三角关系：费利克斯钟情于莱奥诺尔，而拉米罗也喜欢莱奥诺尔，只是得不到小姐的欢心。三个人的爱情纠葛形成了戏剧的一个高潮。

　　后来，大家聚集在特约家中：费利克斯和身穿少尉军服的莱奥诺尔在招募士兵；这时国王也从战场上赶回来，特约请求国王为他伸张正义，惩罚费利克斯。但是国王深感愧疚，因为他已对费利克斯的作为做了处理（要他重返战场），不能再以劫持者的罪名抓捕他。费利克斯反倒因祸得福，他和莱奥诺尔终于结为连理，事情圆满结束。但是剧情还远没有终结，因为剧中还有两个爱情三角，一个是拉米罗、法维奥和劳伦西亚（劳伦西亚爱拉米罗，法维奥爱劳伦西亚）；另一个是拉米罗、劳伦西亚和莱奥诺尔（拉米罗爱莱奥诺尔，劳伦西亚爱拉米罗）。这样，就使整个故事变得分外复杂。一般而言，剧中有一个爱情三角就够纠结的了，三个爱情三角简直就纠缠不清了。不过，这倒适合观众的胃口，三个爱情三角交织在一起，会让观众怀着浓厚的兴趣观赏剧情的发展。

这就像许多绳头打成了一个结，观众期待着此结最后如何解开，怎么才能圆满结束。这还是洛佩戏剧希望达到的效果：使观众始终保持着紧张、激动的心情，始终怀着愉快的兴致看戏，正如洛佩所说，"一部戏中，只要有一个爱情故事，它就变得十分有趣，就会受到观众的欢迎"。

剧本的基本主题是爱情。相爱的男女面对爱情总是激动、不安。费利克斯的心上人出场时正值日出，她说道：

> 阳光照着我，让我眼花缭乱，
> 我看见你，真是喜出望外。

爱情是一种纯洁的感情，她渴望和费利克斯见面、交谈，坦露心迹，心心相爱，最好结为夫妻，天长日久，永不分离。

剧本的另一个主题是名誉，这表现在莱奥诺尔的父亲特约身上。洛佩把名誉比作一面镜子。比如特约说：

> 以我看，名誉就像
> 一面晶莹的镜子。

女儿回答说：

> 父亲，我会努力
> 向你学习，
> 我要用镜子来照自己。

但是，费利克斯带着他女儿私奔，严重伤害了他的名誉：

> 害死我了，

我的名誉扫地了。

费利克斯对特约的名誉造成了伤害，特约必然要设法雪耻，所以他有机会就请求国王惩罚他。

剧本还有一个主题，就是父子关系。这表现在两对父子（女）身上。费尔南多三世国王和他的儿子阿尔丰索和睦相处，关系融洽，在为光复国土而反对摩尔人的战争中，父子一起上阵，同仇敌忾，共同杀敌，为宫廷上下和平民百姓树立了"上阵父子兵"、团结一致、亲密合作的良好父子关系的榜样。特约和他的女儿的关系却很不和谐：父亲不赞成女儿跟穷绅士费利克斯来往，反对他们相爱，其间必然产生矛盾和冲突。为了得到幸福，女儿和她的恋人也必然要采取私奔之类的行动，而这种行动同女儿对父亲应负的义务和父亲对女儿的希望就产生了矛盾，尽管父女之间没有发生直接的冲突。这种情况自然和父女相依为命、父爱女、女尊父的传统美德背道而驰，是不应该发生的。

剧中的几个人物性格各不相同，各有其典型特征。莱奥诺尔是一位富家小姐，天生丽质，忠于爱情，遇到困难积极面对，为追求幸福不惜背着父亲和所爱的人私奔，她对心上人忠贞不二。费利克斯是一个勇敢的青年，忠于他所追求的小姐，虽然是个穷绅士，却有着高尚的品德，他曾一度入伍，勇于冒险，不怕牺牲。为了爱情的幸福，果断地带着自己的心上人私奔，是一个智勇双全的好青年。莱奥诺尔的父亲特约是老农夫的化身，他年迈却谨慎，其思想境界不高，却为自己的出身和财富感到骄傲，并能积极维护自己的名誉，是一个安分守己的乡村老人。拉米罗心术不正，为人可疑，虽然富有却愚昧无知，滑稽可笑，其言行说明他是一个可鄙的绅士。男仆托梅为人风趣，善于谈吐，喜欢品头论足，言语不乏幽默，生活讲求实际，追求美食，嗜酒如命，是个苟活于下层社会的小人物。伊内斯也是个仆人，是托梅的妻子，她同样善于言谈、快人快语、喜欢议论别人的是非。国王堂费尔南多和其子堂阿尔丰索有勇有谋，为收复国土而共同面对困难，是值得臣民赞扬和效法的一代国君和王子。

第 六 章

洛佩的剧作——牧歌剧

第一节　《金鹅》

《金鹅》是洛佩青年时代在巴伦西亚生活时创作的一部具有魔幻色彩的剧作，出版于 1588—1595 年。翻阅一下剧本就可发现，其第一幕具有牧歌特点，它会让读者联想到洛佩早期的剧作《真正的情人》、《哈辛托的牧歌》和《愤怒的贝拉尔多》的氛围。

在《金鹅》第一场中，由于野蛮人班迪内洛的闯入及其盗窃行为和对女牧人们的窥探，农村的平静生活被打乱了。由于此人的闯入，牧民们的传统习俗也受到冲击和破坏，人们的精神变得紧张了，心情不安了，男女之间的爱情也发生了变化：普拉德洛不能再爱利塞娜，利塞娜不能再爱贝拉尔多，西尔维罗也不能再爱贝利莎，因为贝利莎和贝拉尔多彼此爱得失去理智，觉得幸福之极。这是"爱情能战胜一切"的主题，它将通过一系列复杂情节达到圆满的结局。

《金鹅》是一部田园牧歌剧，和其牧歌剧一样是以爱情为主题的。但是洛佩对牧歌剧的陈规却持怀疑态度，比如在剧中，他通过一个女性利塞娜嘲弄了爱情的悲剧意义，戳穿了古典传说所传播的爱情的无所畏惧的特征：

认为谁会为爱情去死，

那是骗人的鬼话。

此外，利塞娜还嘲讽了普拉德洛那种彬彬有礼的言谈，并宣称她对爱情的绝对自由的信念，她认为这种感情是永远不能强加的：

爱情不要强迫，
它是一种甜蜜的友谊。

因为没有人强加。

当失望的西尔维罗和利塞娜假装相爱以引起贝利莎和贝拉尔多嫉妒时，他们的企图失败了。对贝利莎和贝拉尔多之间的深厚"甜蜜的友谊"，却还是凭借来自牧歌传统的因素，即华丽的语言表现的。贝利莎在用"蓝绿色的丝带扎辫子"，贝拉尔多给她一块写有字母的小牌子：在 B 和 A 之间放着一朵百合。这种富有情趣的爱情游戏甚至表现在朗诵两首十四行诗上，诗歌是触景生情有感而发的，是用押韵的文字构成的：是技巧高超的真正的乐曲二重奏。

由于其爱情之梦难以成真，西尔维罗便求助巫师费利西奥，因为他相信巫师是其生父。巫师在一阵烟火爆炸声过后从一座洞穴里走出来。西尔维罗认为他是一个神奇的人，冥河①的居民都受他控制。由于他的非凡力量，他和仙女坎迪达生了形如天鹅的西尔维罗。

费利西奥证明了他的力量，便答应给西尔维罗的帮助："如果上天准许，我将惩罚高傲的贝利莎。"

---

①　围绕下界的九曲河流（希腊神话）。

与此同时，贝利莎正在被野蛮的班迪内洛拖进一个岩洞。贝拉尔多本想跟进去，但是由于害怕而止步，犹豫了许久后才决定进去。他惶惶不安，在洞中看到这幅景象：那是举行婚礼的场面，犹如一场"魔鬼的婚礼"。他看到那不勒斯国王和牧女贝利莎结为夫妻。在贝拉尔多惊诧的眼睛前，那个场面也像一场有音乐伴奏的化妆舞会，那对夫妻的言语在他的耳边嗡嗡作响。后来，那对夫妻离开会场，去享受他们的新婚之夜去了。

这对可怜的贝拉尔多来说，真是太过分了。他大声抗议这场损害了他的权利的婚礼，他觉得自己像被棍棒打了一顿似的，身心痛苦极了（剧本介绍中说，这是一个喜剧场面，就像一出幕间喜剧中棒打倒霉鬼一样）。

在第二幕中，场景从牧歌的传统氛围转向另一种更现实的生活环境，当然地方也更遥远。那是在那不勒斯郊外。两个旅行者忧心忡忡地向那不勒斯走去，因为他们知道一种不知何因发生的瘟疫还在城中漫延，国王和王后已经死去，"到处一片混乱和哭声"。他们遇见了刚从一座岩洞胆战心惊跑出来的贝拉尔多：他在地底下从阿卡迪亚走到那不勒斯，他的这趟旅行犹如意大利诗人圣纳扎罗（1456？—1530）的田园小说《阿卡迪亚》所描写的辛塞罗的旅行。

当贝拉尔多感到自己神奇地来到那不勒斯时，心中越发恐惧了。那两个旅行者都丢下了他，因为他们发现他是一个既孤僻又没有知识的牧人，"只习惯和羊群说话"。当贝拉尔多向人询问自己的不幸命运时，出现了一个新的奇迹，第二个巫师站在他面前；达达尼奥的身影从一块巨石内跳出来，他的出现也伴随着三四声烟火爆炸声。他说他是：

第一个高妙而机智的魔法的发明人。

他还说，他的遗骨在一座坟墓里已经埋葬了 10 个世纪。而如今，由于一群羊的踩踏，他的遗骨露出了地面，引起一场瘟疫。但是，由于贝拉尔多的到来，预示着一切都将结束。贝拉尔多必须走进岩洞，杀死"一条着魔的毒蛇"，瘟疫就会停止流行。贝拉尔多接受了他认为是"色子掷出来的指令"。

岩洞里呈现着一幅新景象：国王死后，鲁道夫伯爵掌握了那不勒斯城的大权，他决定把"有恶习者、流浪艺人和凶残的人"流放外地，因为他认为也许就是他们的罪孽引起了降临城市的上天的愤怒。在判处流放的人中，有一位警官、两个无赖、一个吉卜赛人、两个妓女、一个拉皮条者……每个人都为自己辩护，说自己无辜。其实，在洛佩看来，他们当中没有一个人是坏人。伯爵相信他采取的流放措施是正确的，最终却以不公正告终。流放措施停止执行还有另外一个原因，即一个奇特的事件：一只老鹰叼着一张便条飞到伯爵家的门口，丢在门前，伯爵在便条上读到，一个牧人将"即不从陆地也不从海上"奇迹般到来，来这儿把城市从妖术中解放出来。他到来时手里将拿着一条死蛇的脑袋。全城的人兴高采烈，准备迎接牧人的光临。

随后，洛佩描述了阿卡迪亚的情形：那里的牧人还一点儿也不知道贝拉尔多的事情。贝利莎也在他们中间，她出出进进，像在梦中一样游荡，她没有再看见贝拉尔多，也没有再看见那个野蛮人，她心情慌乱，郁郁不乐。她不接受西尔维罗的求爱，也不理睬新的追求者埃加斯托。利塞娜也是这样，她逃出岩洞后，躲避着普拉德洛。后来，一阵烟火爆炸后，费利西奥手握宝剑从岩洞里走出来，宣布说，贝拉尔多还活着，差一点戴上那不勒斯王冠。他不得不承认，"上天坎断了我复仇的手臂"。

但是他并不想放弃复仇：他把宝剑交给西尔维罗，让他去那不勒斯杀贝拉尔多，凭着魔法他能够无形地钻进京城一切人的眼睛里。

　　但是贝利莎也决定带着贝拉尔多送给她的那个写着 A 和 B 字母和其间放着百合的小木牌从海上前往那不勒斯，只是"那朵百合已经枯萎"。利塞娜陪同她去。两个人谁也不想继续留在让她们想起贝拉尔多的地方。在那不勒斯，贝拉尔多身着国王服、腰挎金宝剑、手拿毒蛇头，从岩洞里走出来，鲁道夫伯爵、城市的参议和其他达官贵人，还有包括准许回家的流放者在内的民众，热烈欢迎他的到来，热情地欢呼国王万岁。

　　第三幕是介绍这位牧人——国王。谁也不知道他是怎样高升登基的，但是都承认他的身价和高贵的精神。他的名声传遍八方，甚至罗马王也想把自己的女儿送给他做妻子。他办事公道，赏罚严明，维护弱者和卑微的平民，尊重智志贤人。他甚至赐予一位穷诗人 4 千冠币，并任命他当参议：

> 奖赏（应该）他的学识，
> 朕知他没有超人的价值，
> 但我喜欢一位诗人富裕。

　　在一个牧人们生活的地方，即在那不勒斯郊外，年迈的牧人佛洛米尼奥告诉大家，他在家里接待了两个从海上来的姑娘：法比娅和毕纳达。显然就是贝利莎和利塞娜。

　　两个姑娘正在长着黄草而不是青草的草地上放牧（按照阿卡迪亚的传统，黄草赋予颜色一种和人的心情相反的寓意），贝利莎在看管鹅群，利塞娜在看管羊群。这时，国王带着一帮猎人闯入她们的牧场，鹅群恐慌地跑开，贝利莎不知所措，但是国王慷慨地对她保证说：

> 如果有一只鹅丢失，
> 我一定赔你一只金的。

贝利莎认出国王就是贝拉尔多，但是利塞娜却认为这不过是她的错觉。鲁道夫伯爵证明国王的保证是真的。另一位朝臣说，国王本是牧人，名叫贝拉尔多，现在他叫帕特诺佩奥。贝利莎感到很幸福，不过，两个人怎么相认？怎样恢复他们的爱情呢？她不能去王宫，因为她已决定要在草原上度过她的一生。

但是这时，西尔维罗在普拉德罗的陪同下也来到那不勒斯，并凭着魔法手持宝剑人不知鬼不觉地进入了王宫。国王正被一场梦搅得心神不定，原来他梦见巫师帕特诺佩告诉他，他的生命正受到一个"来自同乡同血统"的人的威胁。为了帮助他，帕特诺佩交给他一枚指环，凭着它可以破除敌人隐身的法术。

这时，贝利莎和利塞娜来到王宫，求见国王：贝利莎抱着一只鹅，对国王说，她丢了一只跟那只鹅一样大小的鹅，请求国王履行他的诺言。国王满足了她的要求，他命令鲁道夫伯爵把贝利莎领到金库，给了她一块相当于鹅重量的金子。国王认出了贝利莎。那块既有 AB 字母又有百合的小木牌能证明她就是他的恋人。西尔维罗和普拉德洛进入王宫，众人看不见他，却逃不过国王的眼睛，因为他有一只神奇的指环。于是他们被抓起来。此刻，随着一阵烟花的爆炸声，巫师费利西奥出现。其实，他并不是西尔维罗的父亲。说来话长：前那不勒斯王有一次去阿卡迪亚，在那里爱上了仙女尼塞伊达，跟她生了两个儿子，即贝拉尔多和西尔维罗。他是贵族出身，曾当雅典王，他让两个儿子在田园生活环境里和贝利莎一起长大成人。

剧终前，有情的剧中人均成眷属：贝拉尔多和贝利莎成为那不勒斯的国王和王后，贝拉尔多的兄弟西尔维罗和罗马公主结为夫妻，普拉德洛和利塞娜结为连理。

此剧的突出特点是其风格的魔幻色彩。比如剧中提到一个巫师的遗骨在坟中埋了 10 个世纪，由于羊群的踩踏，其骸骨竟然见了天日，引起了一场瘟疫。而只要贝拉尔多走进洞穴，杀死一条着魔的毒蛇，瘟疫便会停止流行。剧中还写道，巫师把一个指环交给国王贝拉尔多，凭着它可以破除前来害他的敌人的隐身术。指环果然神奇，它让贝拉尔多看见了别人看不见的两个刺客，并将他们绳之以法。剧中的魔幻描写还有好几处。也许因此，《金鹅》一向被文学史家和研究者称为"魔幻剧"。

此剧的另一个特点是两多：人物多和道具多。人物的确很多，不算跑龙套的群众，也有 30 多人：参议、宫中的侍从、乐师、舞者、牧人、牧女、巫师、国王等。道具也是无所不有：岩洞、各种植物、一眼泉水、烟火、旗子、小木牌、乐器、鹅群、羊群、让鹅群通过舞台的机器等。

魔幻剧的研究者一向很重视洛佩的《金鹅》，认为它是西班牙第一部魔幻剧。其实不然，它不过其中之一，因为在此之前，一位叫雷伊·德·阿尔铁达的诗人和剧作家（1549？—1613）就写过一部题为《梅尔林的魔力》的魔幻剧。而此人还是洛佩的对手。不幸的是，他的剧本早已失传。

第二节 《无爱的森林》

《无爱的森林》是一部牧歌剧，剧本由洛佩完成后，委托意大利诗琴师博洛涅斯·菲利波·皮齐宁尼谱曲。皮齐宁尼自 1613 年起为宫廷效力，是国王喜欢的音乐家之一，他在意大利驻西班牙使馆的秘书贝纳尔多·莫纳尼的协助下完成谱曲工作。后来乐谱遗失，剧本也只剩下了 672 行，但仍被视一个剧本。和洛佩的其他剧本不同，此剧只有一幕，包括 7 场，用意大利诗歌韵律和 7 音节与 11 音节诗写成（第四场开始时菲利斯和弗洛拉的二重唱除外）。歌剧于 1627 年 12 月 18 日在马德里阿尔卡萨尔大厅公演。《无爱的森林》被认为是在西班牙上演的第一部歌剧。

剧情在马德里郊外一座为纪念女神达佛涅而营造的丛林里开

始。丛林里有一条河，河中的水在流，鱼儿在跳跃。维纳斯指责爱神朱匹特无所事事，便鼓动他去干预牧人们的婚事。朱匹特于是用他的著名的箭去影响西尔维奥、哈辛托、菲利斯和弗洛拉，以图把无爱的森林变成有爱的森林。

剧本搬上舞台时采用的主要是宣叙调①。对 17 世纪的西班牙宫廷来说，这种戏剧演出是崭新的。但是，尽管费利佩四世国王对这种新型的音乐剧特别喜欢，这种意大利风格的舞台演出也非常精彩，却直到 1660 年前后西班牙才有较多的歌剧产生。宣叙调也被引入了 1650 年以后卡尔德隆·德拉·巴尔卡的《玫瑰的紫红色》等剧本。

戏剧故事在序幕中就开始了：在塞浦路斯，维纳斯坐在她那由几只白天鹅拉的金色双轮车上，车后留下两道水沟。突然，她和战神马斯爱情的结晶朱匹特玩着他的箭出现在舞台上，维纳斯和朱匹特进行了一番对话。她要求朱匹特不要玩尘世的那些东西。爱神朱匹特面对维纳斯的滥用权力，为自己进行辩护，仿佛他玩的游戏是世界上十分美好的事情。对此，维纳斯不以为然，指责了他，要他想一想，他的年龄已经不小，应该放弃那种粗野的游戏，不要把他的箭浪费在这上头。朱匹特像往常那样虚浮，自负地说他有力量征服一切神灵。所以，他不仅要统治陆地和大海，而且要管理战事。面对爱神朱匹特表现出来的野心，维纳斯劝他前往纪念达佛涅女神的一座森林里去点燃爱火。那片森林位于马德里曼萨纳雷斯河畔，西班牙费利佩四世国王和伊莎贝尔·德·波邦统治着那个地方。当爱神朱匹特为把无爱的森林变成有爱的森林而动身去西班牙时，这一场戏就结束了。

随后，西尔维奥和菲利斯上场，他们对观众描述他们所在的场景，赞扬女神达佛涅。西尔维奥是一个年轻牧人，他经常到这

---

① 宣叙调，一种朗诵性质的曲调，节奏自由，常用于歌剧、清唱剧中。

片森林里来。但是他中年不幸，因为他对达佛涅的爱情没有得到报答。菲利斯则觉得自己很纯洁，对自己也很满足，因为她尚未找到忠诚而真挚的爱情，自然不受爱情的束缚，她想：如果这样的爱情不出现，她就决心一辈子保持贞洁。她的话被西尔维奥听见了，他竭力劝说她，纠缠她，向她诉说他的痛苦和对爱的需求，希望有女人爱他，以求得到菲利斯的安慰。但是菲利斯的表现很冷淡，对他说，他的任何意图都是枉费心机。听到她的话后，西尔维奥感到困惑不解，他不明白一个人少了爱情带来的快活怎么能生活，他愤愤不平，大骂那座无爱的森林，它为他造成了那么多痛苦。

在下一场，哈辛托上场，看见西尔维奥无心看管他的羊群，便想劝说他，并倾听他无可慰藉的抱怨。西尔维奥诅天咒地，发泄痛苦，恨不能去死。哈辛托劝他冷静，因为西尔维奥已经完全被他的情绪和痛苦所左右。哈辛托告诉他，人要是太闲散了，就会产生这些消极的思想，只有通过工作和努力，一个人才能打消爱情问题的烦扰。西尔维奥被说服了，跟着他的好朋友哈辛托下了场。

另一场开始时，响起了赞扬意志、记忆和理智的合唱声，唱的是一支8行诗的民歌。随后，爱神朱匹特讲述，说他从塞浦路斯来到西班牙，住在附近有山有河的马德里。他将趁此行前往宫廷颂扬国王和王后，并禀报他将去执行用其箭把一座无爱的冷漠森林变成有爱的森林的使命。

下面一场也以一曲合唱开始，歌词是：

　　　爱神是一个盲目的孩子，
　　　他想点燃大地，
　　　武器，武器，战争，战争。
　　　他敢向暴君要求

要求最大的自由……

合唱团出现在舞台上后，菲利斯和弗洛拉开始对话，她们谈的是各自和西尔维奥与哈辛托的会面，他们曾和她们调情，以求对爱情的安慰，但是他们的意图失败了，因为无论菲利斯还是弗洛拉，都厌恶男人，坚持不受爱情的束缚。就在这时，爱神朱匹特上场，向她们每个人射出一支箭，使她们的心中燃起了纯洁的爱情，她们开始以不同的态度观看大自然：她们看到，一头雌鹿在呼唤一头雄鹿，一只雌斑鸠在叹气，一条小溪在吻岸边的青草。这一场结束时，她们从心里觉得她们分别爱上了西尔维奥和哈辛托。

在接下来的一场中，西尔维奥和哈辛托在谈论阿马里利斯的力量。他们俩在相互帮助下，终于忘掉了菲利斯和弗洛拉。就在这时，菲利斯和弗洛拉走来，在爱神的箭的影响下，她们心中已经燃起了对西尔维奥和哈辛托的爱情之火，于是她们一下跪在西尔维奥和哈辛托的脚下，公开向他们表示她们的爱情。但是西尔维奥和哈辛托早已把她们忘记，拒绝了她们的恳求，并表示厌恶她们，极力躲避她们的纠缠。这时，爱神朱匹特正在天上观望，为看到的情景感到欣喜，因为他的努力达到了目的：

> 天上的神灵啊，
> 你们快来看，
> 冰冷的冰在燃烧！
> 快来看，快来看，
> 快来看我的力量啊！
> 快来看我的爱火多旺盛！

爱神为办成的事情感到高兴，他看到，傲慢在增长的时候，爱情也在增长。他为回报了他的母亲和开始把无爱的森林变成有爱的森林而感到满意。

一个失明的孩子（爱神）来到曼萨纳雷斯河边①，搅乱了它的平静，并用他的箭所带的毒药毒化了它的疆域，它感到气愤，要求它的仙女们把他抓起来。爱神却说，他是来执行母亲维纳斯的吩咐的。

在最后一场，维纳斯怒叱曼萨纳雷斯，声称用箭射杀它，并说要用火点燃河水，让它只剩下烧焦的沙子，必须交纳贡品才能免除灾难。曼萨纳雷斯恳求维纳斯宽恕，并为自己的所作所为辩白，以免受到维纳斯惩罚。它还请求爱神用箭射杀海中女神该拉忒亚②而不要射它。

无爱的冷漠森林最终变成了一座有爱的森林。因为牧人们中了一支金箭，金箭把他们那种刻骨铭心的忘却变成了刻骨铭心的爱情，致使西尔维奥和哈辛托分别爱上了菲利斯和弗洛拉。全剧在所有人物的大合唱中结束，歌声在圣殿里回荡，歌词的含义是希望人们牢牢记住这个具有示范意义的故事。

1629年，国王费利佩四世下令在宫殿里演出《无爱的森林》一剧，好让国王全家观赏。展现在观众眼前的背景是一片汪洋大海，海对岸可以看到城市、几条大船和灯塔，船上发射着烟火，城堡上也以烟火回应，水面还有许多鱼儿随波浪跳跃，像真的一般。一切都被烟火照亮。就是在这样的背景下，维纳斯坐着由两只天鹅拉着的双轮车出现在舞台上，跟在车子上空飞舞的她的儿子爱神朱匹特交谈，开始了全剧的表演。在演出的过程中，既有诗歌朗诵，也有合唱团的合唱，当然也少不了音乐和舞蹈。17世纪的乐师们使用的乐器一般是竖琴、六弦琴、比韦拉琴。遇到隆重的演出，乐队会扩大，乐器会增加。《无爱的森林》在宫中演出

---

① 在这里，曼萨纳雷斯河被人挤化了。

② 因爱一青年牧人而导致牧人被爱她的人砸死，她把牧人变成河流。

时，著名乐师哈维尔·马里斯塔尼安排的乐队特别大。乐队使用的乐器也特别多，有弦乐器六弦琴、比韦拉琴、竖琴、小提琴、中提琴、诗琴、石诗琴，有管乐器笛子、小号、喇叭、长号、巴松管、高音巴松管等。

　　舞台设计师是伟大的舞台艺术家、意大利佛罗伦萨人科斯梅·洛蒂，他是画家、建筑师和工程师。1626 年，弗利佩四世国王请他来西班牙修建一座宫廷剧场。他制作的舞台布景无与伦比，他制造的布景更换十分复杂，令人赞叹不已，人称魔术师，许多年间他都是西班牙舞台布景的设计师、指导者和革新者，无论宫廷的戏剧演出还是马德里的一般演出，他都是不可或缺的舞台艺术家。

第 七 章

洛佩的剧作——历史剧或传说剧

第一节 《羊泉村》

《羊泉村》是洛佩·德·维加的著名历史剧或英雄与荣誉剧之一，大约作于 1612 年至 1614 年间，1619 年收在他的《戏剧第 12 卷》中出版。此剧是洛佩根据 1476 年西班牙科尔多瓦市羊泉村发生的真实历史事件写成的。

一　历史背景

在 15 世纪的西班牙，必须要建立一个专制国家的思潮大行其道。这样的国家由国王治理，必须结束普遍存在的无政府状态和大封建领主之间的连年不断的内部争斗。有一些城镇直接由国王管辖，有些城镇则要通过封建领主来间接管辖。前者过着一定的和平生活，受到法律的保护；后者却经常遭受各种各样的压迫，丝毫得不到法律的保护，始终是封建领主的横行霸道、胡作非为的受害者，致使奥卡尼亚、阿尔卡拉和羊泉村等许多城镇的人民忍无可忍，不得不起来造反。而当时的大多数城镇是卡塔拉瓦、圣地亚当和阿尔坎塔拉等骑士团的领地，这些骑士团创建于 12 世纪，具体使命是跟摩尔人打仗。骑士团的官兵都来自贵族，查一下家谱，只要血统纯正，就可以入伍。骑士团的领地越来越大，权势越来越强，其建制为步兵连和骑士连，能随时出发参加战斗，成为那个时代的一种唯一而有组织的军队。政府官员怕它们，想得到它们的支持。它们在光复战争中建立了功勋，国王便以免捐税和赠送新土地奖励之。

从 1445 年起，野心勃勃的昆卡人堂佩德罗·希龙就占据着卡拉特拉瓦骑士团队长这个最高职位，他从很年轻的时候起就喜欢搞阴谋诡计，梦想升官发财和王室攀亲，同国王的妹妹堂娜伊莎贝尔公主结为伉俪。但在 1455 年，即在羊泉村起义 20 年前，由于进行反对摩尔人的战争，骑士团队长和君主发生严重不和。而堂佩德罗·希龙毕竟是一个有着非凡影响的人物，国王便很愿意和他和好，于是就请自己的宠臣、团长的弟弟、比列纳的侯爵堂胡安·帕切科当说客，双方终于和解，国王把一直属于科尔多瓦从而也是直接由国王管辖的莫隆、贝尔麦斯和羊泉村等城镇赐给了希龙。狡猾的希龙又假公济私，在市会议厅召集他的官员开会，商谈用国王赐给他的城镇交换卡拉特拉瓦骑士团队长的驻地奥苏纳和非常重要的战略要地卡萨利亚。结果，羊泉村就改属于了卡拉特拉瓦，堂佩德罗则把卡萨利亚和奥苏纳送给了他的弟弟。显然，这种交换对骑士团来说是不可忍受的，而对希龙来说却是极为有利的。羊泉村就这样变成了那个骑士团的领地。

在几年后的 1464 年，堂佩德罗·希龙辞去他的职务，把权力让给他的儿子、《羊泉村》一剧的主人公团长堂罗德里戈·特列斯。

面对科尔多瓦的压力（不能容忍失掉羊泉村），把羊泉村赐给堂佩德罗·希龙的那个国王只得于 1465 年取消赐予令，把它归还给原来的所有者。不管怎样，既然羊泉村已经属于卡拉特拉瓦骑士团，该骑士团的队长堂费尔南·戈麦斯·德·库斯曼（《羊泉村》的第一个主人公）便强行占据了羊泉村，并驻扎在那里。

　　历史文献关于他对羊泉村和平村民的态度的记述不尽相同。有的历史学家，如阿尔－索·帕伦西亚，认为他对羊泉村人的管理是值得赞扬的，更多的历史学家则认为他对羊泉村人实行专制统治，暴虐无道：在羊泉村驻守一支军队，为葡萄牙国王效尽犬马之劳，搜刮民脂民膏，盗取村民的财产，强占和奸污民女，逼得村民为躲避这个恶魔而离开城市，迁至郊外，重建村舍。

　　与此同时，科尔多瓦继续向王室施加压力，向国王揭露驻在羊泉村的骑士团队长的暴行，结果于1475年从天主教国王和王后那里得一纸敕旨，据此恢复了对羊泉村的管辖权。这样的事情毫无新意，因为早在1442年胡安二世就曾在巴利亚多利德王宫宣布：王室赠送给地方官员的城市的居民，只要不同意这种赠予，就有权起义反对上述官员，收回城市的所有权。

　　第二年羊泉村村民就举行了起义，于是有人有理由断言，羊泉村人的起义是科尔多瓦人挑动的。起义的情形十分残酷，据佛朗西斯科·德·拉德斯在他的《关于圣地亚当的三个骑士团和骑士事业的纪事》中这样描述："虽然队长家的军人进行了两个小时的顽强抵抗，起义的村民还是破门而入，杀死了14个人，接着毫不留情地痛打了一顿队长，然后把他从窗口扔出去，手拿长矛的村民们正等着他，他们揪掉他的胡子和头发，打碎了他的牙齿，最后把他千刀万剐。"

　　"动乱"发生后，天主教国王派胡安·德·卢维安去调查队长人命案和凶犯，因为国王对这样的事件很恼火，并于1477年2月18日致函卡迪斯侯爵，要求他派兵支援前往调查事件的法官。

　　科尔多瓦、卡拉特拉瓦骑士团和天主教国王之间的争端于1478年结束，最终约定卡拉特拉瓦人对羊泉村的权利受到保护。

　　显然，洛佩并不像历史学家那样了解这些历史事件，他对这些历史事件的有限的知识很可能是通过阅读得到的，比如佛朗西斯科·德·拉德斯的《关于圣地亚当的三个骑士团和骑士事业的纪事》一书，据说他翻阅过多次，多次从中寻找剧场观众感兴趣的故事，以便创作一部吸引人的剧情的剧本，一部"迎合"他的观众的趣味和感情、适应当时的文化与思想要求的成功剧作。为此，他对拉德斯的故事做了若干删节，加进一些不同的东西，加强了某些内容，使整个剧本符合他的艺术原则和思想兴趣。

二　文学记述

在洛佩的图书资料中，讲述羊泉村发生的事件者不在少数，因为事件发生后不久，就被写入许多书中。

在时间上最先出版的是阿尔丰索·帕伦西亚（1423—1490）的《西班牙的英雄事迹》，作者怀着对骑士团队长的深切同情描述了羊泉村事件，作者管他叫费尔南多·拉米雷斯·德·古斯曼，说他在恩里克四世逝世后爆发的内战中拥护伊莎贝尔女王，而不是贝尔特拉内哈[1]。他把羊泉村"动乱"的根源说成是贵族之间的争权夺利，羊泉村人不过是执行者而已。他用贬损的词语描写骑士团队长的惨死。

佛朗西斯科·德·拉德斯·依·安德拉达修士 1572 年写了《圣地亚当、卡拉特拉瓦和阿尔坎塔拉三骑士团与骑士事业纪事》一书，此书比《羊泉村》出版早 40 年，他在书中描述了羊泉村和雷亚尔城发生的事件，这些事件比《羊泉村》出版早 100 多年，使用的词语很接近洛佩。洛佩和拉德斯的记述之间的区别微乎其微。拉德斯本人是卡拉特拉瓦骑士团的成员，他真实地记载了当时发生在羊泉村的事件。他的这本著作在 17 世纪的贵族和学者中间流传甚广。洛佩从中撷取了许多情节用于他的剧作，《羊泉村》一剧很可能是受到拉德斯这本书的启发而写成的。

马里亚纳神父在他的《西班牙通史》（1601）中用和拉德斯

---

① 恩里克四世的女儿。

相同的词语扼要地讲述了羊泉村事件，他着重介绍了骑士团队长的专制独裁和他对葡萄牙人的效力，他在书中把队长叫费尔南·佩雷斯·德·古斯曼。

西班牙皇家学院图书馆里藏有一本题为《科尔多瓦的非凡事件》的书，书中描写了卡拉特拉瓦骑士团队长被杀死的情景。当代西班牙学者何塞·巴尔维尔德认为此书很可能是《羊泉村》的源泉。

塞巴斯蒂安·德·科瓦鲁维亚斯在他的《卡斯蒂利亚语或西班牙语的瑰宝》（1611）一书中具体描述了羊泉村事件：

"（1476 年）4 月的一个夜晚，羊泉村村民高声呐喊，要杀死卡拉特拉瓦骑士团的队长埃尔南·佩雷斯·古斯曼，因为他对羊泉村人犯下了许多严重罪行。村民冲进他的家中，用石头把他砸死。尽管国王派法官去调查，并且拷打了男女老少许多人，除了'是羊泉村杀的'这句话外，没能让他们说出别的话。"

看来，《羊泉村》最具体的创作源头是拉德斯的《纪事》，已毫无疑问，因为《羊泉村》和《纪事》一样都着重记述了羊泉村发生的事件和雷亚尔城发生的事件。洛佩把注意力放在这些事件上，目的是纪念他的一位早年的文学艺术保护人奥苏纳公爵，此人是堂罗德里戈·特列斯·希龙家族的成员，希龙在羊泉村"动乱"发生时担任卡拉特拉瓦骑士团团长。洛佩非常敬重奥苏纳公爵，他想用他的某个剧本的献词和公爵的尊贵先辈堂罗德里戈·特列斯的戏剧性的一生感谢他给予的长期保护。洛佩写过一本题为《团长之死》的书，他在书中描述了堂罗德里戈作为一位基督教英雄在洛哈壮烈捐躯的情景。在寻找材料准备写一个表现堂罗德里戈的青年时代的剧本时，洛佩发现在他担任团长期间发生的引人注目的事件是羊泉村的起义。此外，堂罗德里戈还在乌鲁埃尼亚伯爵和维列纳侯爵挑动下参加了违抗天主教国王、占领雷亚尔城的战争。洛佩不能根据历史真实反映这一事件，免得使他受到伤害，结果就在剧中把他写成了一个具有叛逆精神、彬彬有礼、作战勇敢却缺乏政治经验的年轻人，所以他受到有害的劝告，参加了反对卡斯蒂利亚国王的战争。洛佩在剧中还改换了挑动者，即以队长取代了伯爵和侯爵，所以队长就成了剧中的"坏蛋"，同时减轻了团长的罪责，说他年轻、天真、没有经验，并且为自己的错误感到后悔，跪在地上请求陛下宽恕，承认受了骗，听信了他人的谗言，在陛下主张的事情上超过了正当的权限，还保证带领500士兵参加反对格拉纳达的摩尔人的战役，保证对陛下忠心耿耿。可见，《羊泉村》一剧不仅仅是对羊泉村人伸张正义的起义斗争的赞扬，也是对希龙父子的纪念。

三　《羊泉村》的剧情及人物

《羊泉村》的故事发生在15世纪下半叶西班牙天主教国王统治时期的科尔多瓦城羊泉村。全剧由三幕构成，剧情如下。

卡拉特拉瓦骑士团队长费尔南是个暴虐好色的贵族领主。羊泉村是他的属地，他经常欺压村民、强占妇女，横行霸道，无恶不作。费尔南还给年轻的卡拉特拉瓦骑士团队长出坏主意，叫他反叛国王，出兵攻占西班牙的雷尔城，好献给葡萄牙。骑士团队长果然接受了他的主意，占领了雷尔城。

队长费尔南和团长一同出征雷尔城，打了胜仗，威风凛凛地回到领地羊泉村。村参议会和村民都前去欢迎，并献上两大车酒肉鸡鸭和各种礼物，作为慰劳品。队长久已垂涎村长埃斯特万美丽的女儿劳伦夏，便命令她和村里其他的姑娘留下，说她们也是村里送来的"礼物"，姑娘们拒不从命，愤然离去。

村里的青年农民弗隆多索早已爱上劳伦夏，但是劳伦夏故意和这个英俊小伙子开玩笑，不肯给他明确的答复。这天劳伦夏一个人正在村边洗衣服，队长费尔南闯来调戏她，向她吹嘘自己是搞女人的老手，并欲对她施以强暴。正当队长要污辱劳伦夏时，弗隆多索出现在队长面前，拿起队长自己的弓弩对准了队长。队长只得放了姑娘，但发誓要向他报复。弗隆多索则不等他下手，就带上弓弩逃跑了。

　　队长怒冲冲地找到村长，公然叫他交出女儿。村里的长老都被队长这个无耻的要求激怒了。村长拒绝交出女儿，并且谴责了队长的淫荡行为。队长达不到目的，便把村长和参议员们全都驱散。他正在和仆人商量找村里的哪个姑娘来满足他的邪念时，骑士团使者前来报信说，西班牙国王和王后为收复失地，已派大军围住雷尔城，团长正在危急之中，请队长快点率兵前去救援。队长立刻下令吹起军号集合士兵，准备出发。

　　队长离开羊泉村时，手下的仆人遇到村里的姑娘哈辛达，便要把她抢去送给队长，农民门戈挺身保护她，队长便下令把他绑在树上鞭打，并且把哈辛达抢走，带到树林里把她奸污，然后率领部下扬长而去。

　　弗隆多索乘队长离开之时，回到羊泉村。他勇敢仗义的举动赢得了劳伦夏的爱情。他们决定尽快举行婚礼。

　　国王的军队攻克了雷尔城，卡拉特拉瓦骑士团团长和队长只得率领败军灰溜溜地各回各的领地。队长回到羊泉村，正好遇到村里广场上劳伦夏和弗隆多索在举行婚礼。他立刻下令停止婚礼，把弗隆多索关进监牢，并要处以死刑。村长埃斯特万为弗隆多索辩护，队长便拿起权杖狠狠揍了他一顿，并下令把劳伦夏带回他的城堡。

　　队长的新罪行使得村民们忍无可忍，决心起来反抗。他们纷纷来到村参议会大厅，议论对策。一方面，他们派出参议员到科尔多瓦城向国王控诉领主的暴行，同时，他们决定"手拿武器来打倒这个主人"！正当他们在愤慨地议论领主的残酷压迫时，披头散发的劳伦夏从城堡里逃了出来，她向众人哭诉自己受到的拷打和虐待，她责备村里父老像胆小的兔子，竟然受得住让自己的妻子被别的男人取乐，她悲愤地说，如果男人们是懦夫，那么就"让女人的手，向暴君讨还荣誉，要叛徒偿还血债"。她告诉大家，队长已决定将弗隆多索不经审判就在塔楼上吊死。

劳伦夏激昂的号召，激起了村民的战斗勇气，他们拿起了剑和矛，弓弩、梭镖和棍棒，高呼"国王万岁"、"杀死叛逆的暴君"的口号，向领主队长的城堡发起进攻，劳伦夏率领着妇女们也参加了这支复仇的队伍。

正当队长要把弗隆多索处以死刑的时刻，城堡被农民们攻下了，他们抓住了队长，把他处死，并且处死了队长手下的一些助纣为虐的仆人。他们割下队长的头，用矛尖挑起，带回村里，作为推翻了暴政的标志，然后在村参议会里竖起了绘有国王纹章的盾，以表示对国王的忠诚。

在当时封建制度下，农民杀死领主是犯了大逆不道的重罪，国王派了一名法官到羊泉村调查杀死队长的凶手。法官下令用刑，上至老人下至十岁的孩子也不放过，然而全村三百多个农民，在严刑拷问下毫不屈服，异口同声，说是羊泉村杀的。最后法官一无所获，只好禀报国王，他的审讯毫无结果，因此，只有一个办法："或是把他们都处死，或是把他们全都饶恕。"国王听了村民的申诉，了解到队长不仅背叛了国王，想投靠葡萄牙，而且对领地的人民极端暴虐，便决定赦免全村老百姓，并且把这个村子直接收归国王管辖。羊泉村民的英雄事迹因此得以载入史册，千古流芳。①

显然，《羊泉村》是一部具有可贵的社会内容的剧作，它表现了 15 世纪末 16 世纪初西班牙科尔多瓦城羊泉村村民团结一致反对地方上的专制统治的起义斗争，揭露了贵族领主欺压百姓，强暴民女，横行不法，无恶不作的罪行及其丑恶嘴脸。羊泉村村民

---

① 引自《外国名剧故事 500 篇》（下），中国戏剧出版社 1987 年版，引文为文美惠作。

的奋起反抗，反映了封建领主和村民间的尖锐社会冲突，是官逼民反的必然结果。羊泉村村民并无意改变社会制度，他们只想寻求正义，亲自主持正义，希望国王支持他们的正义之举。他们那种万众一心，团结得像一个人一样的精神是不可战胜的，这是他们取得最后胜利的基础。村民以勇敢的斗争捍卫了自己的荣誉和尊严，他们不允许封建领主及其走狗对他们为所欲为，否则他们就揭竿而起，不惜一切维护自己的权益。

在剧中，可以看到在人物介绍上的变化：前二幕集中展示个体人物的性格，第三幕着力展示集体人物的形象。

在个体人物中，骑士团的队长费尔南·戈麦斯，从社会政治的角度看，是一个滥用职权、犯上作乱的人物，他专横跋扈，道德败坏，其卑劣的人格和他那种顽固地与村民为敌、与国王对立的政治态度和行为一脉相承，多行不义必自毙，终于落到狗头落地的不光彩下场。他是洛佩在剧中塑造的一个典型的反面人物。他是反动派的代表，坏人的代表，是不齿于人类的狗屎堆，死有余辜。

洛佩是王室的拥戴者，君主制的维护者，所以在他的笔下，国王和王后是权力的正确行使者，是人民和村民的大救星，是和平安定的维护者。他体察民情，秉公办事：当他知道队长背叛国家，想投靠葡萄牙，并且对村民无比残暴，便决定宣判村民无罪。队长坏事做尽，死有余辜。

劳伦夏和佛隆多索是在严酷的生死斗争中经受过考验的一对恋人，他们不是贵族，是普通百姓，但是他们那种不畏强暴、敢于斗争的精神却令人肃然起敬。他们曾为羊泉村的荣誉而战，为维护自己的名誉和尊严而战，为打倒罪大恶极的封建领主而战，他们是村民的榜样和羊泉村的骄傲。这样，洛佩就打破了一向美化贵族的传统，开创了赞扬普通百姓的先例。

村长埃斯特万虽是一村之长，一个地方官吏，但是他始终和村民站在一起，和反动派斗争。当他听完女儿的血泪控诉后，抑制不住内心的愤怒，即使众人反对，他也要单枪匹马去面对敌人，他号召村民"拿起剑，拿起矛，拿起弩，以及棍棒和梭镖"，"我们看到了暴君和帮凶。羊泉村啊，快把这些坏蛋杀死！"当拷打他的法官问他，是谁杀死了队长戈麦斯时，他坚决地回答："是羊泉村！"他的坚强和不屈，受到女儿和村民们的赞扬。

剧中的集体人物，也是全剧最重要的人物，是羊泉村，它代表着剧本所肯定的种种正面价值：面对邪恶的正义行动，面对背叛的忠君之举，面对可耻行径的荣誉感，面对敌人分化的团结一心，以及面对城市堕落的乡村的可贵的荣誉观等。羊泉村，即全体羊泉村村民，他们不论男女老少，都坚强如钢，他们不少人被关押起来，拷问时，大人和孩子都一致毫不犹豫地回答："是羊泉村！"杀死了队长，无一人招供。羊泉村是一个非凡的英雄集体，血债要用血来还，他们受到的欺压和凌辱最终得以雪耻。地方官吏不保护他的庶民，反倒压迫他们，欺压他们，他们当然会同仇敌忾，不能任人宰割。他们为自己伸张了正义，为国家铲除了一大祸害，功不可没。洛佩将一个真实的历史事件写成了一个惊心动魄的戏剧故事，谱成一首歌颂英雄的羊泉村人的赞歌。

第二节　《最好的法官是国王》

《最好的法官是国王》写于1620—1623年间，取材于智者十世主持编纂的《西班牙编年通史》第四卷。它是洛佩脍炙人口的名剧之一，由于以历史事件为题材，而归于洛佩历史题材剧一类。此剧的剧情如下。

加利西亚大封建领主特约家的青年牧人桑乔与当地最美貌的姑娘艾尔薇拉相爱，选定了吉日举行婚礼。婚礼前桑乔依照岳父努纽的指点先到主人府上禀报。不料特约闻知十分欢喜，赏给桑乔二十头牛，一百只羊，并决定亲自与妹妹费莉夏娜一起出席婚礼。

傍晚，婚礼在努尼奥家举行，村民们都来庆贺。特约也赶来，被奉为贵宾。谁知他一见到新娘便神魂颠倒，露出荒淫好色的本性。他不准来主婚的神父进门，并假意为使庆典更体面更热闹，要求婚礼改在第二日举行。一对新人和努尼奥心中疑虑，但不便悖逆主人的意愿，只得照办。人们快快散去。深夜，特约率家丁戴上面具闯进努尼奥家，抢去艾尔薇拉。待桑乔赶到，这伙强人已跑得无踪无影。桑乔和岳父都猜到这是特约所为，于是天一亮便到老爷府上去要人。

艾尔薇拉被劫到特约家中，誓死不肯受辱。特约虚情假意地说，他之所以如此粗暴地对待她是出于对她的爱情。艾尔薇拉怒斥道，不顾名誉尊严的"爱情"只是无耻丑恶的欲念。她表示自己决心维护贞操，一切威逼利诱都将徒劳无功。特约恼羞成怒，把艾尔薇拉囚入一座塔中。桑乔和努尼奥前来请求放人，特约开始装作一无所知，被揭穿后就撕下面具，摆出老爷的威风，令人把他们两人乱棍打出。

桑乔失去新婚妻子感到绝望。努尼奥建议他去莱昂向国王阿尔丰索七世申诉。桑乔来到宫中，觐见国王，要求为他主持正义。国王表示同情桑乔，写了一封亲笔书信给特约，命他立即无条件把艾尔薇拉交还桑乔，并且警告说："廉正的藩臣虽远离君王也有自知之明，国王惩罚作恶的藩臣从来不会鞭长莫及。"特约接信拒不执行国王旨意。他声称自己是加利西亚的主宰，因为这片领地是他祖上从摩尔人手中夺来的，与王家无关。他下令将桑乔逐出加利西亚。

桑乔走投无路，二次去见国王，报告了特约的狂妄无理。国王听罢大怒，决定亲自前往加利西亚。佩德罗伯爵和堂恩里克苦苦劝阻，桑乔也提议国王只派一名法官去审理此案。国王回答："最好的法官是国王。"

国王微服简从，只带佩德罗伯爵和堂恩里克秘密来到村中。他自称国王陛下的监察御史，召见村民核实了特约的罪行，然后来见特约。特约不清楚他的真实身份，依然口出狂言，说："除非国王亲自来，否则任何人也不能逮捕我。"国王报明身份，命人解除了特约的武装。艾尔薇拉出来拜见国王，哭诉就在他到来前，特约见姑娘不屈服，便以暴力将她奸污了。国王后悔来迟一步，下令将特约斩首。特约的妹妹费莉夏娜和佩德罗伯爵出面求情。国王回答："即使没有这件事，藐视我的手谕难道还不够死罪吗？……凡不尊重国王，背地里侮辱人格者均为叛逆。"他宣布特约与艾尔薇拉结婚，以挽回姑娘的名誉。然后将特约斩首。艾尔薇拉则得到特约的一半财产作为嫁妆同桑乔完婚。人们听了欢呼国王万岁。[①]

剧本热情地赞颂了国王主持正义、同情百姓、为民做主的美德，同时对地方上的封建恶势力进行了无情的鞭挞。剧中的几个主要人物性格十分鲜明：艾尔薇拉朴实、热情、不怕牺牲，坚决维护自己的贞操，誓死不肯受辱，她义正词严地对大封建主特约说：

> 你这么严厉地折磨我，
> 有什么用处？
> 你没有看到我坚守贞操？
> 你已经不耐烦，我也已厌倦。
> ……
> 上天赐给我名誉，

---

① 引自《外国名剧故事500篇》，中国戏剧出版社1987年版，引文为许铎作。

你却让我名誉扫地，

我必须保卫自己。

（第二幕第一场）

　　显然，艾尔薇拉是一个不畏强暴、机智勇敢、以自己的名节为重的女子。而她的父亲努尼奥则是一个为人正直，富有荣誉和自尊心的男子汉，当女儿被抢走时他虽然体力不支对付不了坏人，但他相信自己的女儿，"无论暴力还是央求，都不能征服她这个女人"。桑乔是一个渴望爱情，忠于爱情，为了拯救心上人而不屈不挠，不辞辛苦去求助国王，他理直气壮地对国王诉说道：

他看上了我心爱的村姑，

他不准我们结婚，

那天夜里他带着手持武器的人

硬把她抢走，想要我的命，

除了你和苍天我无人庇护，

我和她父亲含泪恳求他放人，

可是陛下，他的回答十分残酷：

竟让人用铁器对着我们的胸膛，

他们身为高贵的贵族，

还用栎树枝抽我们的肩头。

（第二幕第 11 场）

　　国王听完他的诉求，当即写了一封致特约的信，命令他放人。特约见信后依然不肯放人，并扬言打死他。他不得不再次拜见国王，国王问明原因，终于亲自出马，将特约处罚，"最好的法官是国王"。大封建领主特约罪有应得，因为他专横跋扈，仗势欺人，心灵肮脏，他破坏平民的婚礼，抢走新娘，试图满足他的私欲，还动不动就叫嚷杀人，气焰嚣张之极，是一个不齿于人类的狗屎堆，害人虫，砍掉他的狗头也不足以平民愤。

剧本中许多诗句都十分优美、顺畅，特别开场时桑乔的那段自白：

> 加利西亚的肥壤沃土，
> 你滋养着万紫千红的花朵，
> 在群山的阴影里，
> 西尔河从碧绿的芦苇中穿过，
> 渴望着亲吻山坡；
> 鸟儿歌唱爱情，
> 野兽自在地游乐，
> 野兽、鸟儿和花朵的
> 脉脉柔情谁曾见过？
> 但是在阳光照耀的地方，
> 最漂亮的只有艾尔薇拉，
> 不可能有第二个。
> ……

（第一幕第一场）

洛佩在此采用的是八音节十行诗形式，还有艾尔薇拉向国王诉说自己的遭遇使用的短歌谣，都很优美。

第三节 《奥尔梅多的骑士》

据史料记载，《奥尔梅多的骑士》大约写作于 1620 年，洛佩没有看到印刷本。也许他把手稿交给一个喜剧剧团，剧团把手稿丢了，也许他本人对这个喜剧不很感兴趣（作家不看重自己的作品是常有的事），也许没能够出版，因为从 1625 年至 1635 年间当局不允许在卡斯蒂利亚王国出版喜剧和小说。结果直到洛佩去世后的 1641 年，此书才在远离他的继承人和遗嘱执行人控制的萨拉戈萨出版。在 18 世纪和 19 世纪，这个剧本几乎鲜为人知，不受重视，直到 19 世纪末 20 世纪初，随着著名学者和文学史家梅嫩德斯·佩拉约（1856—1912）对剧本的深入研究，它才受到重新评价，得到广泛出版。

剧本的主要人物有 6 个：

堂阿隆索："奥尔梅多的骑士"，男主人公。

堂娜伊内斯：女主人公，小姐。

莱奥诺尔：堂娜伊内斯的妹妹，小姐。

堂罗德里戈：堂娜伊内斯的求婚者。

法维娅：堂娜伊内斯和堂阿隆索的牵线人。

特略：堂阿隆索的仆人。

剧情是这样的：

贵族出身的奥尔梅多的骑士堂阿隆索带着他的仆人特略去梅迪纳赶集，遇见农妇打扮的美丽小姐堂娜伊内斯，一见钟情。于是他雇了一位名叫法维娅的拉条者给堂娜伊内斯送一封情书。法维娅借口卖化妆品去了堂娜伊内斯家，把夹在几张纸里的情书交给她，并说服她写回信。就在这时，堂娜伊内斯小姐的求婚者堂罗德里戈和他的仆人堂费尔南多从外面走进来。他们一看见法维娅在那里，便很恼火。但是堂娜伊内斯说，这位可敬的老妇人是来洗衣服的。后来，伊内斯小姐给堂阿隆索回了信。堂阿隆索收到信后不敢看，因为怕收到坏消息，便叫他的仆人看，并对他说，如果是坏消息就别把信给他了。结果是好消息，仆人就把信交给了主人。信上说，堂阿隆索得去伊内斯家取一根女套鞋绿丝绸带儿，她将在晚上把它搭在花园的栅门上。第二天堂阿隆索应把丝带系在帽子上，以便她辨认。但是当堂阿隆索和仆人特略晚上去取丝带儿时，却遇见堂罗德里戈和仆人堂费尔南多去伊内斯家并拿走了丝带儿，他们只好返回。随后，伊内斯发现罗德里戈拿着丝带，认为一定是法维娅设下的圈套，好让她爱上她的求婚者罗德里戈，因为她根本就不爱他。过了一会儿，法维娅来了，对伊内斯解释了发生的事情，告诉她，堂阿隆索才是她真正应该爱的人：他是奥尔梅多的骑士，梅迪纳的精华，奥尔梅多的英杰。

两天后，堂阿隆索和仆人特略大清早就去梅迪纳，特略提醒主人说，他和伊内斯的爱情可能会遇到危险，因为法维娅会在中间施展妖术。但是阿隆索回答说，追求爱情就要不怕任何危险。说话间，他们已经来到伊内斯家。阿隆索和伊内斯刚开始交谈，伊内斯的父亲堂佩德罗就来了，阿隆索和特略只好躲藏起来。父亲问女儿为什么起得这么早，女儿说是为了做早祷。但是她又说，她要做修女，为此她需要尽快裁一身修女服，并需要找一位教她唱歌和学拉丁文的老师。父亲没有拒绝，认为这是上帝的意志，便答应为她找一位女教师。其实这是伊内斯小姐为了摆脱父亲为她安排的婚姻而使的计谋。堂佩德罗走后，堂阿隆索和仆人特略走出来。由于伊内斯小姐尚未订婚约，堂阿隆索就有了机会。但是眼下应该考虑的是伊内斯做修女的问题。大家商定，由特略当伊内斯的拉丁文老师，这样可便于他为主人传递情书，法维娅则当她的女教师，教她唱歌。两个老师恪尽其职，干得很好。只是伊内斯做了修女就不能去梅迪纳集市了，只有堂阿隆索可以去。

集市上有斗牛活动。阿隆索充当刺斗牛的长矛手，表现不凡。但是堂罗德里戈不能容忍观众们对阿隆索的热烈喝彩，不服气地拿起长矛上马进了场。但是不幸的是，他从马上跌下，落在斗牛前，在此紧急关头，阿隆索赶忙冲过去救了他。而罗德里戈不仅不表示感谢，反而因被自己妒忌的人救了命感到恼火，产生了报复之心。

堂阿隆索在回奥尔梅多之前，去了伊内斯家，跟她见了一面，离开她家回到奥尔梅多时，他先是看见一个人影，随后又听见一阵口哨声，心里不免恐慌。过了一会儿，他看见几个男人向他走来，他立刻认出来，一个是堂罗德里戈，另一个是他的仆人费尔南多。阿隆索并不担心，因为他救过罗德里戈的命，他不会对他怎样的。但是他想错了，罗德里戈冲他开了枪，然后逃向梅迪纳。特略赶来，把奄奄一息的主人送到主人的父母家，然后前往梅迪纳。正当这一切发生的时候，伊纳斯小姐把阿隆索的真实情况告诉了父亲，父亲同意了他们的婚事。特略到了梅迪纳后，遇见罗德里戈正向伊内斯小姐求婚，当时国王也在场。特略把发生的事情报告给了国王，国王下令第二天在剧场砍下罗德里戈的头。这就是奥尔梅多的骑士的悲惨故事。

这个故事并非洛佩所杜撰，在此之前早就存在关于奥尔梅多的骑士的传说。据史料记述，在费利佩二世指示在西曼卡斯城建立的卡斯蒂利亚王国档案馆的有关档案中记录着一个事件，这个事件是：1521 年 11 月 6 日，奥尔梅多的居民堂胡安·德·比维罗骑着马安然无恙地从梅迪纳·德尔·坎波回家，一路上由他的管家路易斯·德·埃雷拉陪伴。在半路上，在离他在西诺维亚的家不远的地方，他的同村人米格尔·鲁伊斯和三个手持不同武器的人等着他们，当他们靠近时，鲁伊斯突然给了堂胡安一长矛，将他刺死，他又命令他的随从杀死了堂胡安的管家，然后他们躲进修道院，后又逃往巴伦西亚。据堂胡安的遗孀堂娜贝亚特里丝·德·古斯曼说，堂胡安曾和米格尔·鲁伊斯吵架，前者打了后者几棍子。这样的耻辱他不能忍受，也许是受了母亲堂娜·卡塔利娜·德·孔特雷拉斯和邻居胡安·德·奥尔特加的煽动，他便设法进行了上述报复。堂胡安·德·比维罗就这样死了，他是圣地亚当的骑士，"有着高贵而纯洁血统的绅士"，奥尔梅多市政议会成员，参加过大区战争的皇家军队的战士。杀人事件很快被人们遗忘，只有年轻的骑士之死和这首歌唱其悲惨命运的民歌留在人们的记忆里：

> 夜晚骑士
> 被人暗杀，
> 他是梅迪纳的英杰，
> 奥尔梅多的精华。

民歌广泛流传开来。到了 16 世纪中叶，安东尼奥·德·卡维松（1510—1566）写了一篇《关于骑士的民歌的变化》的伤感文字，推动了以上述歌词为核心的骑士民歌的传播。

堂胡安·德·比维罗骑士之死和有关民歌可以被视为奥尔梅多的骑士传说的源头，但是谁也不敢断言，洛佩本在创作他的悲剧《奥尔梅多的骑士》时就已知道上述事件。那么洛佩究竟根据什么写的呢？原来在 15 世纪就有一首关于奥尔梅多的骑士被杀害的谣曲广泛流传，其中有两行诗是这样说的：

> 梅迪纳的几个骑士，
> 严重威胁着我的生命。

到了 17 世纪，即在朝廷迁至巴利亚多利德（1601—1606）之后，这个传说再次流行起来。可能就是在此基础上，有人写了《骑士的舞蹈》一剧。此剧最流行的版本不知为什么被编入了题为《西班牙费利克斯·洛佩·德·维加·卡尔皮奥的戏剧第七卷》（1617）中。此剧是否是洛佩所作，无据可查，也许是出版者自作主张硬加进去的。但是无可置疑的是，此剧的内容和洛佩作的《一些摩尔人的谣曲》有不少明显的相似之处。

值得注意的是，在《骑士的舞蹈》中有这样一首短歌：

今天夜里，
骑士被枪杀，
他是梅迪纳的英杰，
奥尔梅多的精华。

毫无疑问，洛佩肯定清楚地记得这首短歌，因为他在喜剧《黑圣徒罗桑布科》（1612）和《面包与大棒短剧》及《唱歌的短剧》两个宗教短剧中采用过它，只不过将诗句做了些有趣的改变。比如在《黑圣徒罗桑布科》中，几个黑人在跳舞时喝道：

这个夜晚
骑士被枪杀，
他是米埃尔迪纳的英杰，
奥尔米埃拉的精华；

再如，在两个宗教短剧中：

神圣的骑士
夜晚被枪杀，
他是圣父的英杰，
人间和上天的精华；

骑士夜晚
被枪杀，
他是玛丽亚的英杰，
上天的精华。

此外，表现奥尔梅多的骑士的剧作还有一部佚名喜剧和一个讽刺剧。佚名喜剧题为《奥尔梅多的骑士，又名有待结婚的寡妇》，手稿结于1606年，出版于1626年；讽刺剧题为《奥尔梅多的骑士讽刺喜剧》，出版于1651年，作者是佛朗西斯科·安东尼奥·德·蒙特斯塞尔。

但是只有上述短歌和《骑士的舞蹈》最终成为洛佩创作他的《奥尔梅多的骑士》的灵感之源，特别是后者，对此剧的创作具有决定意义，它为此剧的第三幕提供了主题和情节。但是，正如对洛佩的戏剧有深刻研究的西班牙戏剧批评家佛朗西斯科·里科证明说的那样，洛佩所供鉴的并非第七卷中的《骑士的舞蹈》一剧，而是以手稿形式流传的、在人们的记忆中存在的另一个版本。在这个版本中，骑士前往克鲁斯·德·马约集市，在那里被人用火枪打死，这位骑士名叫堂阿隆索，他是男主人公，但作为女主人公的小姐却没有名字，而后来出版的书中叫艾尔维拉。然而，令人不解的是，既然洛佩从《骑士的舞蹈》取得灵感，却不知何故他没有把这首包含有骑士名字的四行短诗用于他的剧中：

　　啊，堂阿隆索，
　　我高贵的绅士，
　　为得到我的爱情
　　你付出了昂贵的代价！

总之，洛佩凭借《奥尔梅多的骑士》不仅创作了一部优秀的悲喜剧，而且正如它的首版副题指出的，他也创作了一部杰出的"历史悲剧"，近似西班牙黄金世纪很少涉及的一种剧种：悲剧。在这部剧作中，我们看到了若干悲惨因素和反对不可抗拒的命运的痛苦斗争这些古典悲剧的特征。但是围绕法维娅和特略两个人物呈现的滑稽与戏谑的因素却妨碍它上升到纯粹悲剧的高度。

然而，不管怎样，在出色地表现奥尔梅多的骑士这个题材方面，洛佩的这部悲剧还是达到了西班牙那个时代的戏剧的巅峰。故此，17 世纪西班牙戏剧家佛朗西斯科·安东尼奥·德·蒙特塞尔（1600？—1668）称这部悲剧是"西班牙优秀新戏剧中的优秀之作"。

第四节　《塞维利亚之星》

《塞维利亚之星》（1623）是洛佩·德·维加按照他的"新艺术"的标准创作的优秀剧目，既是西班牙上演的黄金世纪的重要剧作，也是国际上上演次数最多、备受欢迎的剧目之一。此剧虽然是一部具有强烈的悲剧色彩、笔调冷峻的作品，但是它却在古今剧坛上享有非凡的声誉。早在 19 世纪初就开始被译成欧洲许多国家的文字，成为歌剧、话剧、说唱剧等改编的基础。

其剧情是这样的：

卡斯蒂利亚国王桑丘四世在塞维利亚登基，允诺绝不伤害城中的臣民。然而就在大典之上，他看到一位绝代佳人，心中便起了歹意。

那位姑娘名叫艾斯特雷丽娅，意思就是"星"。由于她美貌出众，人们称她塞维利亚之星。她哥哥是市议员布斯托·塔贝托，在当地颇有名望，兄妹二人相依为命。艾斯特雷丽娅与著名骑士堂桑乔相爱，已有婚约，不久即将成亲。

国王为把姑娘弄到手，听从心腹侍臣堂阿里亚斯的计谋，召见布斯托，委他以阿尔奇多纳省省长的要职，企图以此笼络他。但是布斯托刚正不阿，不愿无功受禄。国王一计不成，又生一计。他微服出访，蒙面来到布斯托宅第，想入内与艾斯特雷丽娅见一面。但是到门口被布斯托挡驾。布斯托认为国王屈尊造访有失君臣体统，而且不利于妹妹的名声。他表示如国王有要事相商，自己愿随驾进宫。国王无奈，只得带布斯托转回，暗中却留下侍臣堂阿里亚斯。堂阿里亚斯见到艾斯特雷丽娅，说明国王许她做王后，并愿把卡斯蒂利亚的一切财富都赠予她。然而这一切丝毫不能打动艾斯特雷丽娅。于是，堂阿里亚斯转而买通布斯托家的奴婢，让她当夜趁布斯托未归之际，敞开所有门户，引国王入内。

入夜，国王蒙面进到布斯托宅院的大厅，正想随奴婢闯入小姐闺房，不想布斯托归来。布斯托发觉家中闯进陌生人，便拔剑在手，高声喝问来者何人？黑暗中国王报明了身份，布斯托也已认出，但是为避免尴尬局面，他故意装作不信，把国王羞辱一通撵走。第二日清晨，布斯托唤醒妹妹，告诉她昨夜的事情，决定马上为妹妹和堂桑乔举行婚礼，然后自己远遁避祸。

国王回到宫中气恨难消，立誓报复。他按堂阿里亚斯的主意召来堂桑乔，密令他去杀死一个犯有"辱君之罪"的人。但国王没有把此人的姓名告诉他，只给了他一份密件，叫他回去再看。堂桑乔不知要杀谁，便以骑士的忠诚向国王起誓将不遗余力完成王命，只要求功成之后准他选一位中意的女子为妻。国王满口答应。堂桑乔回到家中，拆开密件方知要他处死的是他未婚妻的哥哥。怎么办？他想，作为骑士自己应当忠于国王，履行诺言，但是这样做他将成为艾斯特雷丽娅的仇人。忠君与爱情不能两全。他经过痛苦的抉择，选定了前者。

这时布斯托兴冲冲来找堂桑乔，要他立即同妹妹结婚。堂桑乔却出言不逊，有意挑起一场决斗，把剑刺进了布斯托的胸膛。他执行了国王的命令，但良心受到谴责，感到万分痛苦与悔恨。当人们赶来时，他束手就擒，心中唯求一死。两位市长再三审讯，堂桑乔却信守誓言宁死不肯吐露背后指使人的姓名。国王假做公允，宣称："对于这项罪行，谁应负责；不管是谁，纵然是我，也一样解送法庭审判！"他命人给堂桑乔带去手书，要他供出全部真情，同时又要履行自己的义务。堂桑乔知道国王在玩弄花招，但他为自己忠实信守而自豪。艾斯恃雷丽娅得知未婚夫杀死了哥哥，并即将被处死，悲痛至极。她亲自赶到宫中觐见国王，要求把凶手交她处置。国王应允了她的请求。她便把堂桑乔带到郊外释放。但是堂桑乔宁愿以死抵偿自己对艾斯特雷丽娅犯下的罪过。他又自动回到狱中，等待判决。国王被他们的正直、守信和坚强所感动。他想劝说两位市长从宽量刑。但是两位市长不肯徇私枉法，一致宣判堂桑乔斩首示众。国王无奈，只得承认是自己派桑乔行凶杀人。堂桑乔获得了自由。然而艾斯特雷丽娅不能接受杀害自己哥哥的凶手做丈夫。一对良缘被生生拆散。①

《塞维利亚之星》表现的是一个像戏剧本身一样古老的永恒主题，即滥用职权。从 15 世纪中叶开始的文艺复兴运动起，西班牙的文学传统就特别重视这类主题：暴君和他的暴行、独断专行、制造事端以至引火烧身的诺言。本剧中的国王桑丘来到塞维利亚，那里的市政会议和国王达成一项协议：只要国王不伤害城中的臣民，贵族们就服从他管辖，就是说，国王不能有损于公正、市民的名誉和利益。贵族们给了国王威严，就像西塞罗②所说：给了他城市的声望和尊严。但是国王看到美如天仙的姑娘艾斯特雷丽娅，便起了邪念，千方百计要把她弄到手。为此他一再试图偷入姑娘闺房，失败后便派人去杀姑娘的哥哥。结果把他刺死。在判决时，国王被迫承认自己是主谋。这样的国王显然是一个好色、奸诈、无耻透顶的卑鄙小人，为了满足其一时的淫欲，不惜采取任何手段。一方面收买姑娘的哥哥布斯托，许诺以高官厚禄，并答应赐予城堡要塞；另一方面对女奴以自己和钱财诱惑为其效劳，之后将她杀死。当他的计谋落空后，他只想进行报复，以保全其面子，把他人的生命当草芥。与其说他是一国之君，毋用说他是一个残

---

① 引自《外国名剧故事 500 篇》（下），中国戏剧出版社 1989 年版，引文为许铎作。

② 古罗马雄辩家、政治家和哲学家（106—公元前 43）。

害百姓的害人虫。在洛佩的笔下，美丽的姑娘艾斯特雷丽娅不失为一颗光芒四射的塞维利亚之星，面对国王的权势和淫威，她无所畏惧，对国王答应赠予的财富毫不动心，勇敢地维护了一个绝代佳人的名誉。此外，她还是一个具有伟大的爱心和善心的女子：当她的未婚夫被迫按国王的密令杀死她的哥哥而即将被处死时，她十分悲痛，便亲自赶到宫廷求见国王，要求把凶手交给她处置，随后把他带到郊外释放。剧中的其他人物也各有其可贵品德，比如艾斯特雷丽娅的兄弟布斯托，拒绝接受国王赐予的分外荣禄，挺身维护家庭的荣誉、妹妹的名节；她的未婚夫桑乔虽被国王利用，但他是出于对国王的忠诚，所以他不怕杀头的危险去执行国王的命令，为了履行诺言，绝不供认背后的主使人是国王。

洛佩戏剧研究者梅嫩德斯·佩拉约（1856—1912）等人认为《塞维利亚之星》是"君主们的一面镜子"：年轻的国王应该引以为戒，以便更好地认识自己，国王不能为满足自己的欲望而无所顾忌，他应该遵纪守法，尊重品质优秀的臣民们的风俗习惯。而代表正义的臣民应当提醒国王，不可为所欲为，欺压百姓，伤害无辜。不然，他就会受到臣民的诅咒、唾骂、为民众所不齿，甚至起来反抗。民意、民心是不可违背的。

第五节　《佩里瓦涅斯或奥卡尼亚骑士团队长》

一

17世纪上半叶，西班牙产生了一系列表现平民百姓同骑士团的队长进行斗争的戏剧，他们或凭借自己的力量或依靠国王的帮助洗雪骑士团的骑士为他们带来的耻辱或伤害。这些戏剧有洛佩的《科尔多瓦的骑士团队长》（1600）、《羊泉村》（1612）、《佩

里瓦涅斯或奥卡尼亚骑士团队长》（1612）、《伊列斯卡斯的贵族》
（1633）、《最好的法官是国王》（1635），贝雷斯·德·格瓦拉的
《山上的月亮》（17世纪初）、蒂尔索·德·莫利纳的《橄榄林里
的夫人》（1630）和《圣胡安娜》（1614）等。这些剧作均戏剧性
地表现一位骑士团队长和一名村民间的冲突。前者总是一个滥用
职权的官员，也总是死在为维护自己尊严的村民手中，尽管最后
由国王出面进行裁决，一般都是宣布平民百姓无罪。

　　为了理解这类剧作产生的原因及其意义，有必要提一提某些
文字、社会和经济因素。

　　首先，应提及洛佩多次引证过的《当下创造戏剧的新艺术》
中的这两行诗：

　　　　名誉案件题材最威人，
　　　　因为它有力地吸引着一切人。

　　既然观众非常喜欢关于名誉的故事、最引人注意的事件或案
件，那么除了那种有一位贵族插足于农民夫妇的爱情的案例，还
能够有什么更好的戏剧故事呢？只要戏剧中加入一位勾引者，涉
及名誉问题的冲突就会变得特别有趣，只有这样，受到伤害的村
民为维护自己的名誉才会奋起和为非作歹的贵族进行斗争，在国
王面前伸张正义。

　　其次，有一个社会因素，这就是在17世纪初，骑士团完全丧
失了世人的信任。如果说直到这时人们还认为骑士团的队长还算
是美德的典范、其血统的高贵和身份的高贵还保持一致的话，那
么到了1610年，情况就完全不同了。人们开始认为，骑士团队长
的头衔不过是个虚假的称谓，只要有足够的经济实力，得到它是
比较容易的。这种看法十分普遍，以至于流传着这种本身就颇能
说明问题的说法："胸前戴着十字架，行为举止是魔鬼。"以骑士

团队长为题材的戏剧有力地验证了这个说法。

最后，有一个经济和法律因素也对这类戏剧的创作起了推动作用。1612 年至 1614 年间，在写这类戏剧的时候，戏剧家们试图通过部分剧作表演让广大观众关注政治生活方面的重大问题。同时，对某些经济学家提出的缩减宫廷开支、改善农民生活的主张表示同情。如果在这方面遇到贵族们不配合或有权有势的人腐败的问题，他们甚至提议调整农村的干部队伍，让那些来自村民的老基督徒取而代之。最后一点是，要求废除领主的司法权，各地由法官来执掌司法权力，以图在城镇和乡村做到司法权掌握在司法人员手里，而不是领主手里。

戏剧家通过表现骑士团队长的剧作来宣传上述思想。同一类型的剧作还有卡尔德隆的《萨特梅亚的村长》、莫雷诺的《勇敢的执法者和阿尔卡拉的大贵族》等。

二

为了正确地理解《佩里瓦涅斯或奥卡尼亚骑士团队长》（以下简称《佩里瓦涅斯》）一剧的思想内容，必须把它放在上述背景下来分析。此剧的创作是和上述三个因素分不开的，尤其是最后两个因素。

首先，佩里瓦涅斯和骑士团队长的关系是村民和他的天然主人的关系；村民必须缴纳捐税，才能得到主人的庇护。然而，这种关系发生了变化，主人应该给村民的帮助往往和名誉有关：他不应该损害村民的名誉。正是在这个方面，队长堂法德里克没有履行他的义务，因为他虽然奖赏了他的村民——给了他几条帷幔和几匹马，任命他为上尉，授予他骑士称号，一切都是为了达到其不可告人的目的——他企图勾引他的女人，从而损害了他的名誉。

够了，

队长讨好我的妻子；

够了，他本该维护我的名誉，

却剥夺了我的名誉。

我是臣民，他是我的主人，

我生活在他的庇护下；

他既然要剥夺我的名誉，

我当然要剥夺他的生命：

受伤害的人

有勇气对付伤害他的人。

　　洛佩之所以选择队长所犯的这种罪过，因为它比别的罪过能够更好地说明他那种不道德的行为。洛佩笔下的这个队长，不去卫护他的臣民，不尊重他们，反而去伤害他们，欺侮他们，受到惩罚是理所当然的。

　　卡西尔达和正直的村民佩尔瓦涅斯结为夫妻，在村里举行的庆祝活动中队长堂法德里克被斗牛顶伤，卡西尔达负责照顾他，这样，队长就喜欢上了她。佩里瓦涅斯注意到了这一点，后悔自己和一位这么漂亮的村姑成亲。队长趁佩里瓦涅斯不在家，就去拜访卡西尔达。同时为佩里瓦涅斯带些礼品，以博取他的好感。后来，队长派他去参加抵抗摩尔人的战争，临行前，佩里瓦涅斯交给卡西尔达一件绿色首饰而不是黑色首饰，以示不信任，然后他便率领为数可观的西班牙士兵奔赴托莱多城。他走后，队长喜不自胜，便去了卡西尔达家，对她动手动脚，卡西尔达不从，就撕打起来。其实，佩里瓦涅斯并没有离开，而是藏在自己的房间里。这时，他走出来，刺伤了队长，队长一瘸一拐地落荒而逃；随后，佩里瓦涅斯杀死了冷酷无情的仆人卢汉和伊内斯，和妻子卡西尔达逃走了。到了冬天，人们纷纷议论佩里瓦涅斯的战绩和杀人案，国王气得快疯了，遂派人去杀死佩里瓦涅斯。就在这时，佩里瓦涅斯和卡西尔达出现在国王面前，威严的恩里克国王给了他们解释其行为的机会，听完他们的诉说，国王觉得佩里瓦涅斯做得对，便放了他。随后，王后送给卡西尔达4件衣服，作为结婚的礼物。

此剧的男主人公佩里瓦涅斯是一个具有那个时代应该具有的一切美德的人：忠实、虔诚、勇敢、正直和那时最重要的东西——老基督徒的身份。有了这些条件，观众就会赞赏这个人物，认为他的行为是神圣的。此外，整个奥卡尼亚村也像佩里瓦涅斯一样值得赞美：婚礼和丰收的赞歌、村镇或车间的朴实而简单的集会和农村妇女的贞洁，使读者或观众不由得对正直的农民们表示深切的同情。

与此形成对照的是对贵族阶级的抨击。在剧中写到两个连的士兵从奥卡尼亚出发去参加抵抗摩尔人的战争：一个连由村民组成，另一个连由出身贵族的人组成。对前者的赞扬和对后者的批评表明了洛佩爱憎分明的立场：

> 伊内斯：这是怎么回事呀？
>
> 科斯坦西亚：贵族连队疲惫不堪。
>
> 伊内斯：我们强壮的村民却精神抖擞。
>
> 科斯坦西亚：他们衣着倒很华丽，精神却很差。

这段对话表现出来的思想倾向十分清楚：一方面是对村民的高度评价（他们满怀热情地上前线），另一方面是对贵族的指责（他们没有精神，衣着过分讲究，特别是他们那种新基督徒的轻浮表现）。

但是，《佩里瓦涅斯》的思想内容远不止这些。《佩里瓦涅斯》是一部十分成功的剧作，是洛佩最幸运的创作之一，因为它生动地表现了一个村镇的丰富多彩的生活（举办婚礼、举行教友会会议、托莱多女守护神游行活动、各种农活等），作为剧本的主要人物塑造了一个幸福的、爱着一个女人并且勇敢面对一个强大对手的村民，表现了一对夫妻情意缠绵的关系（夫妻间的甜言蜜语和恩爱），采用了大量传统的抒情诗和民间艺术（佩里瓦涅斯唱的谣曲、乐手们唱的歌词，以"远方的土地"形状的诗歌）等。此外，洛佩打破了固定的两幕剧和不变的戏剧人物的模式，创作了一种更为新奇的戏剧，其魅力迄今不衰。

就主题而论，《佩里瓦涅斯》属于通常所说的平民名誉剧一类。这部剧和其他同类剧作在西班牙文学史上第一次提出了平民和贵族之间的矛盾冲突问题。平民要求维护自己的名誉或尊严，在此之前，名誉或尊严一般被认为是贵族阶级专有的，在以前的文学中，平民总是以被嘲笑的对象出现，被描写得粗俗不堪。在洛佩以前的戏剧中，在胡安·德·恩西纳的牧歌和迪埃戈·桑切斯·德·巴达霍斯的剧作中，傻乎乎的牧民形象司空见惯。但是在《佩里瓦涅斯》中，如同小说领域的《小癞子》一样，平民的形象再也不滑稽可笑，他们堂堂正正地走上了戏剧舞台，其角色的重要性不次于贵族。

三

剧作家们总是设法从各种各样的书面材料中寻找故事来创作他们的作品，最经常被选用的材料是《纪事和谣曲》。但是《佩里瓦涅斯》并非源于此。

17 世纪初，洛佩生活在奥卡尼亚，他很可能知道一首传统谣曲，这首谣曲讲述了一个村妇的故事：她钟爱一个村民，而不爱一位骑士团的队长。这是一个具有地方色彩、在民间广泛流行的传说，但是只有几行诗仍保留在人们的记忆中：

　　我只喜欢

　　身披乡村斗篷的佩里瓦涅斯，

　　而不喜欢

　　披着华丽斗篷的队长你。

　　这几行诗一字不差地存留在两种文献里，一是洛佩的剧本《马德里农夫圣伊西德罗》，此剧写于 1604 年至 1606 年间，正是洛佩住在托莱多的那些岁月；二是洛佩的这个剧本《佩里瓦涅斯》（第二幕中）。此外，还有一个诗句略有变化的版本，作者是修女路易莎·玛格达莱娜·德·赫苏斯，诗是这样的：

　　我喜欢受拷打

　　和疲惫的耶稣基督，

　　而不喜欢

　　你这个高度奢华的骗人世界。

　　这个版本产生得晚些，它很可能是根据洛佩收入在他的剧作中的歌曲作的。

　　洛佩以这几行诗为基础，创作了这部成功的剧本，他在剧本中尊重歌曲的思想和感情，虚构了剧中的人物和事件。洛佩根据谣曲的描述，从一个爱情的三角出发，创作了他的戏剧情节和事件，以美丽的篇章展示了农村的气氛和农民的生活。

　　总之，此剧是这样产生的：洛佩根据所了解的一首民歌，写了一个故事来解释那几行诗。洛佩采用同样的方法，即从很短的歌曲出发，创作了其他几个篇幅很长的剧本，如《奥尔梅多的骑士》和《烧炭工佩德罗》。

　　剧作家一旦有了故事，就把它放在一定的时代。洛佩决定把

《佩里瓦涅斯》一剧的故事安排在司法官恩里克二世统治时期（1390—1406），这是表现骑士团队长的剧作通常选择的时代背景。为了为其剧本提供必要的历史资料，洛佩参考了《胡安二世纪事》一书。在第三幕伊始，读者可以看到他所采用的历史材料，只是他把《纪事》中用散文记述的东西变成了诗。不过，只有这一处使用了书面材料，全剧并非如此。

四

有时严格地确定一个剧本的创作年份十分重要，《佩里瓦涅斯》就是这样，因为只有这样我们才能了解洛佩的思想发展过程和《骑士团队长戏剧》这一文学现象的真实程度。

关于此剧的创作年代，一向存在三种看法。第一种看法是：根据对剧本的韵律分析，认为剧本写于 1609 年至 1612 年间，更可能是 1610 年。第二种看法是：剧本中写了一个名叫卢汉的仆人。洛佩的生平告诉我们，他曾和一个名叫米凯拉·卢汉的已婚女人相爱，其关系维持到 1608 年。洛佩曾用卢汉这个名字让多个人物走上舞台，这些人物均具有无可挑剔的品德。他这样做，想必是为了纪念他所爱的女人米凯拉·卢汉。在 1608 年前写的四部这样的剧本中，可以认为《佩里瓦涅斯》也是那些年间所作，因为在它的剧中人物中有一个名叫卢汉的人。第三种看法是：从剧中人贝拉尔多的几段台词中可以得到一些关于此剧创作年代的信息，这几段名词是：

> 贝拉尔多：你看，她们在阳台，
> 看到她们，我觉得自己变年轻了；
> 不过，我已经不适合她们，
> 她们也不适合我了。
> 佩里瓦涅斯：你有这么老了吗，贝拉尔多？

贝拉尔多：我已经没有那种兴致了。

佩里瓦涅斯：你披着棕褐色的斗篷，

还是兴致勃勃的吆。

贝拉尔多：天哪，上尉先生！

那是从前，风和日丽，

我总是有兴致的，

无论当牧民还是当教堂司事。

有一年，大雪纷飞，

我好像看到了自己的白发，

我被接纳进了教堂。

佩里瓦涅斯：那时你有 39 岁了吧？

贝拉尔多：一个把我养大的保姆说，

39 岁还得加上 3 岁；

不过我想，我早已忘了。

我的记忆太差了！

当卡瓦出生的时候，

我长出了第一颗槽牙。（第三幕）

从中得出这样的信息：

1. 洛佩写《佩里瓦涅斯》这个悲喜剧时，他 42 岁，就是说，是在 1603 年或 1604 年。

2. "我被接纳进了教堂"，显然是指导他于 1614 年被授予教士一职之事。这和《佩里瓦涅斯》被编入其戏剧第 4 卷于 1613 年 12 月出版一事不一致，但是可能那个时候洛佩就做出了当教士的决定，因为他的第二个妻子是在 1613 年去世的。

另外，可能洛佩是指他于 1610 年参加圣体兄弟会一事，所以《佩里瓦涅斯》大约是在那个时候创作的。

看来，想准确地确定《佩里瓦涅斯》的创作年份是不可能的。

材料彼此相矛盾。只可能认为此剧写于 1604 年至 1613 年之间。但它绝不可能是在出版（1613）前夕完成的，所以它应该创作于一个比 1613 年更早的年份，很可能是 1604 年。

第 八 章

洛佩的剧作——宗教剧

第一节 《美丽的埃斯特尔》

《美丽的埃斯特尔》一剧是根据大不列颠博物馆收藏的一部手稿出版的，洛佩于 1610 年 4 月 6 日写完手稿后，当年由著名的桑切斯剧团搬上舞台，后来洛佩将它编入其戏剧第 15 卷（1621，马德里），并把它献给住在塞维利亚的贝纳苏莎夫人堂娜安德雷亚·玛丽亚·德·卡斯特里约。

这是一部悲喜剧。据说，洛佩出版它的意图是为取悦那个时期的当权者或者靠近权力的人，以便于实现他的愿望：在宫廷谋得一个当编年史作家的职位。

在这部悲喜剧中，试图表现埃斯特尔作为中间人的作用，即说服她丈夫阿苏埃罗国王出面拯救被阿曼总督判处死罪的犹太人民。在第一幕中，成为孤儿的埃斯特尔的教父和监护人马多克奥对她预言："上天祈望她以其神圣的热情成就某种事情。"后来又更清楚地对她说，她将成为上帝用来解救她的人民的工具。为了使她最终成为这样的人，剧本对埃斯特尔的生活做了诸多安排：

1. 把她选为阿苏埃罗国王的新妻子（第一章）；

2. 让她继续秘密信奉她的宗教，以证明她信仰她的犹太教（第三幕）；

3. 让她直接劝说国王取消阿曼制定的要处死王国的一切犹太

人的命令（第三幕）；

 4. 请求国王杀死阿曼（第三幕）；

 5. 她终于解救了她的犹太人民（第三幕）。

 大幕拉开，首先上场的是仆人巴桑和埃勾斯，他们在用谣曲议论波斯国王加冕的豪华场面，剧情由此开始：

  埃勾斯：是什么年鉴的记述？

  历史从上帝创造亚当

  和美丽无双的夏娃，

  讲到惩罚大地的那场有名洪水。

  ……那场持续了180多天的一场筵席，

  筵席上展示了前所未有的财富……

 阿苏埃罗国王在他的讲话中想向来宾们说明，他的显贵和幸福不在于他的珠宝和财产，而在于他的美丽妻子巴斯蒂。巴斯蒂在不听他的召唤时，便轻易能让他下不了台，因为他总想让他的客人们欣赏她的姿色。这激怒了阿苏埃罗，一气之下把她休掉，赶出了宫殿。

  阿苏埃罗：王后立刻离开宫殿：

  不要留在这里！

 在一次换场时，埃斯特尔对她教父抱怨波斯的希伯来人民遭受压迫的状况和她自己变成孤儿的处境，她教父马多克奥立刻解决此事，表示他决定做她的养父：

  埃斯特尔：亲爱的叔叔，我并不觉得受到那么严厉的监禁，尽管这种感觉是应该的；

我也没有看见我们的人民蒙受耻辱，因为由于他们的嗜好而忘记了上帝的恩惠。

你看我现在正处在我的希伯来人民的敌人中间。

巴斯蒂被休掉后，国王变得痛苦不堪，于是参事们建议他在王国的最漂亮的少女中间再挑选一位妻子。为此，他口述了一份告示，邀请王国所有的美丽姑娘到宫殿里来，让国王挑选他最中意的女人。马多克奥要求埃斯特尔去宫中参选。想不到的是在前往宫廷的姑娘中，竟然有一位名叫西雷娜的农家女孩，但是她的情人塞尔瓦希奥竭力反对。埃斯特尔同意进宫参选，并听从马多克奥的劝告：不暴露自己的犹太人身份。结果她被选为国王的新妻子：

> 阿苏埃罗：你有何事，埃勾斯？
> 埃勾斯：我想为你效劳，为你治病，
> 　　因为任何人的愿望也不及
> 　　我的愿望强烈，
> 　　为此，老爷，我向你介绍
> 　　美丽的埃斯特尔，
> 　　我相信她的姿色，
> 　　足以补救你失去的巴斯蒂的爱，
> 　　因为她太美丽了，
> 　　连太阳都会嫉妒。
> 阿苏埃罗：居然如此美丽，
> 　　简直是大自然的精灵。
> 　　我愿意在我的宝座上
> 　　接纳这么漂亮的女子。

　　这是第一幕的故事。

　　第二幕这样开场：马多克奥把自己做的一个梦告诉以撒，以撒认为这是受总督阿曼迫害的希伯来人民将遭遇的不幸的兆头。接下来的一场介绍了狂妄、专断、目空一切的阿曼其人：

　　　　阿曼：你是什么人？
　　　　老爷，我是召见厅的看门人，
　　　　请你帮我办理那件事情。
　　　　阿曼：现在我不能也不想
　　　　为你办任何事情。

　　为了证明国王对马多克奥和犹太人的支持，洛佩在剧中插入了一个他自己杜撰的细节，即马多克奥发现了朝臣巴加坦和塔雷斯企图杀害国王的阴谋。埃斯特尔及时将此事报告给了国王。这个阴谋的及时告发，使国王想起了判处犹太人死罪的法令。这项法令将导致阿曼的倒台和死亡，尽管他像一位无比强大、不可一世的亲王。当马多克奥独自待在舞台上时，他刚巧看到了一项谋杀国王的罪恶计划。国王证实的确有此阴谋，便下令处死了他那几个朝臣，同时记下了发现此阴谋的人的名字，准备给予应有的犒赏。

　　　　阿苏埃罗：是谁把那些人的歹毒计划告诉你的？
　　　　埃斯特尔：一个希伯来人告诉我的。
　　　　阿苏埃罗：他叫什么名字？
　　　　埃斯特尔：马多克奥！

　　阿曼对马多克奥的态度感到愤怒。但马多克奥忠于他的宗教，不像其他人那样对他卑躬屈膝；阿曼仇恨希伯来人，他对国王说，希伯莱人不遵守王国的法律，他们虽然崇拜他们的神，却策划杀害你的阴谋，这种罪行应判他们死刑。阿苏埃罗信以为真，便下令灭绝所有的犹太人。

> 阿曼：他们轻视你的命令，不把你的总督、外交官和王子放在眼里；
> 老爷，把他毁掉吧；下令把他们处死吧！我将献出 10 个塔伦托银币，让你的财宝和金库会更丰富。
> 阿苏埃罗：回头你拟个命令吧，立刻发布到王国所有的城市去，一天内把所有的犹太人都消灭；这是我的指环，拿去吧；这些塔伦托，你也拿走吧，我不稀罕。

塞尔瓦希奥和西雷娜再次走上舞台，农夫拒绝了没有能被选为王后的农妇：

> 塞尔瓦希奥：西雷娜，别说了，
> 我觉得我已经没有希望，
> 你想再取悦于我，
> 那是梦想。

此事发生在埃斯特尔得知灭绝犹太人的命令和她准备同国王还有阿曼一起进餐的时候，阿曼已经在宫殿前立起了绞刑架，以便他们一边用餐一边观看绞死马多克奥的情景。

第三幕开始时，埃勾斯在向国王汇报他的一些属民为国王效劳的情况，几乎对他们都进行了酬谢，只有发现杀害国王阴谋的马多克奥除外。为了酬谢他，国王向阿曼征求奖赏他非常器重的一位贵人的合适方式。阿曼确信这个贵人肯定是他自己，便说：

阿曼：我想，如果国王想奖赏他，

就让他穿上佩戴着珠宝的黄袍马褂，

让他手持权杖、头戴王冠，

去城市里兜风；

为了更加排场，

还可以派一位王子给他牵马……

但是当他得知奖赏的是马多克奥时，他不禁备感意外，垂头丧气。从此刻起，阿曼就预感不妙，高塔台不远了。而马多克奥则感谢国王对他的帮助。这时，不了解实情的阿曼之妻莎雷斯和朝臣马萨内斯还在等着观赏犹太人被绞死的情景，直到阿曼把自己的不幸处境告诉他们。

马萨内斯：一个连臣民都不是的人

竟然叫你感到这么恼火！

他是一个奴隶，一个可怜的俘虏，

一条微不足道的小鱼

竟想掀翻阿曼的大船，

真是不自量力！

不过，今天要结束他的小命，

而且是用现做的绞刑架。

他身后那条微不足道的绳子，

将成为一种声名狼藉的东西；

当他的生命结束时，

他那痛苦的怒火也将熄灭。

当快要和阿苏埃罗与埃斯特尔一块吃饭的时候，阿曼非常担心自己被处死。吃饭时，埃斯特尔对她丈夫说，阿曼想灭绝希伯来人。愤怒的国王停止进餐，觉得自己被出卖了。阿曼面对此情此景，害怕最不幸的事情发生：

> 阿曼：天啊！我会遭到不幸吗？
> 在这种慌乱中，
> 我的心清楚告诉我，
> 我一开始就担心的事情。
> 所有的人都离开这里；
> 他们好像已经看到，
> 阿曼这条怪蛇
> 把国王咬伤了。
> 什么样的爱，什么豁免权，
> 什么法律能救我的命呢？

与此同时，马多克奥称赞埃斯特尔为拯救犹太人而做的调解。无比恐惧的阿曼请求埃斯特尔原谅，但是她拒绝了。他不情愿地抓住她，恳求她原谅。此刻，国王驾到，看到这个场景十分气愤，下令把阿曼抓起来。囚禁阿曼的栅门关上了。国王的一位合作者告诉他，处死马多克奥的绞刑架立起来了。国王正好用这副绞刑架绞死阿曼，以对他妻子和希伯来人表示感谢。

> 阿苏埃罗：竟有这样的恶人！
> 那么，朋友们，
> 要执行同样的法律，
> 国王既要奖赏
> 也要惩罚。
> ……

　　埃斯特尔如释重负地对丈夫坦白说，她是希伯来人，她父母死在了监狱里，马多克奥是她的叔叔。然后她请求国王不要忘记那项灭绝犹太人的命令。国王答应了。这时，乐师们唱了一支歌，称赞埃斯特尔，国王适时发表讲话，全剧结束：

　　　　阿苏埃罗：阿曼的府第和田园，
　　　　还有他的财富，
　　　　一概交给马多克奥
　　　　和埃斯特尔，
　　　　因为我们要这样
　　　　结束阿曼的狂妄
　　　　和马多克奥的卑微。

　　文学史家认为，《美丽的埃斯特尔》是洛佩以《圣经》故事为题材的剧作中最受赞赏的一部。此剧唯一的灵感之源是《埃斯特尔之书》，洛佩忠实地借用了它的故事。所以此剧不仅洋溢着对《摩西律法》的热情，而且充满了希伯来人那种顽强不屈、坚忍不拔的精神……这是在洛佩这位具有古老卡斯蒂利亚人传统的诗人身上发生的奇迹。此外，这也是洛佩个人杜撰的一个美丽如画的故事，并且把乡下人塞尔瓦希奥和西雷娜作为重要人物。剧中还插入了一个情节即关于希伯来人杀害国王的阴谋，阿曼以此为由促使国王签署了灭绝犹太人的命令。

　　在黄金世纪的文学作品中，《旧约》的主题远没有受到充分的研究，那些研究几乎总像是对《新约》的一种诠释。就埃斯特尔的情况而言，她是波斯犹太王后、国王阿苏埃罗的妻子，《新约》的《圣经》诠释家们都把她视为圣母玛丽亚的化身，是她说服阿苏埃罗国王拯救了几乎就要被灭绝的犹太人民，就像玛利亚说服她儿子耶稣基督拯救全人类一样。但是在洛佩的剧中，埃斯特尔并非圣母玛丽亚的化身，而是她本身，因为其主题是从犹太人的角度表现的。

值得注意的是，在推进剧情发展和刻画人物性格方面，洛佩在剧中别具匠心地采用了多种多样的韵律和诗歌表现形式，譬如谣曲、六音节的短句歌谣、十一章节和七音节诗句交替组合的自由体诗、首尾韵四行诗、三行诗、丁真格诗句和诗节、两韵五行诗、十一音节诗、十四行诗、六重唱抒情诗、八音节的十行诗和歌曲等，使这部悲喜剧成为洛佩展露其诗歌创作才能的鲜见的样本，因为在这部不算长的剧作中，洛佩毫不吝惜地运用了一切诗歌表现手段，充分说明他对他的戏剧是多么重视。

第二节 《圣烛节圣母》

一

《圣烛节圣母》大约写于多明代会修士阿隆索·德·埃斯皮诺萨的著作《圣烛节圣母的历史》（1594）出版后不久，即 1605 年或 1606 年初。洛佩正是从这部著作中了解了他笔下的贯切人①的风俗习尚和找到圣烛节圣母肖像的过程。埃斯皮诺萨的这本书分为四部：第一部是对特内里菲②及其风习的描写；第二部是关于圣烛节圣母圣像的由来和出现的描述；第三部讲述特内里菲岛被征服的情景；第四部以四分之一的篇幅证明 57 项圣母奇迹的存在。洛佩借用了前两部分的内容和第三部分第四章的部分内容，即关于特内里菲岛被征服的前因。

《圣烛节圣母》的故事发生在西班牙加那里亚斯群岛被法国殖民者占领期间，具体地说是在迪埃戈·德·埃雷拉和特内里菲贯

---

① 贯切人，加那里亚斯群岛上的土著人。
② 特内里菲，加那里亚斯群岛上最大的岛。

切人的国王签订和约后。埃斯皮诺萨这样讲述加那里亚斯群岛被占领的情景：

"迪埃戈·德·埃雷拉懂得土地的肥沃，知道岛上的土人的力量，他没有强行上岛占领它，而是设法和岛上的诸王和谈，通过这种途径占领它；于是他于 1464 年 7 月 12 日来到岛上，召集岛上的 9 位国王开会，他们是：伊莫巴奇·德·陶罗大王、标枪王即古伊马尔王、阿拿加王、阿博纳王、塔科隆特王、特古埃斯特王、伊科德王、阿德赫王和达乌特王，他们主张和平和友好，和迪埃戈·德·埃雷拉签订了和约。"

洛佩的这个剧本完全忠实于埃斯皮诺萨提供的材料，并据此重新编织了三个主要故事，即九兄弟争论王位继承问题、圣母像的发现和盗窃的奇迹。只有剧中描写的爱情纠葛一成不变地来自埃斯皮诺萨的著作。尽管洛佩的剧作以埃斯皮诺萨的著作为基础，但是创作意图和埃斯皮诺萨不同。埃斯皮诺萨的著作和历史内容和洛佩剧作的虚构几乎没有关系。埃斯皮诺萨试图忠实地介绍他所讲述的事件，为事件提供真实的证据。但是，对于剧本来说，事件的事实性却无关紧要：事件真实与否，对戏剧艺术来说是和事件本身的真实性不同的，因为文学艺术的真实性并不等于生活中的真实的人和事，文学艺术可以虚构，可以增加或减少事件的成分，可以另行安排事件和人物。所以，洛佩便根据需要或个人的意愿掌握和改变事件发生的年代，把《圣烛节圣母》的故事安排在了 1464 年前后恩里克五世统治时期，把相隔百年甚至更长的时间的历史事件包括在这个时期里。不妨举两个例子证明：埃斯皮诺萨写的找到圣母像的时间是 1400 年，而在洛佩的剧中推迟了 64 年，和签订和约一事发生在同一年（1464）。同样贡萨洛·德尔·卡斯蒂约跟贯切人的公主的婚礼也不应该在 1496 年以前举行，只因洛佩在剧中将此事提前了 30 余年。但是这种年代的改变在虚构的作品里是允许的，因为艺术的真实高于历史的真实。

如果说出于虚构的需要洛佩改变了埃斯皮诺萨著作中的事件的历史真实性的话，那么，他对埃斯皮诺萨著作的文字都是忠实的，忠实到近乎照搬的程度。剧本的前几场以埃斯皮诺萨著作的第一部为基础，在描述贯切人的起源、贯切人的诸王宣布就职仪式、贯切人结婚的方式和他们的葬礼的几乎 300 行诗中，洛佩几乎没有增加对剧情发展有益的或必须的内容。他所依据的原著章节几乎没有什么改变。有时，剧本的某些内容都几乎一致，只是增加了若干词语，比较一下这两段：

剧本：

只有 60 个男女
开发了这个岛；
但是他们不知道
他们从哪里，哪块土地，
哪个极地来到这里，
他们也不知道怎样航海，
因为漫长的岁月使他失去了记忆。

埃斯皮诺萨的著作：

本地的贯切老人们说，
他们听说在远古
有 60 个人来到该岛，
但是他们不知道自己来自哪里。

二

《圣烛节圣母》分为三幕：

第一幕的剧情是：父王死后，本科莫和他的兄弟们争论王位的继承问题，能看透别人内心的人瓜亚莫平息了他们的争论。他把尼瓦里亚领土划分为 9 个王国，本科莫和他的 8 个兄弟为 9 个王国的国王。但是提醒他们必须遵守贯切人的法规。9 个国王的姐妹罗莎米拉被排除在领土分配之外，便很生气。瓜亚莫想平息她的火气。就在此刻，牧人卢辛多和多里斯托赶来向罗莎米拉报告说，他们看见一个巨大的猎物。这是她特别喜欢的运动，她准备去捕获猎物。瓜亚莫预言，罗莎米拉将和一个外国人结婚，罗莎米拉骂了他一顿。但是贡萨洛·德尔·卡斯蒂约出现，使瓜亚莫的预言开始成为事实。卡斯蒂约和罗莎米拉相遇，彼此产生了一种尚未表白的爱情。根据牧民们的报告，国王们赶到发现西班牙人的地方，但是他们来迟了。卡斯蒂约逃走，瓜亚莫被劫持。本科莫和阿凯莫爱上了他们的姐妹罗莎米拉，这是贯切人的法律允许的。二人争着要和她结婚。

牧民卢辛多和多里斯托找到了圣母像，但他们把它和一个女人的肖像相混淆。当他们试图触摸它时，他们竟奇迹般地受了伤。国王们赶到圣像出现的地方，命令牧民们把圣像运走时，他们的伤口却奇迹般地痊愈了。贯切人的国王们以恭敬的游行运走了圣像。

第二幕的剧情是：第一幕结束后过了好几年第二幕才开始，开始时是罗莎米拉的自白，她在自白中重新提起了第一幕中发生的事情。她的自白不仅是第一幕内容的总结，而且为剧情的发展指出了新方向。她对几年前遇到的那个外国人的爱情感到厌倦，想回本国。但是她担心卡斯蒂约的归来会让人们想到他和老贯切王的死亡有关系，所以她犹豫不决。

本科莫和阿凯莫对徒劳地争夺对罗莎米拉的爱情感到厌烦，便去告诉罗莎米拉说，他们达成了协议，彼此不妨碍对方的需求，每个人都将遵守对手的机会：

当一个人和你交谈时，
第二个到来的人
要让另一个人
享受其机会……

罗莎米拉忧心忡忡，接受并遵守他们的协议。就在此刻，贡萨洛·德·卡斯蒂约上场，他扮成贯切人；上场的还有一个穿着基督徒衣服的俘虏。俘虏说明了自己的身份：他是瓜亚莫，如今他变成了基督徒，改名叫安东。国王们和公主欢迎他归来，请他讲一讲他们不了解的基督教界的新闻，安东滔滔不绝地讲了一番，他解释了基督教的世界观。罗莎米拉和说自己改叫本图罗索的卡斯蒂约相认但没有说什么，想寻找合适的机会宣布他们的关系。卡斯蒂约请求："罗莎米拉公主，/请允许我为你效劳。"公主和国王们接受他的求婚。

本科莫和阿凯莫把圣母像拿给安东看。安东向他们表示了敬意，答应把圣像带到基督徒们那里去。在虔诚的心情推动下，国王们向圣像奉献了礼品，安东的表现像个化缘的人。罗莎米拉单独和圣像在一起，她祈求圣母赐予她的爱情有个美好的结果。由于卡斯蒂约的归来，她的爱情才有了生气。

让那个西班牙人
快来救助我；
圣明啊，
让太阳射出
更强的光辉，
我肯定会为了天主
向你忏悔，
佑助我的正当妒忌吧，

> 因为我想和一个男人结婚，
> 他是能让我起飞的工具。

　　过了不久，本科莫和阿凯莫（彼此躲藏着）都请求本图罗索（卡斯蒂约）当中间人，去劝说她接受他们的求婚。本图罗索只好答应他们的请求，但出于嫉妒而不得不披露了自己的身份和对罗莎米拉的爱慕之心，罗莎米拉愉快地拜倒在她的恋人面前。这时，本科莫看到他们拥抱在一起，但是卡斯蒂约欺骗他说，罗莎米拉之所以拥抱他是因为她高兴地听到了他给她带来本科莫的求婚愿望。国王得意地走了，他心想，这是他看到的拥抱的真正原因。这一对恋人重新亲热起来，这一次又被阿凯莫发现了，卡斯蒂约用同样的说法骗过了他。罗莎米拉和卡斯蒂约单独在一起，两人策划了逃出海岛的计划。

　　第二幕结束前迪埃戈·德·埃雷拉和桑乔·德·埃雷拉来到特内里菲；岛上的国王们把圣母像拿给他们看，迪埃戈·德·埃雷拉给圣像起了名字：

> 对这位圣母，在尼瓦里亚
> 人们都自愿地称颂，
> 由于她手里拿着蜡烛，
> 她应该叫圣烛节圣母。

　　桑乔·德·埃雷拉认出了贡萨洛·德尔·卡斯蒂约，但是没有揭露他的身份。

　　第三幕的剧情是：一开幕是介绍幕后发生的事情。桑乔·德·埃雷拉和一位船舶驾驶员各自讲述贯切人为欢迎圣母而举办的庆祝活动和"露天的游行/千盏灯火/和千支圣歌"，从载着埃雷拉父子前往海岛的船上可以看到这一切。紧接着，迪埃戈·

埃雷拉和贯切人诸位国王到来。分别时他请求本科莫和阿凯莫把圣烛节圣母像带到基督徒们的地方去，但是贯切人不同意。

在西班牙上船后，卡斯蒂约把他逃走的计划告诉了安东；埃雷拉兄弟夜晚秘密地返回来接卡斯蒂约和罗莎米拉。其实，迪埃戈·德·埃雷拉并没有上船，他偷了圣母像，只身逃走，把那一双恋人丢在了岛上。发现圣母像失窃，贯切人痛哭，天使们把圣母像复归原位。

本科莫和阿凯莫无视对方的存在，各自监视着罗莎米拉和卡斯蒂约的秘密约会；他们能听到他们的说话声，但是看不见他们。卡斯蒂约很绝望，怀疑他们的爱情能否有美好的结局；罗莎米拉劝他说："现在把它杀死吧！"她这是指她的恋人的想法。卡斯蒂约回答说："我一定杀死它。"本科莫认为和罗莎米拉在一起的一定是阿凯莫；阿凯莫认为和罗莎米拉在一起的一定是本科莫；听到他们谈论杀死它，每个人都认为其兄长和情敌跟公主约好要杀人。那对恋人走了，兄弟俩进行一番喜剧般的争执，直到弄清情况，两人躲藏起来等候罗莎米拉和卡斯蒂约，要把他们抓住，从悬崖上把他们摔死。

在最后一刻，当罗莎米拉和卡斯蒂约被抛下悬崖时，圣烛节圣母在他们脚下垫了一朵云，让他们安然无恙地落在地上。本科莫和阿凯莫不安地请求那一对恋人原谅。

就在这时，西班牙人回到特内里菲，把迪埃戈·德·埃雷拉偷走的圣母像还给了贯切人。桑乔·德·埃雷拉讲述了圣母对自己被带到富埃特本图如何感到不愉快，生气地把后背对着信徒们。

三

《圣烛节圣母》中的人物大多数都来自阿隆索·德·埃斯皮诺萨修士的著作《圣烛节圣母的历史》。但是剧本的人物和修士著作的人物之间的对应程度却很不相同。在任何情况下，正如剧本中对历史事件的描述一样，剧本的人物也是根据剧本本身的要求虚构的，自然和修士著作的有关人物有所不同。

剧本中的本科莫来自 1494 年至 1496 年抵抗征服者阿隆索·德·卢戈的本科莫国王；很可能根本不是这个历史人物签订了1464 年的和约，尽管这对剧本情节无关紧要，因为我们面对的情况是：一方面是历史真实，另一方面是戏剧虚构。在剧本中，本科莫是作为 9 位国王兄弟的老大出现的；在第一幕中，他那不可一世的性格驱使他在继承王位问题上和兄弟们对立，尤其和阿凯莫对立，此外还反对他向罗莎米拉求婚。自从圣母像出现后，家庭的紧张气氛消失了，本科莫的形象发生了变化：他的长子地位赋予他一种对其兄弟们的权威，在同基督教徒们的谈判中他成了大家的利益的代表者，无论在拒绝圣母像的转让还是签订和约问题，都是如此。

阿凯莫这个人物可能和 1464 年跟埃雷拉父子讲和的圭马尔国王一致。在剧中，他最突出的方面是竭力反对本科莫继承王位和追求罗莎米拉的企图。其他的贯切人国王（瓜约坎、瓜科尔多、利维奥、西诺萨菲奥、奥罗丹特、阿塔巴诺和利西达乌罗）的名字都是洛佩杜撰的。在某种程度，这些人物可能和具体的历史人物一致或有关系。

罗莎米拉是剧中唯一的女性。她性格坚强，极力反对兄弟们的决定和意图，被认为是大学士安东尼奥·德·比亚纳诗中的瓜西马拉。最初，她对自己的婚事漠不关心，卡斯蒂约到来之后，她很快便倒在他的怀里。罗莎米拉是唯一表露其内心冲突的人物：她拒绝在贯切人文化界扮演要她扮演的角色（成为她的某个兄弟的妻子）、坚持对威胁其国家独立的外国人的爱情。在第二幕第一场中，罗莎米拉充分表露这种内心冲突，最后通过奋起反抗文化陋习强加给她的命运并解决了这种冲突："哪怕王国灭亡，我也要活下去。"她最后说。

贡萨洛·德尔·卡斯蒂约是在剧本讲述的事件结束后出现的人物。埃斯皮诺萨修士只是在其著作中简单地提了提他，洛佩却据此塑造了一个重要的剧中人。他在第一幕作为具有军人气质的野外考察队队员来到特内里菲，在第二幕作为罗莎米拉的爱情俘虏离去。他既具有军人的胆量又具有情场上需要的机智。

洛佩剧中的迪埃戈·埃雷拉与桑乔·埃雷拉和埃斯皮诺萨修士著作中描述的历史人物完全一致。他们没有征服者的野心，在剧中充分表露出绅士的风度，尤其是迪埃戈·埃雷拉。

牧民卢辛多和多里斯托出现在第一幕中，在剧中被称为"两个本地人"，他们找到了圣母像，两人的伤口奇迹般地痊愈后在舞台上消失了。他们的作用是为戏剧故事带来喜剧性，他们讲的是当时的文学中这类人物才讲的乡下语言。他们和巴洛克戏剧中的风趣角色一脉相承。

从第二幕起改名叫安东的瓜亚莫是埃斯皮诺萨修士在其著作中提到的占挂人瓜尼亚梅涅和那个在山涧几捕点时被西班牙人带走的小伙子合成为一个戏剧人物。在他身上既有历史的成分也有虚构的成分。是他向贯切人说明了那尊圣像的身份。他是卡斯蒂约的忠实而谨慎的仆人。在第一幕中他还叫瓜亚莫时曾长篇大论地介绍贯切人的法律和风俗，诸国王听了十分恼火："还有什么法典和法律要我们遵守吗？"在第二幕中，他已成为基督徒，他喜欢两首长篇谣曲，其中一首讲述了他在基督徒国家的旅行，谣曲虽然赞颂了贯切人，却因其冗长而激怒了卡斯蒂约："我讨厌你拖延时间。"

总之，剧中的人物各有特点，只是没有一个人物的形象特别突出，这在洛佩的剧中是不多见的。

第九章

洛佩的剧作——骑士剧或小说故事剧

第一节 《掩盖报复的惩罚》

《掩盖报复的惩罚》（1631）是洛佩的著名悲剧，是最受戏剧批评家们称道和学者研究的剧目之一。此剧虽然作于洛佩生命的最后岁月，而且当时也只上演过一次，但是它却以其毋庸置疑的艺术高度和悲剧色彩成为西班牙戏剧中的不朽之作。

剧本是洛佩受到意大利作家马泰奥·班德娄（1485—1561或1562）的第14卷小说（1554）第一部故事的启发而创作的，而班德娄的这部小说则是根据1425年意大利费拉拉城发生的一桩真实、残酷而可怕的事件写成的。班德娄在他的小说中描述了东方王国尼科洛三世王如何发现其子和继母通奸并当天在费拉拉城将两人砍头的情景。尼科洛侯爵在唯一的儿子出生后就成了鳏夫，他很年轻，生活安定，除了寻欢作乐没有任何事情操心。后来他和马拉特斯塔亲王的女儿费德拉结婚，费德拉是一个15岁貌美少女，但是她并不阻拦丈夫一向过的那种放荡不羁的生活。侯爵婚后不久便故态复萌，外出寻花问柳，把家室抛在脑后。而他年轻的妻子费德拉耐不得寂寞，便在周围的廷臣中物色意中人，最终选中了她丈夫和丈夫前妻的儿子乌戈伯爵，伯爵年仅16岁，年少而英俊但涉世不深。选中后她便开始暗示他，诱惑他，伯爵没有拒绝，终于勾搭成奸。两人的奸情持续了两年多，竟无一人察觉。但是没有永远不透风的墙，侯爵先是耳闻，后又亲眼目击。几个小时后，侯爵当着许多亲朋好友的面，下令把他的儿子抓起来，给他套上沉重的手铐脚镣，关进一座塔楼，接着又下令把侯爵夫人关进另一座塔楼。然后他向惶恐不安的朝臣和亲朋们说明了采取这些措施的原因，后来他吩咐修士为两个罪人祈祷。班德娄写道，年轻人为其罪过痛哭流涕，准备承受应得的死罪，通宵难眠，追悔莫及，并恳求父亲宽恕其伤害家父的卑劣行为。费德拉却毫不示弱，得知情人将被处死，她怒不可遏，强烈要求见他最后一次。第三天，两个人被砍了头，费德拉毫无恼意。他们的尸首停放在宫廷院中，任人观看。最后，双双被合葬在一座墓中。

　　班德娄的小说描述的是意大利文艺复兴时期非常典型的再放荡不过的故事之一。他的故事中没有其他文艺复兴作家描述淫荡故事的喜剧色彩和讥讽的笔调。当时年近古稀的洛佩却从这样一个有伤风化的故事取得灵感，创作了西班牙黄金世纪戏剧中的优美而感人的悲剧《掩盖报复的惩罚》。洛佩不仅借用了班德娄故事的框架，而且将某些只是一笔带过的细节也加以扩充。当然，由于戏剧和小说是两种文体，洛佩的戏剧化故事和班德娄的小说故事之间有着很大的差别，但是可贵的是，洛佩把一个外国故事民族化了。洛佩的这部悲剧的剧情是这样的，费拉拉公爵放荡不羁，妻子死后他和曼图亚公爵的年轻美丽的女儿卡桑德拉结婚，新婚之夜便把她抛下，继续外出风流。其子费德里科伯爵对父亲再婚不满，担心他们有了儿子会剥夺他的继承权，但是他却和年轻的继母通奸。奸情被发现，父亲用披巾把奸妇包住，命令儿子把包住的人杀死，儿子并没有问那人是谁，便听从了。随后他又吩咐一名卫兵把他儿子杀死。

　　这是一出真正的悲剧。公爵除掉奸夫淫妇显然是因为其名誉和尊严受到了损害。在 16—17 世纪的西班牙，名誉，尤其是丈夫和妻子的名誉，是一个家庭最基本的价值取向。妻子的奸情是她犯的不可饶恕的重大罪行，丈夫有权处置背叛他的奸夫淫妇。所以，名誉就成了西班牙黄金世纪的剧作家们最喜欢表现的主题之一，并称这类剧为名誉剧。当时没有一位剧作家不写这类剧。其中写得最多和最好的自然是洛佩。正是洛佩创造并规定了这种纯属西班牙的名叫新戏剧的规则。

关于费拉拉公爵的故事，在拉丁文、法文和德文等欧洲语言的戏剧和小说中都不鲜见。洛佩把它移植到西班牙戏剧中来，对某些情节进行了加工，把故事改编成诗歌体，用西班牙典型的三幕剧来表现。这部悲剧充分显示了一位剧作家的非凡艺术造诣，他善于以精湛的方式处理剧本的结构，从而创作了一部完美的剧作，正如为此作 1647 年版加副标题的编者断言的，"只要洛佩愿意，就能如愿以偿"。几年后，洛佩又如愿以偿地创作了风俗喜剧《贝利莎的英武》，在这部喜剧中，洛佩再一次显示了他长于创作堪称完美的剧本的才能。

《掩盖报复的惩罚》以西班牙的风格而不是希腊悲剧的风格写成，历来受到文学史家的好评和赞赏，被称为"西班牙戏剧中最优美、最感人的悲剧之一"。洛佩在剧本序言中说，此剧是为在宫廷里演出而作的，所以剧本比较简短。但是它也可以在露天剧场里表演。因为剧中没有任何布景设计和音乐方面的特殊要求，只要一个舞台和两道供演员上下场的门及一块幕布就够了。在洛佩的安排下，人物的表演连续不断，舞台上绝不会空场，当一个人在舞台上独自或开始和另一个人对白的时候，第三个人可以在台上想他的事情。当然，洛佩要考虑台上的演员何时退场和怎样退场，绝不能出现没有台词可说才退场的尴尬局面。在场次安排上，洛佩更是用心良苦。譬如第一幕，分为截然不同的三场：第一场表现公爵夜晚在费拉拉城的巡游；第二场安排在从曼图亚至费拉拉的路上，描述公爵的儿子费德里科伯爵和即将成为其父妻子的卡桑德拉偶然相遇的情景；第三场描述费拉拉的公爵在自己的府上和儿子费德里科、卡桑德拉以及为表现矛盾冲突而需要的其他人物相遇的情形。

在第一场中，洛佩这样描写公爵在费拉拉夜晚的巡游：公爵和他的两个仆人乔装闲逛，寻找艳遇，有时开开玩笑。洛佩以他们经过的各个地方为话题编织主人和仆人们之间的对白。主仆的想方设法寻欢作乐（仆人里卡多和主人的对话）：

> 里卡多：可以叫这家的门；
> 不过得费很多口舌……
> 不远处住着一位小姐，
> 她就像金雀花糖……
> 我看见附近有一个女人……
> 公爵：我们就去那儿。
> 里卡多：这个时候，
> 她可能不愿意开门。
> 公爵：不愿意？
> 我要是说我是谁呢？
> 里卡多：你要是这么说的话，当然行。
> 公爵：那就敲门吧。
> （辛蒂娅出现在高高的窗口）

他们望着站在窗口的辛蒂娅，辛蒂娅拒绝开门，主仆三人只得离开，继续闲游。他们又走到一个人家，那里正在演戏：

> 里卡多：你要愿意解闷儿，
> 就把耳朵贴着门听一听。

公爵：他们在唱歌吗？

里卡多：没听见吗？

公爵：谁住在这儿？

里卡多：一位剧作家。

　　公爵走到门边，听了一阵儿，一位著名女演员在演唱，歌词似乎使他联想起他个人的处境，于是他决定离开那儿，再说，他已经累了，也没有兴致再闲逛下去了。

　　这一场戏由 233 行诗构成，除了一位女演员在幕后所唱的歌词或情歌外，诗句都是首尾韵四行诗。剧情从开始就进展迅速，且不平静：主仆三人闯入舞台，他们刚刚寻完一次开心，准备再寻找一次，他们匆匆走过几户人家，在和辛蒂娅及几个喜剧演员相遇后，公爵从一个快乐的寻欢作乐者变成了一位忧伤的老爷。

　　夜晚的街道主要是男人的天地，它是一个自由的同时也是危险的去处，所以必须通过乔装来掩盖人物的身份。在这个男人们开心闲逛的世界上，有两个女人出现在两个不同的但相邻的地方：一个是窗口（一个有限的空间），外部世界和内部世界的门槛；另一个是幕后，一个女演员在那里演唱。窗口的辛蒂娅拒绝为那几个男人开门，表现了一个女子捍卫自己的贞洁和名誉的高尚心灵，同时以这种方式使公爵不光彩的行为广为人知；而幕后的女演员所唱的诗歌则展示了人物的痛苦的心境和忧伤的回忆。这一切，无疑预示着公爵前途未卜。

　　第二场是洛佩对巴洛克式的多重场景的运用，他甚至能够在舞台让四组人物同时表演：快快不乐地费德里科伯爵在遇到即将成为父亲妻子的卡桑德拉前停下脚步同他的仆人巴丁交谈，这时河滩上传来几个女人的喊声，她们需要人救助，伯爵立刻朝那里跑去，但是巴丁胆小，站在那里呼唤仆人。仆人卢辛多、阿尔巴诺和弗洛罗上场，巴丁去追主人。仆人们诵了 7 行诗，这时费德里科伯爵抱着获救的卡桑德拉回到舞台上来。两人进行了短暂的对白后，巴丁也抱着卢克雷西亚回到舞台上来。三个仆人一直是沉默的目击者。随后，费德里科和卡桑德拉、巴丁和卢克雷西亚先后开始交谈，前两人交谈时后两人听不见，反之亦然。这样，在舞台上就有三组人物在三个地方同样表演：三组人物是：费德里科和卡桑德拉、巴丁和卢克雷西亚，以及三个沉默的仆人。正当前两对男女交谈的时候，第四组人物上了台，他们是贡萨加侯爵、鲁蒂利奥和几个仆人，他们诵念了 20 行谣曲，其他三组人物都静静地听着。最后，卡桑德拉等人离开了舞台，舞台上只剩下了费德里科和巴丁，两人进行了一番对白后结束了这一场。

这种巴洛克式的多重场景的运用，最大限度地省去了更换布景的麻烦，同时通过有序地穿插对白，迅速让观众了解了几个人物的心情、思想和意图。当然，这种技巧操作起来比较复杂，有时还会造成混乱，这就需要接受者精神高度集中，不然就会乱了头绪。

第二节 《勇敢的塞斯佩德斯》

在黄金世纪的文学中，常常看到一些具有异乎寻常的力量、建立过非凡业绩的人物。这类人物一般是通过战争和冒险产生的。比如"奥卡尼亚的赫丘利"阿隆索·塞斯佩德斯和"埃克斯特雷马杜拉的参孙"加西亚·德·帕雷德斯。令人惊奇的是，还涌现出了一些力大无比、敢于冒险的女英雄，其中有晋升为少尉的修女，有来自山区的巾帼英雄，也有像堂阿隆索的妹妹冯丽亚·德·塞斯佩德斯这样的女大力士。

《勇敢的塞斯佩德斯》（1612—1615）一剧的主人公就是这一对大力士兄妹。此剧的剧情优美而有趣。剧本第一幕的故事发生在雷阿尔城。在洛佩的笔下，阿隆索·德·塞斯佩德斯变成了雷阿尔城人。剧本中有两个地方是这么说的，一处在诗中：

> 我这个骑士，
> 出生在雷阿尔城……

另一处是在一份挑战书上：

"西班牙人塞斯佩德斯是托莱多王国雷阿尔城人，他向一切士兵发起挑战，无论他属于哪个民族，使用什么武器，无论投掷、跑、跳和搏斗：裁判是尊贵的阿尔瓦公爵和伊波利托红衣主教阁下，日期是星期天两点至七点。"

但是，正如他的绰号"奥卡尼亚的赫丘利"指明的，这位长官出生在奥卡尼亚城附近。他的私人传记作者葡萄牙人罗德里戈·门德斯·西尔瓦在其著作"卡斯蒂利亚的阿尔喀得"阿隆索·德·塞斯佩德斯上尉的英雄事迹简编》中这样写道：

"加夫列尔·德·塞斯佩德斯和他夫人住在奥卡霍镇（属圣地亚哥领地，拉曼都地界，离奥卡尼亚城6里，离乌克莱斯小城3里，离科拉尔·德·阿尔马格尔2里……是个有200居民的镇子，一个教区），在1518年顺利生下了阿隆索·德·塞斯佩德斯。"

然而，洛佩安排他出生在雷阿尔城，并非不妥，因为他是该城的公民，他的家庭在该城确定了长子继承制。正如他的传记作者引述的：

"阿隆索·德·塞斯佩德斯的长子罗德里戈·德·塞斯佩德斯曾任圣地亚学骑士团奥卡霍骑士队队长……他和堂娜玛丽亚·鲁伊斯·德·莫利纳结婚；卡洛斯五世皇帝和他母亲堂娜胡安娜1532年授权给他们在雷阿尔城创立长子继承制，第二年他们就按照继承人保留塞斯佩德斯家庭的姓氏和族徽的规定办理了。"

这样，长子继承权就从堂罗德里戈传给堂加夫列尔，从堂加夫列尔传给他儿子上尉。该书在1647年出版的时候，拥有长子继承权的塞斯佩德斯族人已经是第七代,即堂费尔南多·德·塞斯佩德斯,他和堂娜安东尼亚·马尔多纳多结婚,没有后代。

这本书证明堂阿隆索上尉曾在雷阿尔城生活。在书中可以读到,当他决定奔赴前线打摩尔人之前(后来他在阿尔普哈拉斯山区阵亡),"一天晚上他在雷阿尔城召集在该城和该地区的朋友、亲人和亲戚共200人到他家,以丰盛的晚餐宴请了他们"。

随后,他个人出资,带领大约200个伙伴上了前线。

在门德斯·西尔瓦记述的堂阿隆索上尉在雷阿尔城的轶事中,还有两件轶事值得一提:一件是,"在雷阿尔城举办斗牛节期间,8月15日即圣母升天节,在用长矛戳斗牛时,由于用力过猛,他连人带马一起跌在了地上,但是他以惯常的勇气立刻爬起来,用左手抓住凶猛的公牛的一只角,用右手在牛脖子上狠狠地一击,把牛身分为两截"。另一件轶事更为有趣,这和他的妹妹有关系,从而也和剧本有关系:"在返回雷阿尔城时,一天晚上结束一次不愉快的交谈后,他经过黑乎乎的阿尔卡纳门,一个高大的人影向他走来,那人来到他面前,突然攻击他,狂怒的两拳把他的护胸盾打碎了,他的剑也折了,致使他赤手空拳地应付了一阵。他倒是安然无恙地回到了家,但是疲惫不堪,多日恢复不过来。他想,那一定是一个邪恶的精灵搞的恶作剧。此后,他困惑不解地过了几天,一直在思索:什么人竟敢如此大胆无礼地对待他。他万万没想到,原来是他妹妹拿他开心,他妹妹堂娜·卡塔利那·德·塞斯佩德斯的力气和勇气并不比他差,她告诉哥哥说,那天晚上跟他打斗的人是她。听她这么说,堂阿隆索的心思终于放下了。他知道,只有她的臂力才能和他较量。"

实际上,她和她哥哥堂阿隆索上尉是这部剧的主人公,洛佩在剧中管她叫玛丽亚,而不是叫她卡塔利那。洛佩在前言中说,应该把堂阿隆索的业绩称为历史业绩,而堂娜玛丽亚的爱情故事是洛佩为装点作品而虚构的,应该称为寓言。这个故事或寓言出现在第一幕中，在雷阿尔城人看来，是很有意思的。两个来自拉曼却的车夫赶着骡子——在黄金世纪，拉曼却的骡子是有名的——来到雷阿尔城，要和堂阿隆索上尉挑战掷木棒。上尉不在雷阿尔城，他妹妹堂娜玛丽亚接待了他们。知道他们的来意后，她决定代替哥哥应战，赌注是他们的马车和货物。他们当然不是她的对手，马车和货物都成了别人的战利品。于是，一个相当落后的地区的居民以赶车人的身份演出了一出风俗主义小儿戏：有一个车夫说：

> 在所有的战利品中，
> 粟色的骡子最让我心疼，
> 我爱它胜似我自己；
> 说良心话，可以说
> 它是一头受奉牧师的骡子。

这时，一个女佣人走来说，她的女主人堂娜玛丽亚叫他们，要把金钱、马车和骡子还给他们，她只是出于嗜好拿一点货物，"好让人们看看，她从他们那里赢得了荣誉和名声"。

随后，一位名叫堂迪埃戈的骑士上场，一面走一面对他的随从们多倾诉自从在阿尔马格罗节上看见堂娜玛丽亚后心中忍受的痛苦。他对他说："她是一个白如雪花、红似玫瑰的巨人，我喜欢她。"他想出了一个接近她的计策。他发现堂娜玛丽亚趁着哥哥不在家正和村民们开心地比试身手，他便打扮成乡下人模样，向她挑战。在较量中，他想趁其不备拥抱她。他走到她面前，自报家门说他叫桑乔·德·巴尔德佩尼亚斯。格斗随即开始。但是她听到他说了一些既甜蜜又撩人的话，便怀疑他不怀好意，加上这个年轻人又十分英俊，她心中甚感不安，她就想放弃格斗。

就在此刻，她哥哥来了，他带来了一个严重问题，一个严重的事件：他在"雷阿尔城的凤凰"堂娜胡安娜·鲁伊斯街上散步时，遇到了佩罗·特里约绅士，发生了格斗。在格斗中，堂阿隆索上尉用剑杀死了对手。地方长官追捕他，他不得不逃往塞维利亚。后来，他妹妹和警官发生了争吵，因为他想搜查她的家。喜欢她的骑士堂迪埃戈当然站在她一边，但是他不知道佩罗·特里约被杀死，而死者正是他的叔叔。两人不得不躲进一家教堂。

剧本的其他内容是讲述一对男女的爱情故事（洛佩所说的寓言）和堂阿隆索·德·塞斯佩德斯跟随卡洛斯五世国王的军队在米尔贝格战役中建立的功绩。

第 十 章

洛佩的诗歌

第一节　洛佩的诗歌概述

洛佩·德·维加无疑是 17 世纪西班牙最具代表的诗人之一。他的诗，一般来说，有两个突出特点。一是他的诗作的出版形式不同于同时代的其他诗人。从 1598 年到他去世的 1635 年，他出版了一系列诗集，对这些诗集，他力求做到笔调、主题和韵律的统一。这一特征，一般的诗集是没有的。二是他的诗作另一个特点通过抒情诗来讲述他的内心感受的。他在许多情况下借助诗篇描述他个人的生活，就是说，他以自己的人生经历为基础，创作具有个人色彩的诗歌，根据他在爱情、宗教等方面的经验表现重大主题。对洛佩来说，诗歌不只是一种艺术创作，也是一种表现生活的重要形式。他的抒情诗比其他同时代的贡戈拉和克维多的抒情诗更清新更生动。在诗歌创作上，他喜欢自然、纯朴，不喜欢贡戈拉的晦涩和克维多的悲哀讽喻。他是一位喜欢采用警句和多种风格的诗人，但无论在通俗性还是文雅性方面，他总是竭力把巴洛克的修饰和格言同文艺复兴时代的纯朴文风结合在一起，把歌体诗的、通俗的传统同意大利诗歌传统结合在一起。

洛佩诗歌的主题主要有下述 5 个方面：

一、对某种生活的失望；

二、对某种轻浮生活的悔恨；

三、英雄业绩和爱国事迹；

四、神话传说；

五、宗教活动、圣人的生活。

洛佩喜欢的诗歌形式是：

年轻时代激情奔放的谣曲，老年时期忧伤的谣曲；

村夫谣、短诗或短歌、民歌；

十四行诗和书信体诗及田园诗，等。

洛佩的诗作诗歌十分丰富，既受贵族的欢迎，也为平民百姓所喜爱。在同代作家中，他的声誉无与伦比。他的名字响彻四面八方。当时有人评论说："我认为洛佩无所不能，他是人间和天上的诗人。"许多名家都认为洛佩不仅是一切时代首屈一指的剧作家，而且也是一切时代最伟大的诗人，在同胞们中间受到广泛称颂，但也受到许多名诗人和剧作家的妒忌、仇视和攻击。大诗人路易斯·德·贡戈拉就是其一，他不断地指责洛佩，把无情的子弹射向他的私生活和虚荣心，还说他的某些诗句不流畅、不严谨。文学史家说贡戈拉"像一只爱叫的小狗，用各种声调不厌其烦地冲洛佩吠叫"。

洛佩的诗作是一个广阔的世界，题材广泛，几乎无所不包：宗教、社会、历史、神话、战争、骑士精神、牧人生活、他自己的痛苦和欢乐、仇恨和友谊、成功和失败……人类和大自然的一切都是他的诗歌表现的对象。

他的诗作大体可分为两大类，即叙事诗和抒情诗。

洛佩的叙事诗。按题材和倾向划分，共有七类：

（一）教育诗。这类诗具有传授知识、阐述见解、教人明白事理的特点。主要有《阿波罗的桂冠》（1630）、《帕尔纳索平原》（1637）、《创作戏剧的新艺术》（1609）等。其中《阿波罗的桂冠》的内容是谈论那个时代的文学，为纪念西班牙经典作家维森特·埃斯皮内尔（1550—1624）而作。诗中赞扬了二百八十位西班牙诗人，如阿尔吉霍、豪雷基、帕拉维西诺、乌尔塔多·德·门多萨等。《创作戏剧的新艺术》阐述了洛佩关于创作民族戏剧的艺术理论，他主张打破古典主义的统一律，主张创作自由，艺术想象自由，灵活地反映新时代的生活和人们的精神面貌。

（二）描写诗。写得最早的是《德尼亚的节日》（1599），描写的是费利佩三世的结婚庆典和他妹妹伊莎贝尔的婚礼盛况。后来又写了《马德里圣胡安节的早晨》，描写马德里人庆祝朝圣节的情景，对风俗的描写十分出色。诗中赞扬了布拉甘萨公爵及其家庭。采用的是四个少女歌唱的形式。这类诗还有《对塔帕达的描写》和《对修道院的描写》。

（三）田园诗。有对话体牧歌《无爱的森林》，具有《阿旺达》和《牧人菲多》的风格。是节日期间在国王面前表演用的。它表现的是爱情：在缪斯的劝告和上帝的关怀下，无爱的森林变成了有爱的森林。

（四）讽刺诗。代表作是《丛林猫》（1634），"人物"都是猫，借助动物嘲讽人类的情感。写的是一只母猫的爱情故事：一只公猫追求它，它竭力躲避，因为它爱的是另一只公猫。当它们举行婚礼时，追求它的公猫把它抢走，关在城堡里。城堡被包围。公猫出来觅食时被猎人打死。那两只相爱的猫举行了婚礼。诗用古典骑士诗的规则写成。

（五）宗教诗。主要有两首：《阿尔穆德纳的圣母》和《伊西多罗》。前者为费利佩四世王后堂娜伊莎尔而作，内容是描述圣母遭遇的种种波折，最后死去，埋葬时适逢摩尔人入侵。后者分十唱赞颂一位受欢迎的圣人，使用的是双韵五行诗的格律，可以视为一首表现马德里保护神的生死和奇迹的谣曲。

（六）历史诗和传奇诗。主要有《安赫利卡的美丽》（1602）、《不幸的王冠》（1627）、《被征服的耶路撒冷》（1609）和《龙木芋》（1598）。其中，《安赫利卡的美丽》是一首长篇骑士诗，据说是洛佩在"无敌舰队"的舰艇上赋成，是献给他的爱妻伊莎贝尔的。这首诗是对意大利诗人阿里奥斯托的《愤怒的奥兰多》的刻意模仿，描述的是安赫利卡和梅多罗的奇遇。全诗分两部分：第一部分写于"无敌舰队"远征英国的时候，第二部分写于十二年后。虽然叙事流畅，韵律和谐，但前后衔接得不够严谨，此外还有不少离题的描写和自传成分。《被征服的耶路撒冷》是对意大利诗人塔索的《被解放的耶路撒冷》的模仿之作。不仅题材、技巧和韵律，连题目也相似。长短也差不多，都是二十唱。塔索写的十字军第一次远征，洛佩写的十字军第三次远征，并且有虚构之处，诗中引入了卡斯蒂利亚国王阿尔丰索八世及其骑兵的行动。此诗取材于《海外大征战》一书的第四部。诗中描述了苏丹王萨拉迪诺征服耶路撒冷和在巴勒斯蒂那登陆的情形，描写得有声有色，颇为精彩。《不幸的王冠》描述的是苏格兰女王玛丽亚·埃斯图亚多的生活、热情和死亡。

（七）神话诗。主要有三首：《喀尔刻》（1624），取材于《奥德赛》，描写尤利西斯到达海岛的情形、加拉苔亚和波利费莫的爱情，蒂雷西亚斯的下地狱等。《菲罗墨娜》（1621）分两部分，第一部分描述特雷奥对其嫂子菲罗墨娜的暴行：为了避免她泄密，把她的舌头割了下来，然后把她丢在丛林中一幢小木屋里；第二部分有自传成分，洛佩变成了夜鹰，打退了托尔多的进攻。《安德洛墨达》（1621）是一首短史诗，描述的是珀耳修斯对菲纽斯的报复：由于菲纽斯调戏他的妻子安洛墨达，他把他变成了石头。

洛佩的抒情诗。他的抒情诗相当丰富，但也相当分散：他的戏剧、小说、史诗、书信中都有。题材也多种多样：跟他的其他诗作一样，也表现他的痛苦和欢乐、仇恨和友情、成功和失败，以及他的心灵、经历、爱好、感受、思想、激情、家庭和爱情冲突，等等。其形式有歌谣、十四行诗、敷衍体诗、十音节诗、民歌、自由体诗等。像贺拉斯一样，他主张旧瓶装新酒。他既赞赏意大利诗的高雅和庄重，也喜欢西班牙古典诗的美丽和简洁。他的抒情诗分为两类：宗教抒情诗和世俗抒情诗。

（一）宗教抒情诗。这类诗，有的表露内心的情感，产生于心灵的危机，是激情的自然流露；有的具有民间色彩，表现神秘事物。比较重要的有《独白》（1612）、《圣诗》（1614）、《精神的谣曲集》（1622）和《神的胜利》（1635）。《独白》表现洛佩禁欲主义的神秘过程。这个过程始于 1609 年，那一年他参加了圣体兄弟会，家庭的不幸加重了他的精神危机，驱使他当了教士，于是写了四首《独白》，毫无遮拦地展示了他的痛苦心灵。初版封面上写道："对任何一个想摆脱恶习、开始新生活的人来说，这部作品都是极为重要的。"《圣诗》表现了洛佩对宗教真谛的深刻了解，显示了他对语言和韵律的娴熟掌握。《精神的谣曲集》采用的是传统的和民间的韵律，体现了他对歌谣的喜爱。歌谣集中最重要的是以《人类的救赎》为总题的那一组歌谣。歌谣最后一部分是献给圣体的农家歌和具有自传内容的歌谣。《神的胜利》是对意大利抒情诗人佩特拉克的《歌集》的模仿，但具有宗教色彩，诗用三行诗形式写成，分为五唱，共一千八百行。

（二）世俗抒情诗。包括敷衍体诗、书信体诗和其他类型的诗多首。敷衍体诗主要有三首：《致阿马里利斯》、《致菲利斯》和《致克劳迪奥》。三首都有自传内容，《致阿马里利斯》描述了他同堂娜玛尔塔·德·内瓦雷斯的最后一次爱情：他们的暴风雨般的激情、玛尔塔的娇美体态等。《致菲利斯》从他女儿安东尼亚·克拉拉被拐骗写起。由于这件伤心事，洛佩倍感痛苦，一个个亲人相继死去或离开他，身边只剩下他和玛尔塔的不幸婚姻生下的这个女儿，她是他老年的快乐，但是有一天回到家，发现女儿被拐走。他痛不欲生。《致克劳迪奥》具有有意义的文学评论内容，因为他在诗中评述了他的非戏剧作品。诗中还有洛佩自我批评的内容。诗作表明，他意识到了自身的价值，知道自己是民族戏剧的创造者，不掩饰他作为民族戏剧创造者的自豪感。

他的书信体诗是他写给当时的贵族和名人的。他们有奥利瓦雷斯、塞萨、帕斯特拉纳、布拉甘萨、埃斯皮诺拉、圣克鲁斯等。在致佛朗西斯科·德拉·库埃瓦和阿尔吉霍的书信体诗中，洛佩再一次回击他的中伤者和指责者。在他的书信体诗中，他写入了自己的感受和他的文学见解，特别是对夸饰文体的看法。

鉴于洛佩在诗歌方面的成就，文学史家和文学评论家称他是"世界的奇迹"、"民族的光荣"、"祖国的光彩"、"语言的权威"、"名声的中心"、"世纪的凤凰"、"诗歌王子"、"学识的俄耳甫斯"、"缪斯们的阿波罗"、"诗人们的贺拉斯"、"史诗诗人的维吉尔"、"英雄史诗诗人的荷马"、"抒情诗人的平达罗"，等等。

第二节　洛佩的叙事诗

1598 年，即洛佩的田园小说《阿卡迪亚》问世那年，洛佩的史诗《巨龙颂》在马德里（一说在巴伦西亚）出版，由于印数很少，以致许多书志学家都不知它的存在，也没有一个人详细介绍过它。洛佩把这部重要作品献给阿斯图里亚斯亲王堂费利佩即后来的堂费利佩三世，献词证明此书于 1598 年 9 月 13 日前印刷。4 年后，洛佩将此作与《安赫利卡的美丽》及《抒情诗集》一起再版，献给西班牙诗人堂胡安·德·阿吉霍（1560—1623）。

《巨龙颂》用八行诗形式写成，共 10 唱，描述的是英国海盗弗朗西斯·德雷克①（1540？—1596）和他的儿子里卡多、英国海军上将托马斯·瓦斯维尔于 1595 年和 1596 年在西班牙加那里亚斯群岛、波多黎各、巴拿马和诺姆布雷·德·迪奥斯与波托贝洛两城市等殖民地的冒险经历和劫掠行径，西班牙将军被帕尔

---

① 其绰号叫"巨龙"。

多·奥索里奥·特约、堂迪埃戈·苏亚雷斯、堂阿隆索·德·索托马约尔等将领打败敌人的情景，最后讲述了德雷克之死（在波托贝洛被其部下毒死）和英国海军的败退（被堂贝纳尔迪诺·法·阿维亚内达完全摧毁，54 艘帆船只剩 7.5 艘）。

弗朗西斯·德雷克是第一个穿越麦哲伦海峡的英国人，他曾在西班牙卡迪斯攻击西班牙海军时，协助英国海军打败西班牙无敌舰队。

洛佩在诗中表达了西班牙人民对英国海军及其海盗阻拦驶往西印度的船队的海盗行为的愤怒情绪。弗朗西斯·德雷克在洛佩笔下仿佛是一个来自地狱的真正的怪物，他蛮横、粗野，贪得无厌，强烈渴望战利品。笃信天主教的西班牙、意大利和西印度向上帝抱怨英国海盗的滔天罪行。以一位美女形象出现的科迪西娅在梦中劝阻德雷克远征西印度。但是他向英国女王伊莎贝尔一世讲述了他的远征计划，并得到批准。于是，德雷克和约翰·霍金斯在大西洋海域进攻西班牙人，理查德·霍金斯在太平洋上攻打西班牙人。史诗描述这三个人的冒险经历，结果是：理查德受到监禁，德雷克和约翰被处死。

英国人把德雷克称为民族英雄，西班牙人则骂他是为英国皇室效尽犬马之劳的强盗，因为他对伊莎贝尔女王唯命是从，把抢来的财宝分一半给皇家。为了德雷克之流进行合法的抢劫，英国王室专门为他们颁发了劫掠特许，准许他们攻击他国的船只和港口，并签订分赃契约，还按规定给予因在抢劫中受伤而残废的人补偿金。洛佩对此自然满怀义愤，让一个个海盗下地狱。与此同时，洛佩也怀着深切的同情对待善良的无辜的平民，描写有情人的生离死别：

> 哭泣的小姐，难分难舍，
> 搂着勇敢的青年的脖颈；

仿佛婴儿抓着奶妈的乳房，
因为他受到了惊吓。
哎呀！她叫道，泪珠还在往下滴，
你怎么能把我抛下？

在描述一位教士忙着埋藏他的钱财时，洛佩同样怀着爱憎分明的情感：

为了埋藏他的收益，
免得遭英国人抢夺，
神父去了教学和圣水池，
一边挖白底座一边唱着赞歌；
"圣水池啊，这两块纯银的银锭"
和八百枚沉重的比索，
神父劝你提防着凶恶的英国人，
把它们保存好，这样，
你那白净的边缘就会有
许多美丽的手和教母，
并请你让这些和谐的人民
成为上天的有尊严的灵魂。

在讲述英国人找到了财宝并将财宝带走的情景时，洛佩的笔下充满了幽默：

那就仿佛在听弥撒和做祈祷，
在那么多财富和海难中，
把东西带走的人祈望什么？
守护那么多心灵的圣水池啊！

你怎么能丧失对他们的祈求的尊敬？

　　诗歌不乏优美之处，比如洛佩在处理水手们的交谈时所用的语言既风趣又丰富，在涉及昔日出海的情景时他不但对情况了如指掌，而且像加快自己的远征一样。此外在诗中还可以看到受害者对英国海盗是多么愤恨，前往美洲从事征服和殖民活动的人是多么顽强和辛苦，他们对海盗自然怒不可遏。

　　另一首长诗《伊西德罗》是一首用八音节五行诗写成的，写于1596年至1598年间，是献给马德里的守护神圣拉夫拉多尔、赞美他的生活的。为此，洛佩做了两方面的工作，一方面，洛佩以多明戈·德·门多萨修士提供的文献资料为基础，赞扬圣人伊西德罗的虔诚和可敬；另一方面，洛佩根据这位圣人的非常简单的历史（天使们下来帮助他完成他的任务），写成了若干非常生动的诗段。洛佩从自己作为写德里人的身份出发，同时又亲身感受到圣人的庇护，以流畅的诗句展示了一对幸福的夫妻的朴素而无辜的生活。下面这一段诗可以作为例子，其中描述了伊西德罗由其主人伊万·德·巴尔加斯派遣前往磨坊的情形：

> 他把面包、韭菜和葱，
> 从白竹篮装进褡裢；
> 母马在小山上咴儿咴儿叫，
> 笨拙的小驴在号叫，
> 雄鸡鸣，狗儿吠，
> 温顺的小羊在栏里叫，
> 牧人放弃了休息，
> 这让某个国王也妒忌，
> 猪在哼叫，牛在哞哞叫，
> 鹅在扇动翅膀。

伊西德罗给驴饮水
解其口渴，
它喝得肚子鼓，腹腔胀；
她为你穿戴，你为驴勒肚带，
你望着他把驴牵出去，
母马独自咴儿咴儿叫。
他爬到驴背上，打着呵欠，
懒洋洋地还没睡醒。
然后他把驴儿赶向田野，
玛丽亚出来关上大门，
或者站在门口望着他。

　　具有这种格调的诗段，《伊西德罗》中还有许多。其实，一有机会，洛佩就沿着这条细腻的激情之路走下去。但是应该指出的是，这一切都是以旁观者的角度描述的，作者并不进入事件中去。仿佛面对人物的甜蜜生活而惊讶地停下脚步一样。圣人伊西德罗生活在那种基本的宗教信仰特有的纯朴快乐之中。请看这段诗是如何描写伊西德罗向旁人们分发食品的：

谁想碗里装满面包，
盛满稠肉汤……
谁把少量面包藏在破袖里；
谁在喝水，把一罐喝光……
外面的狗儿探头望
扔给它们的食物，它们在吃；
在那种嘈杂声中，
作为牧人的伊西德罗，
看到人们吃饭很高兴。

　　诗篇洋溢着农村平民百姓那种朴素的宗教信仰的氛围，一幅幅画面充满家庭生活般的温馨。当伊西德罗遇见下来帮助他的天使们时，他这样向他们致意：

> 啊，上天的使者们，
> 你们去哪里？他说。

　　在《伊西德罗》中，洛佩对宗教的虔诚和对教士的敬仰之心，以优美的诗句塑造了一位尽职尽责、热爱穷苦百姓的牧师，他为民众带来平安和福，受到百姓的尊重和爱戴。

　　1602 年，《安赫利卡的美丽》在塞维利亚出版，这是一首用十一音节八行诗形式写成的史诗，是献给他的朋友、塞维利亚诗人胡安·哈乌雷吉的，一共 20 唱。洛佩对那个时代的意大利叙事诗十分钦佩，所以他在诗中模仿了意大利诗人阿里奥斯托的风格，但是不只如此，他还受到了西班牙诗人路易斯·巴拉奥纳的长诗《安赫利卡》（1586）第一部的影响和推动。洛佩的这部作品汇集着各种因素，写得从容不迫。《安赫利卡的美丽》在出版的 17 世纪初并不十分成功，这可能因为作品的大部分内容不受欢迎，表现技巧太复杂。史诗并非一气呵成，而是分三次写成：第一部分写于费利佩二世统治时期，也许正如他曾说过的，是在他参加无敌舰队远征期间抽空儿在圣胡安号船上完成的；第二部分是在他住在阿尔瓦·德·托梅斯时期写的；第三部分写作时间不好确定，他所爱的女人米凯拉·德·卢汉已经出现在作品中，大约是在史诗问世的 1602 年。

　　史诗的内容是讲述安赫利卡和梅多罗的遭遇和经历。两个人幸福地结合后经受了一系列意外事件。安赫利卡被塞尔达诺劫持，梅多罗把她救出来。在描写人物的经历的同时，史诗还描述了西班牙历史的若干片段、对摩尔人的小说的回忆等。最主要的是对自传性往事的记述。洛佩化名卢辛达把自己写入了第 19 唱，讲述了对卡米拉·卢辛达的爱情，同时回忆了他曾爱的女人艾莱娜·奥索里奥对他的控告。我们又一次看到了一位爱惹事、易激动的洛佩。他总是不肯抵制自己的回忆和情绪。

在诗中，洛佩将一系列问题和事件摆在读者面前，仿佛一个个编织得巧妙的梦境，金发的安赫利卡和她的黑发的梅多罗怎样来到塞维利亚，又怎样在竞争美女奖的比赛中获得全国的皇冠；内雷伊达和塞尔达诺如何参加丑陋人体育活动，两人又怎样分别爱上了梅多罗和安赫利卡，选美大会怎样变成了可怕的互相残杀；没教养的罗斯图巴尔多·德·托莱多怎样迎击可敬的梅多罗并使他成为其阴谋诡计的牺牲品；相爱的夫妻们如何流散到熟悉的国度和神话般的地区，有一个人留在了马格内托山上的野蛮人中间，其他人被神奇的力量掳走，被吸引进了预言家的洞穴里，在洞里被灯光照得眼花缭乱，变了形，最可恶的形象如何取代最可爱的形象；渴望怎样被欺骗，激情怎样被嘲弄；嫉妒怎样化为了狂怒；主要人物怎样被次要人物遮蔽；恋人们是怎样误会的；背叛和某种死亡如何被突如其来的魔法阻止的；安赫利卡和梅多罗怎样幸福地重逢、美丽无双的姑娘又怎样被恋人亲吻时死去的……一切都构思得无比巧妙，如梦如幻。这首长诗后来被改编成歌剧《美丽奖》，于 1614 年上演。

正如《安赫利卡》是走进阿里奥斯托的光辉世界的尝试一样，洛佩的长诗《被征服的耶路撒冷》也是为接近意大利史诗、托尔夸托·塔索的《被解放的耶路撒冷》而做的一次努力。长诗共有 20 唱：洛佩从一个虚假的历史事实（西班牙出兵干涉阿尔丰索八世的十字军东征）出发，描述了一系列英雄行为和冒险。一般认为，这部长诗不像是一部描写骑士业绩的作品，更像是一部记述西班牙的历史事件的纪实史诗。至于它的创作年份，很难准确地确定。洛佩只是曾在《抒情诗集》（1604）的前言中说，他即将出版一首新诗，并说他原本打算写 16 唱，结果写了 20 唱。1604
年他把此诗寄给卡斯蒂利亚图书审查委员会。他想把此作献给塞
维利亚他的文学艺术保护人胡安·德·阿尔吉霍，但是又没有合
适理由，出版便被推迟了。而终于在 1609 年付梓的时候，书上却
印上了新的献词：献给莱尔玛公爵的儿子（萨尔尼亚伯爵），此外
还增加了许多赞扬君主和莱尔玛政策的颂歌。

　　《被征服的耶路撒冷》是洛佩怀着无比溺爱它的心情创作的，
采用的是八行诗形式，全诗共 2.2 万行，内容是描述英国国王里
卡多·科拉松·德·莱翁试图夺取耶路撒冷而遭到失败的情景。
诗中具有复杂的故事情节。洛佩写此诗的目的是赞颂阿尔丰索八
世和他的骑兵。不过其历史的真实性不是很可信。洛佩的写作方
式一向是迅速和即兴，但这种方式不适合写这样的长诗，只有特
别细心才行。尽管如此，有时他的个性还是不免流露出来。比如
在 19 唱中，他写腻了英雄行为和冒险，便作了一些八行诗来谈他
的朋友阿尔吉霍、胡安·布拉斯、利尼昂。洛佩还以嘲讽的笔调
提到西班牙和它的士兵：西班牙在世界的强大地位消失后，整个
欧洲对它不再敬畏，它只剩下对过去的荣耀感到满足、得意和骄
傲；而西班牙士兵也往往得意忘形，举止可笑，有一个叫加西帕
切科的士兵作为信使被派去拜见萨拉迪诺苏丹，他走进王宫，不
经允许就坐下来，十分无礼。还有一次，他看到王宫里有那么多
令人难以置信的珍宝，在羡慕之余，不由得夸起他的国王的王宫，
说国王的宫殿能住下 3 万人；国王有一幢别墅，里面有可以进行
健身的冷水浴，每天有上千人进出；国王手里掌握着一条河，可
以让它流来流去；在名叫吉桑多的草原上放牧着一群奇特的牛，
有一头牛已活了两千岁。

　　在《被征服的耶路撒冷》中，像洛佩的其他作品一样，不可
避免地包括一些人物传记材料，比如第 16 唱和第 17 唱中，像小
说一样回忆起他所爱的女人米凯拉·德·卢汉，还提到了他和她

生的 5 个孩子（"三个漂亮而有趣的女孩……和拄着拐杖的劳罗，是个大孩子……最小的孩子光着屁股跟着他"）。这些孩子若明若暗地出现在无数八行诗中，他们很可能就是安赫拉、哈辛塔和玛丽亚娜、胡安和弗利克斯。最小的弗利克斯可能很早就死了。洛佩在第 8 唱中提到了他："弗利克斯，美丽的男孩，／他有神灵的智慧……"还有：

> 啊，残忍射手，
> 你打倒了最漂亮的男孩，
> 最美丽的鸽子带着你的箭流血。
> 什么生活使你怒火难熄灭？
> 男孩啊，虽然你戴着素方花环、
> 踩着星辰和金色的云朵升上天，
> 依然使卢辛达的眼瞳无比暗淡！

《不幸的王冠》是一首讲述苏格兰女王玛丽亚·埃斯图亚多悲惨一生的长诗，这位女王被英国女王伊苏贝尔处死。此作出版于 1627 年。洛佩在序言中清楚地说明了它的源头：《拉特兰寺院的受奉牧师堂家尔赫·科内奥和乌尔巴诺八世宫廷伯爵》。这位受奉牧师的确写过关于苏格兰女王玛丽亚·埃斯图亚多生平的故事《苏格兰女王玛丽亚·埃斯图亚多》，此书先在罗马出版，后在德国维尔茨堡出版。洛佩的诗分为 5 唱，几乎有五千行诗，内容是无情抨击英国女王。对这首长诗，批评文章多如雪片，不是因为诗写得不好，而是因为不符合批评家们的宗教信仰。他写此诗是为了感谢授予他圣胡安骑士章的乌巴诺八世教堂。

关于洛佩的叙事诗，还应提及《圣胡安的早晨》（1624），内容是描写在马德里曼萨纳雷斯河畔举行的圣胡节，共有 112 首八行诗，诗中有大量民风民俗描写。另一首《对塔帕达的描写》，塔帕达是布拉萨尔公爵的庄园，诗中提到了不计其数的花名和水果名，显示了洛佩丰富的知识和对语汇的兴趣。

论及洛佩的叙事诗，也不能忽略他表现神话题材的诗作，比如《菲罗墨娜》（1612）和《安德洛墨达》（1621），《喀耳刻》和《白玫瑰》（1624）。《菲罗墨娜》分两部分，第一部分有 3 唱，写的是普洛克涅和菲罗墨娜的神话传说：色雷斯国王忒瑞俄斯是雅典公主普洛克涅的丈夫，他恋上了妻子的姐妹菲墨笔娜，并把她掠走成亲，为防止她说出真相而割掉她的舌头，还把她关在一座塔里。普洛克涅得知后救出菲罗墨娜，二人把忒瑞俄斯的儿子杀死并给忒瑞俄斯吃，他发现后便追杀他们，最后神把他们变成了燕子和夜鹰。这无疑是对一个古老而美丽的神话诗的再现，叙述形式采用的是十一音节八行诗。第二部分用自由体诗写成，写作者变成了夜鹰，从文学上攻击曾经攻击过他的东正教语法学者托雷斯·拉米拉。《安德洛墨达》只有一唱，704 行，讲述的是埃塞俄比亚公主安德洛墨达和希腊著名英雄珀耳修斯的故事。珀耳修斯是主神宙斯化作金雨与达那厄亲近生下的孩子，神曾预言这个孩子将杀害他的外祖父，外祖父便把他们母子装在一只箱子里投入大海，他们漂到塞里福斯岛，被该岛的国王波吕得克忒斯救起。波吕得克忒斯要娶达那厄为妻，但珀耳修斯不同意，他就鼓动珀耳修斯去冒险，让他去寻访墨杜萨（头发变成毒蛇、面貌丑陋、谁看她一眼就会变成石头）并割下她可怕的头。珀耳修斯杀了墨杜萨回来，用她的头把波吕得克忒斯变成了石像。经过海边时，他发现了被父母绑在岩石上的安德洛墨达（她是埃塞俄比亚公主，因母亲夸她比海中仙女还美丽而得罪了仙女涅瑞伊得斯），正当她被海怪吞噬之时，他杀死海怪救了她，两人结夫妻。此外，诗中还讲述了神马珀伽索斯的出生：它是生有双翼的神马。珀耳修斯杀死墨杜萨后，它从墨杜萨的血中生出，是一匹难以驯服的飞马，后来珀耳修斯升天成为宙斯的坐骑。它的蹄子踏过的地方常有水冒出，诗人可以从中获得灵感。

《喀耳刻》是被改写成诗歌的《奥德赛》的故事，1624年出版，讲述的是特洛伊城的不幸陷落，尤利西斯的朝圣归来及其和仙女喀耳刻的相遇，波吕斐摩斯和该拉忒亚的爱情，尤利西斯和帕拉墨得斯下地狱等故事。此诗包括3唱和一系列十一音节的八行诗。

《白玫瑰》和《喀耳刻》在同一本书里出版，包括八百多行十一音节八行诗，内容是赞扬奥利瓦雷斯的女儿，诗中描述了若干十分复杂的神话故事，包括一系列维纳斯的神话传说。在一个故事中，描述奥林匹斯山上的诸神发疯地走来走去，根据不同的情况给玫瑰上颜色和去颜色，一切都是因为接受众祝贺的夫人的纹章上有一朵白玫瑰。

同样不可忽视的是，在洛佩的叙事诗中还有几首诗文学或文化题材的重要诗篇，它们是《当前创作戏剧的新艺术》（1609）、《对耶稣会的真正研文序言》（1629）和《阿波罗的桂冠》（1630）。《当前创作戏剧的新艺术》是一首诗体文论，即以诗的形式论述了创作戏剧的独特方法（详见《洛佩的戏剧》一章）。1629年伊始，马德里耶稣会皇家学校新楼落成典礼隆重举行，洛佩为此创作了《序言》一诗，用自由体写成，诗中提到了所有的缪斯和西班牙的各个地区及河流，赞扬了学校的老师。《阿波罗的桂冠》写于洛佩的声誉和创作的顶峰时期，他在诗中详细评述了同代的诗人们的概况，诗作反映了洛佩的趣味、弱点和好恶。但是他在诗中开列了一张既重要又有趣的作家和艺术家名单。这首诗，他写得不慌不忙，据说1623年他就开始写了。关于它的创作情况，他在前言中说："……心情决定了写作的进程：我赞扬了所有的人，我全力以赴地赞扬了他们。遗憾的是，由于我不认识某位作家，或者他在我的记忆中消失了，以致在我国的作家中，我陆续树立了一些敌人；无知不总是恶意，记忆的缺失也不是严重错误。"这无疑是对他的过失（遗漏了许多重要的名字却包括进了许多平庸之辈）的补救。

　　洛佩的名单中有 280 位西班牙和葡萄牙诗人，36 位法国和意大利诗人，24 位古代诗人，10 位西班牙名画家。这个名单用 10 首自由体诗写成，多达七千行。在名单中间还插入多篇神话故事。

　　此外，《阿波罗的桂冠》中还有关于韵律学、意大利式的革新历史、西班牙诗歌的拉丁渊源等的论述。《阿波罗的桂冠》中也不乏洛佩的自传因素，比如他父亲写的诗："献给上帝的诗，充满了爱。"还提到他所爱的女人玛尔塔·德·内瓦雷斯和他的女儿安东尼亚·克拉拉。另外，洛佩也不放弃对夺走他在王宫的编年史作者一职的诗人何塞·佩利塞尔的抨击。长诗的附录也值得一提，其中有牧歌、自由体诗、书信、8 首十四行诗等。

第三节　《托梅·德·布尔吉约斯硕士的人与神的抒情诗》

一　作品的构成

　　《托梅·德·布尔吉约斯硕士的人与神的抒情诗》1634 年由马德里王国印刷所出版，由 179 首诗构成，分为两部分：第一部分是《人的抒情诗》，一共 168 首；第二部分是《神的抒情诗》包括 11 首。第一部分的诗诗篇没有总标题。两部分的长短显然不成比例。这种比例失调的情况让人觉得第一部分很重要，是真正的内容，是全诗引人注意的真正中心，是真正深刻的意义所在，而第二部分纯粹像是附录，是陪衬。

　　就诗集的结构而言，有其相当的现代性，和当时的其他诗人的做法不同，它不是"若干圣诗和世俗"的合集，而是一本统一的、经过深思熟虑和周密计划的、很可能用我们今天的作家采用的标准创作的诗篇。洛佩说，诗集中的所有作品都是由一位名叫布尔吉约斯的作家作的。这个人物早就在洛佩的作品中出现过。此人第一次出现是在《杰出的马德里市在其赐福节为幸运的圣伊西德罗举办的诗赛会和对诗赛的赞扬》（1620）中，后来又出现在《杰出的马德里市在其幸运的儿子和保护者圣伊西德罗谥为圣徒时举办的节日》（1622）中，甚至在《人与神的抒情诗》出版后还出现在洛佩的另一部作品即他的遗作《帕尔纳索平原》诗集中。布尔吉约斯早在 1621 年就很有名了，其证明便是洛佩同时代的诗人路易斯·德·贡戈拉那时写了一首献给洛佩的十四行诗《致洛佩·德·维加的狂热崇拜者们》，诗中有"布尔吉约斯带着《伯利恒的牧人们》一书"的诗句。在洛佩的全部文学创作中，布尔吉约斯并不是一个一成不变的人物，他是有变化的。最初，当出现在 1620 年和 1622 年的伊西德罗诗赛中时，他大约只是洛佩为在一次诗歌比赛中朗诵其诗篇而使用的一个笔名，洛佩是诗赛的主持人，他不能滥用他的名字。此外，这也是将讥讽诗同严肃诗区分开的一种方式。后来，随着岁月的推移，到了洛佩的老年时期，布尔吉约斯就变成了某种复杂得多的东西。总而言之，洛佩更完整也更完美地使用这个人物是在《人与神的抒情诗》中。

《人与神的抒情诗》最初仅仅是一部歌唱一位曼萨纳雷斯河边的洗衣妇的诗歌集。洗衣妇名叫胡安娜，诗歌集所谓的作者布尔吉约斯爱上了她，和她在诗歌中谈情说爱，并把他的作品献给她，一共有四首用作序言的十四行诗是围绕胡安娜写的。

在《人的抒情诗》中，最长的一首诗是第 164 首《丛林猫》。而题为《从堂娜特莎·贝雷昆迪亚到托梅·德·布尔吉约斯》的第 163 首是长诗的序言。和《丛林猫》一起的还有致胡安娜的谣曲集 34 首；关于新贡戈拉主义者、新戏剧家和佩利塞尔的一组诗 30 首；关于社会批评的一组诗 39 首；情景诗 26 首；一组"用冷静头脑"创作的诗 30 首；其他诗 7 首。总共 168 首。

《神的抒情诗》包括 11 首诗，都是变化不大的情景诗，大多是献给圣婴的。有的献给圣婴的降生（3 首），有的献给带到马德里三位一体修道院（洛佩的女儿玛尔塞拉修女在那里修道）的童年耶稣像（6 首），其余的（2 首），或献给圣埃梅内希尔多，或悼念上述三位一体修道院一位修女。

在《布尔吉约斯的抒情诗》中，有的诗篇源自洛佩的书信集，如《悼念瑞典国王》，有的从佩德罗·德·埃斯皮诺萨的《著名诗人的花朵》获得灵感，如《为了诗人作的诗，人们低声对他抱怨他所喜爱的部分》。有一些诗篇原为洛佩作品中保存的手稿，比如著名的手抄古籍《达萨》，其中包括布尔吉约斯的 12 首诗；或手抄古籍《杜兰》，其中有 6 首献给带到马德里三位一体修道院的童年耶稣像的诗（收在《神的抒情诗》中）；还有第 62 首十四行诗和第 166 首十四行诗（是一首献给巴特雷斯地方的加西拉索泉的八音节十行诗）。

由于部分诗篇为洛佩所作，思路和布尔吉约斯不同，洛佩不得不重新加工，以适应布尔吉约斯的风格。比如第 16 首十四行诗或第 26 首十四行诗就是这样，诗中的胡安娜可以换成另一个名字（譬如玛尔塔……）；还有第 151 首，可能是洛佩为其女儿东尼亚·克拉拉作的，后来编入了胡安娜谣曲集，第 14 首和第 18 首十四行诗的情况也类似。

布尔吉约斯的大多数诗篇作于 1629 年至 1634 年间，时值洛佩暮年。部分作品产生的时代环境和气氛和田园小说《多罗苔亚》一致，所以它们应该作于 1632 年前后。其他诗篇和当时的社会环境十分贴近，比如 1632 年瑞典古斯塔夫·鲁道夫二世国王死后他所作的第 36 首十四行诗。然而，有一些诗篇是以前的，为了编选一本诗集而让它们重见天日，比如为悼念贝利莎（伊莎贝尔·

德·乌尔维纳）而作的第 149 首十四行诗《致一位夫人的遗像》；还有那首纪念他的一个女人即艾莱娜·奥索里奥那记耳光的十四行诗（第 67 首）《一位夫人抱怨她的追求者给她的一耳光》；以及献给费利佩四世国王登基的第 140 首十四所诗《当陛下继承这些王国时，他真想写一写》等。

在洛佩的诗作中，《布尔吉约斯的人与神的抒情诗》是自出版之日起最受欢迎的作品之一，也是一部经常再版的作品，17 世纪如此，18 世纪和 19 世纪依然如此。但是并非一直受到正确的理解和解释。因为这部作品一直存在真正难以理解的地方，今天似乎更是这样。在很大程度上它是一部用密码写的小说，要想读懂它，必须了解作品出版时的社会背景、文化背景和作者的生活背景，必须了解洛佩所处的历史环境和人物环境，必须了解洛佩与之有关系的个人和在作品中多次提到的人物，以及洛佩当时遇到的和社会上发生的事件。

洛佩为创作《布尔吉约斯的人与神的抒情诗》而采用的基本手法是戏谑。作品中采用了巴洛克抒情诗的一切表现方法，但是都带有戏谑的色彩：其中有彼特拉克式的戏谑，神话故事的戏谑，夸饰文体的戏谑和贡戈拉式的戏谑……在《丛林猫》中，可以看到对新戏剧的创作特点和对洛佩创造的巴洛克戏剧的戏谑。在十四行诗方面，戏谑的矛头指向年轻诗人、贡戈拉的追随者和贡戈拉本人。那个时期的抒情诗的具体题材，譬如梳头的夫人、梳子、取暖煤炉、喜欢小鸟的夫人、和爱情有关的哲学问题等，都以嘲弄的笔调来表现。以胡安娜为表现对象的十四行诗最充分地运用了戏谑手法。这些诗歌构成了一部歌集，其风格和意大利诗人彼特拉克的《歌集》恰恰相反，其中的诗篇都是献给曼莎纳雷斯河边的洗衣妇胡安娜的，戏谑或嘲讽的对象正是这位妇人。作者对她的介绍一点儿也不理想化，她对她所爱的布尔吉约斯一点儿也不热情，她让人难以接近，她对布尔吉约斯没有任何爱情表示，不爱听她的情郎的甜言蜜语，拒绝他的任何愿望，有时甚至对他动手。

二　假托作者布尔吉约斯

洛佩·德·维加把《人与神的抒情诗》说成是一个叫托梅·布尔吉约斯的人作的。但是实际上，托梅·布尔吉约斯"并不像许多人认为的那样是一个莫须有的人，因为此地有那么多人认识他并和他来说"①。在《致读者先生的忠告》和《致塞萨公爵的献词》中，洛佩提到此人时仿佛是在谈论一个真实的人。他对塞萨公爵说：

"我一直觉得托梅·德·布尔吉约斯硕士有一个想把他的一部作品献给阁下的强烈愿望。为了不辜负他的热情，在这部抒情诗集出版之际，我说以他的名义把它呈献给阁下……"由此不难看出洛佩试图赋予这个人物以真实的、和洛佩的虚构没有关系的存在的清晰意图。他告诉读者，布尔吉约斯"去意大利了"，但是事先：

"我请求和麻烦他在他用戏谑诗体裁写的许多东西中留给我一件，而我也只能说服他把《丛林猫》留给我，这是一首真正具有那种非凡而著名的风格的诗，您读它的时候一定能感受到。"

关于这个人的生平，洛佩想提供一些资料。他说，在诗歌比赛中，他表演的诗很有名，尤其是那首《他那令人眼花缭乱的衣着》。洛佩还说，他受过大学教育，因为他曾在：

"萨拉曼卡学习，我在那里认识了他，他成了我的同窗，维拉博士任系主任那年，我们俩是皮查尔多博士的学生。他通常在人文系上课，并非专门攻读某一学科……"

关于布尔吉约斯的"谦卑和善良品格"，洛佩写道：

---

①　见本书初版洛佩《致读者先生的忠告》。

"有一天我问他，如果和西班牙作家过去和现在的写作才能相比，他的才能处于什么位置，他回答我说：'你把所有的作家列个名单，我是最后一个。'"

他遭受过严酷的命运、敌人的攻击和有钱有势的人的鄙视：

"命运伤害过我们的托梅·德·布尔吉约斯，他却嘲笑它，谨慎地忍受它的左右，敌人的笔和舌头多次用证据欺骗亲王们的耳朵，让他们不器重他。"

洛佩断言，"尽管他天生忧伤，但是没有人对他说曾经见他不快活。"布尔吉约斯和里瓦尔塔本人一样真实，后者是"最优秀的西班牙人中的著名画家"，曾为他画过油画。然而，要深刻地确定布尔吉约斯是怎样一个人，要深入了解他的人格，是困难的。布尔吉约斯是西班牙文学中第一个相当成功的假托作者，比安东尼奥·马查多和马克斯·奥夫创造的假托作者和费尔南多·佩索亚创造的多位虚构作者及其有关论述早三个世纪。佩索亚也说，他所做的不过是一种古老文学倾向的继续和完善。

对洛佩这么早的创造，当然不应感到奇怪。洛佩是他的人生和他的作品的讲述者，他是一位在使用艺名的牧人和摩尔人中间开始艺术生涯的音乐家，这是他向创造假托作者迈上的第一个台阶，后来他还在他的戏剧中创造了贝拉尔多假面具，在创造假托作者方面又迈上了一个台阶；最后他变成了他的中篇小说的主人公和叙述者。而在《人与神的抒情诗》中，他终于创造了布尔吉约斯这个作家，让他成为一部歌唱胡安娜的诗集的作者。这时的布尔吉约斯已经完全独立于洛佩，是一位和洛佩不同的独立作者，一个独立自主的人，他去意大利的时候洛佩恳求他留下一篇他写的东西，他只留给他《丛林猫》一诗。洛佩还为他写了传记，提到了他的过去。他已经变成了洛佩圈子里的一个人，洛佩的朋友们都认识他，他有自己的人格和文学品格。在一些十四行诗中，布尔吉约斯用自己的言语标明了他与洛佩没关系的独立人格，比如他在《人的抒情诗》第七首十四行诗中说：

> 我完全能够描绘一位美女，
> 我也能够描绘菲利斯，
> 她肤色黝黑，洛佩都说
> 她是洁净的白雪的天使。

在同一首诗中，当他把他的看法告诉胡安娜时，他作为一个人和艺术家，也是独立自由的。在 136 首诗中他甚至作为一个诗人同洛佩争辩：

> 洛佩，我真的想跟你谈一谈，
> 用动听的诗句给你写信，
> 有人对我说你对我不满，
> 因为我坚持追随卑劣的缪斯。

三　洛佩同佩利塞尔的文学之战

如果不把《人与神的抒情诗》放在洛佩·德·维加和博学的阿拉诗人、贡戈拉派评论家何塞·佩利塞尔·德·托瓦尔之间爆发的文学战争的背景中来看，是不可能理解这部诗集的内容和与诗集有关的一切的。这是洛佩晚年进行的最重要的也是旷日持久的文学之战之一。

这两个重要人物之间的争斗是在洛佩老年渴望在宫廷里获得一个稳定的职位时产生的。他认为凭着他在文学、道德和经济上的实力，他比谁都更应该得到它。洛佩试图谋取卡斯蒂利亚宫廷编年史作者的工作，他在 1611 年至 1620 年间竞争过，没有成功，如今他在这样的年纪，凭着他的修养，生活中又没有什么丑闻，自信是完全能胜任的。但是令他失望的是，在 1629 年 10 月，这个职位被年轻的诗人佩利塞尔抢去了。佩利塞尔是新作家群体的成员（洛佩把他们称为"新鸟儿"），这些作家在宫廷里受器重，跟宫廷关系密切，受到了费利佩四世国王的保护。从此，一切事件便不可避免地发生了。佩利塞尔处在年迈的前辈的枪口下，洛佩开始攻击他本人和他的作品，佩利塞尔不得不回应。另外，洛佩由于失去了编年史作者的职位，便不断在宫廷里要求别的职位。从 1630 年到 1633 年，他一直都坚持这个要求。但是始终未能如愿。于是他恼羞成怒，掉头反对宫廷，反对费利佩四世。洛佩认为佩利塞尔是造成他失败的罪魁祸首，因为他同有权有势的人士关系密切，他把他的作品献给他们中的一些人，请求他们出面对付洛佩，保护他。他的敌人的意图终于被粉碎。

　　然而，两人的战争并没有到此为止。佩利塞尔于 1629 年发表一首关于凤凰的神话的诗（此诗后来收进了他的诗集《凤凰和它的自然史》），洛佩立刻在一部喜剧里讽刺他。此剧剧名不详，但是上演时，许多著名人士及宫廷的权贵都观看了。佩利塞尔 1629 年在他的《凤凰和它的自然史》的前言中回应了洛佩的嘲讽。1630 年 2 月，洛佩在《阿波罗的桂冠》一书中攻击佩利塞尔的为人、其学识和诗作。佩利塞尔也很快在《严肃的教训》一书的前言中回应说，洛佩是个不冷静的、妒忌心重的、无知而不顾名誉的老人。1631 年，洛佩在《圣胡安之夜》和《掩盖报复的惩罚》中再次攻击年轻的佩利塞尔；同样，1631 年至 1632 年，洛佩在《多罗苔亚》和《致克劳迪奥的信》中也对佩利塞尔进行了攻击。

　　这就是《布尔吉约斯的抒情诗》写作和便于理解它的背景。这些诗描述了一位剧作家对一位作家进行的最后一次有力的攻击，即洛佩在《丛林猫》中对佩利塞尔的攻击。此外还有许多十四行诗一般地或具体地攻击佩利塞尔。这些诗写于争斗开始的 1629 年到诗集批准出版的 1634 年 8 月。这部诗集几乎有一半诗篇或多或少和对"新鸟儿"以及宫廷庇护的年轻作家的斗争有关系。

攻击佩利塞尔的十四行诗可以分为 4 组。在第一组中，佩利塞尔是那些新鸟儿们的首领，他们的出现并没有打着任何旗号。其中标明洛佩对年轻作家采取敌对态度的是直截了当取题为《伟大的天才们被人们背后议论时该怎么办》的十四行诗。当爱吠的小狗们对他们叫的时候，他们必须像爱尔兰猎兔犬那样做：把腿抬起起来，把墙角浇湿，从它们中间扬长而去。爱尔兰猎兔犬是指洛佩，而爱吠的小狗就是批评他的个人生活的那些年轻作家。

克拉罗斯伯爵写给布尔吉约斯的作为序言的十四行诗表达了洛佩对加西拉索、卡家斯、菲格罗亚、埃雷拉、卢佩西奥兄弟和埃斯基拉切，即没有贡戈拉的夸饰主义阵线的进步和古典之义派别的赞扬，此外还有他对贺拉斯和维吉尔的崇拜，以及他对几乎其他一切人的排斥，因为他说过，"如果没有这些人，旧人或新人……"这明显说明他和新作家，即自 1600 年后出生的作家们是不相容的。不止于此，第 12 首、第 40 首和第 84 首十四行诗也都或多或少包含着洛佩对那个时代以佩利塞尔为首的新贡戈拉派诗人的斗争的内容。

第二组十四行诗是抨击佩利塞尔的博学，抨击从诗集中唯一的一首赞美诗开始，这首诗是萨尔塞多·科罗内尔[①]的几行八音节的十行诗。对洛佩来说，此人不是与他为敌的贡戈拉派成员，他要他写这些诗是把它们作为攻击佩利塞尔的战略。这首诗是这样结束的：

> 谁也不像你这样提到桂冠；
> 因为你多次戴过它，奖赏我的笔吧：
> 有这位科罗内尔的庇护就够了。

---

① 萨尔塞多·科罗内尔（1592？—1651），贡戈拉的追随者。

　　第 114 首和第 160 首依然是嘲讽佩利塞尔的肤浅，说他只会生硬地引用他的东西写他的《凤凰和它的自然史》和《严肃的教训》，指责他只会根据自己的藏书写关于查林—塔卡马卡的书。

　　第三组诗是攻击佩利塞尔本人。其中有两首十四行诗是对佩利塞尔人身的讥讽，即第 31 首和第 32 首，内容表明洛佩怀着怒火不知疲倦地讽刺佩利塞尔。两道诗嘲弄一位名叫纳西索的青年，他胡须稀疏，年轻稚嫩，面孔"闪着象牙的光亮，而且光滑平整"。这些相貌特征正是克维多等朋友和佩利塞尔的敌人笔下的佩利塞尔的形象。

　　第四组十四行诗涉及的是洛佩和佩利塞尔之间的名誉之争，这表现在第 123 着诗《致一位诽谤者》和第 105 首诗《一位朋友回答说，他觉得有人在中伤西班牙》中。在前一首诗中提到的里卡多就是诽谤者佩利塞尔，说他"你已名誉扫地，却妒忌和伤害别人的名誉"，这是洛佩对佩利塞尔在其《严肃的教训》一书中说"洛佩是个不顾名誉的老人"的回应。在后一首诗中可以读到：

　　　　不科学写作的人，
　　　　借助讽刺诗文获得名声。

　　这显然是指佩利塞尔：他缺乏科学态度，热衷写讽刺文章和中伤别人。

四　《丛林猫》

　　《丛林猫》是一首与寓言十分接近的长诗，一首叙事长诗，是洛佩为其年少的儿子小洛佩作的。长诗分 7 部分或 7 唱，7 部分的风格各不相同。全诗共 2802 行。讲述的是公猫米西福夫的不幸爱情：它是一只家猫，却爱上了美丽的母猫萨帕基尔达。米西福夫的敌人、有钱的西印度公猫马拉马基斯试图通过巫师加菲尼昂托的帮助来勾引米西福夫钟爱的母猫，以激起它的嫉妒。但此计落空，于是它决定趁米西福夫举行婚礼时劫持萨帕基尔达。在它的挑逗和逼迫下，萨帕基尔达逃婚出走。马拉马基斯把她关入一间密室，引起米西福夫的亲友们的不满，它们帮助新郎围攻那个秘密场所，结果导致一场抢夺新娘的战争。就在这时，有人用弹弓打死了马拉马基斯，新人的婚礼才得以顺利举行。长诗颇具讽刺意味。从社会意义方面讲，它无情地嘲讽了那个时代丑恶的社会习俗和贵族小姐们的争风吃醋、有失体面的不光彩作为；从文学意义上说，它的矛头直接指向夸饰文体。但是关于这个问题，尚有很多话该说，至少有下述 5 点：

1. 《丛林猫》无疑是嘲讽洛佩老年时期涌现的新作家即他说的"新鸟儿们"的。他们都是像卡尔德隆和佩利塞尔这样一些将近 30 岁的贡戈拉派剧作家；

2. 尤其是对作为夸饰文体作家和贡戈拉派评论家的佩利塞尔的具体抨击；

3. 是对佩利塞尔婚姻的嘲弄，尽管这一点不能那么清楚地说明；

4. 在佩利塞尔汇编的《费利佩大公的圆形剧场》诗作中包含着某种嘲讽，这种嘲讽差不多是有意识地针对费利佩四世的。

5. 鉴于这一切，完全可以说，这是一部影射性的作品。此外，对作品中提到的其他公猫和母猫（似指宫廷的人，尤其指那些新作家）来说，也是一种影射。

《丛林猫》的起始篇（作为序言的十四行诗）即第 163 首《从堂娜特雷莎·贝雷孔迪亚到托梅·德·布尔吉约斯硕士》和马拉马基斯的墓志铭即第 49 首《用他们听懂的文雅语言讲话的著名公猫马拉马基斯之墓志》说明了前两点。洛佩/布尔吉约斯就是诗中的对抗帕纳索图书馆的老鼠的"第二个加蒂拉索"。马拉马基斯并不缺少"长着长舌、猫爪"，和着迷地"夜间抄写，白天背后议论",直接相关的猫诗人们（诗篇的盗窃者）"一致祭奠的"洒着"悲伤眼泪的墓志铭"。在诗中，这类嘲弄屡见不鲜。米西福夫是按照规矩写作的诗人："他连自己作的诗都不懂"，一只被公猫们抓住的母猴"用文雅语言讲话，它懂这种语言"。总之，诗中所有的动物在访谈和争论时都是夸饰语言的行家里手："它用文雅的语言对它说话"，或者，"文化人称之为手套"。关于这些贡戈拉式的作家都是年轻人的说法在继续："现在他这么年轻/嘴上几乎没毛。"

洛佩在自由体诗第七首①中专门提到作为学者的佩利塞尔，他在诗中对小矮人是不是怪物的问题做插入注释时的模仿和嘲讽超过了佩利塞尔的《严肃的教训》。他在诗中嘲弄地提及了佩利塞尔的朋友潘塔莱翁·德·里瓦拉，佩利塞尔刚刚出版了他的遗作。总之，他谈到了"其谎言受到惩罚"的诗人们。

这一切很容易让人在对这部诗作的阅读中看到，那些年对打着某些具体旗号的佩利塞尔的抨击一直持续不断。但是想说明这部诗作是不是讽刺佩利塞尔的婚姻，却比较困难。《丛林猫》既是对史诗的嘲讽，也是对袍剑喜剧的嘲讽。无论在史诗还是在袍剑喜剧方面，《丛林猫》都围绕洛佩固有的嫉妒主题展开。的确，4个主要人物（米西尔达、萨帕基尔达、米西福夫和马拉马基斯）在全部诗作中一直嫉妒得要命。毫不夸张地说，文学上的嫉妒和爱情上的嫉妒是洛佩最典型的两种生活经验。

马拉马基斯感觉到了米西福夫的嫉妒，米西福夫也感觉到了对方的嫉妒。但是这种情绪在后者身上更强烈，因为他是新郎，在举行婚姻那天他亲眼看见新娘被劫持，这关系到他的名誉，也关系到父亲的名誉："我的妻子被抢走！我的名誉丧失了！"他在第6首自由体诗中哀叹。然而，有一首布尔吉约斯的十四行诗可

---

① 全集由7首自由体诗构成。

能和米西福夫有关系，诗为第128首，洛佩取题《一个青年和他追求的女人结婚，后来心生妒忌》。诗中，猫和人混杂在一起，这告诉我们，对读者来说诗题是一个警示：我们像在《丛林猫》中一样，也在依其固有的传统按照某种动物寓言行事。其实，在《丛林猫》中一再重复的这种寓言来自伊索。在上述十四行诗中，讲述一个人爱上了一只母猫，它是捉拿老鼠的第十个缪斯，和它睡觉的朱匹特感谢变成了夫人。但是它捉老鼠的习惯是那么根深蒂固，它变成夫人后，在一间女会客厅里不顾一切地扑上去杀了她。这个关于猫夫人的寓言在十四行诗的最后三行诗中应用在一对夫妻身上，丈夫叫里卡多，洛佩不止一次用这个笔名来代表佩利塞尔。这首十四行诗讲述了一位捕捉男人的不正经的夫人、她对一个有势力的男人的爱情、一场婚姻和一种可能发生的失节。十四行诗说明，里卡多/佩利塞尔就是《布尔吉约斯的抒情诗》中的中伤者。里卡多/佩利塞尔作为丈夫，他、他的女人和一个势力的男人之间的关系构成了一个三角。

接着讨论那首喜剧式的十四行诗。两只公猫都是喜剧中的典型追求者。两只猫都很英俊，都争当贵族和祖宗。但是米西福夫更具备佩利塞尔的这种特征。因为他作为编年史作者，觉得是显赫人家的子孙。佩利塞利的白皮肤、金黄头发的外貌和他那种想拥有受崇拜的血统的愿望圆满地结合在了一起。在这首既具嘲弄又不乏真实性的诗中，两只公猫都在编织着名誉和嫉妒的巨大幻想，但是这一切像在动物寓言里一样，是影射人类的，在这种情况下是影射对"诚实的名誉"关心的人的，这还是在这场文学之战中佩利塞尔最明确的特征。米西福夫认为它有更大的责任为其"高贵的胸怀"和成为"卓越的品种"复仇。而它是也拥有白色和金黄色皮毛、自以为英俊的萨皮龙的后代。它也是具有白皮毛、扁鼻子的外地猫，这和佩利塞尔的生活和外貌相同。另外，它和它的大多数朋友一样，也是一只懂希腊文的猫。这是洛佩对佩利塞尔这个萨拉戈萨人做的惯常的嘲弄之一。此外，米西福夫在它关于名誉的谈话中曾一字不差地提到洛佩关于佩利塞尔讲过的话："不知道何谓名誉的人，就不会尊重名誉。"

五　《抒情诗》的社会内容

不管怎样，谁也不会认为《托梅·德·布尔吉约斯硕士的人与神的抒情的诗》只是一场文学战争的产物。如果这样认为，那就是对此作的片面理解，是有失公允的。当然，在整个作品中，对佩利塞尔和年轻诗人即"新鸟儿们"的斗争很重要。否则就不能很好地理解这本书。但是不仅仅如此，它还有其深刻的社会内容。比如关于财富的观念和对司法的批评。在第 25 首《致一位吝啬鬼》中，写了一个不幸的守财奴，他从来也没想过他会死，便拼命地攒钱，但是在他死的时候，他的年轻继承人竟然欣喜若狂，随后便花天酒地，寻欢作乐，无节制地挥霍他的钱财。对财富和吝啬鬼的讽刺真是一针见血，入木三分。第 23 首《致杰出法官堂胡安·德·巴尔德斯》和第 24 首《可憎的官司》有力地抨击了无所作为的司法批关。洛佩的女儿被劫持，司法机关却一拖再拖，他十分气愤："现行的法律问题真实可信，/可是，堂胡安，在审理时却成了死的文字，/它又有什么意义？"洛佩对司法的不满由此可见一斑。

第四节　洛佩的其他抒情诗

一　《抒情诗集》

《抒情诗集》出版于 1602 年，是洛佩的第一部重要诗作（此前他曾于 1600 年出版过《歌谣谩唱》）和某些诗选中的短诗和歌谣），从中可以看到，洛佩是一位涉猎各种题材的十四行诗诗人。

诗集中的诗篇是洛佩从 16 世纪的佩特拉克派诗人那里取得灵感创作的（并非直接取向彼特拉克，因为洛佩受其影响很小）。其中有爱情十四行诗、神话十四行诗、圣经故事十四行诗等类别，特别是从他跟米凯拉·德·卢汉即他的诗中的卢辛达的爱情取得灵感的十四行诗，比如第 133 首、第 81 首、第 8 首、第 44 首、第 14 首、第 61 首等，共有 66 首十四行诗直接提到了卢辛达，这毫不奇怪，因为那时洛佩正和他钟爱的女人生活在一起，曾和她生了 5 个孩子。比如第 14 首这样写道：

> 光荣的棕榈树技着花束，
> 没有爱情会变成不毛的幸福；
> 那喀索斯①在白树叶上心灵不安，
> 达佛涅②抱怨他那不结果的月桂树。
>
> 土地缺乏雨水毫无生机，
> 干涸的田野野草遍地；
> 阿纳萨尔特的心灵在他的石头上呻吟，
> 因为他从不向爱神交纳贡品。
> 狠毒的惩罚，女人的报复。③
>
> 平民不安地躲在寺庙中，
> 身披黄色的恐惧仓皇逃走，
> 浑浊的杭托河流着凝固的血，
> 高大的墙壁向大地倾覆。

---

① 那喀索斯，希腊神话中的美少年。
② 达佛涅，希腊神话中的女神。
③ 暗指艾莱娜受到洛佩指责后对他的指控。

诗集中，有一半十四行诗属于爱情诗，它们有多首来自有关剧本，比如第七首来自《哈亲托的牧歌》，第 96 首来自《处死的慈悲》，第 101 首来自《贝纳维德斯一家》，第 123 首和第 189 首来自《愤怒的贝拉尔多》，第 133 首和第 175 首来自《科尔多瓦的领主们》，第 170 首来自《巴伦西亚港口》等。

诗集中有一些十四行诗是西班牙抒情诗中最优美的诗篇，经常被编入最佳诗选。这些诗的特点是想象丰富，语调多样，感情自由、奔放，像彩虹一般五彩缤纷。这些诗，虽然看似朴实、自然，但是经过诗人深思熟虑、精心构思的。诗集中还有一些十四行诗也很优美：它们的题材多种多样，大多取材于圣经故事、神话传说、文学艺术，比如《安德洛基达》、《致胡迪特的胜利》等。

尽管诗集的第二部分①被认为有些索然寡味，但是其中的牧歌《艾利西奥》，特别是那种书信体诗却富有激情，比如《致讲述人加斯帕尔·巴里奥努埃沃的信》。

二　《神圣的抒情诗集》

《神圣的抒情诗集》出版于 1614 年，即在他宣誓当教士的那一年。诗集是洛佩献给他的老师马丁·德·圣西里洛的一部诗作，是洛佩用他早年在耶稣会学校学习时掌握的静修知识写成的。其中的诗篇为表现各类圣人而作，或者从圣像取得灵感而赋。诗集包括洛佩所写的一切圣诗，除了圣徒传诗和表现民间神圣节日的诗外，还有一些水平很高的诗，如《致一个女头骨》、《致受难耶稣》、《悼念卡洛斯·费利克斯》等。在《悼念卡洛斯·费利克斯》一诗中，洛佩写道：

---

①　包括三首牧歌、一首对话、二首书信、二首谣曲、若干十四行诗和墓志铭等。

你，幸福的孩儿，

在你生活的 7 年中，

你没有一次对父亲不服从。

从最初的摇篮到最后的床铺，

你没有一小时让人感到痛苦。

而现在，你似乎让他

感到了难过和疼痛。

可这不是你的过错，

尽管是你造成。

为了你出生，

我给了你最好的乡土，

而如今，在你死去后，

圣人们将为你送行。

剩下的，就是你要祈求上帝，

使我的心情变得高兴。

诗集是在洛佩度过一个精神低落后写的。其中包括一些西班牙诗歌中最感人、最优美的宗教诗篇。那种明显的诗的激情来自这样一种矛盾心情：他既感到自己曾被过去的生活所囚禁，又预感到自己在精神上将很愉快。一切应该写成真挚而热烈的爱情诗的东西，如今都写了表现神圣的诗篇。他甚至像神秘主义者一样，知道某些感受是不可言喻的，他都要像这首十四行诗这样把它表现出来：

爱情的语言啊，

对不懂何谓爱情的人来说，

你是多么残忍！

因为就像沉默片刻，

有其柔和的音乐的停顿。

也许那是急剧而庄重的休止，

给情人留下的观念那般破碎；

啊，无比甜蜜的喜事，

把我引向幸福的相会！

既然我有勇气对你讲话，

我该用什么语言把我的心情告诉你？

不过，如果语言是思想的工具，

啊，我的语言，

你沉默又有什么关系？

诗集中的这类优秀十四行诗，被编入一切诗选。这类诗有《什么样的盲目使我受到这么多伤害?》、《牧人，用你爱情的哨声》、《我怎么才能谋得友谊?》等燃烧着神圣爱情的诗篇。洛佩的神圣十四行诗被认为是西班牙经典诗歌中"没有先例，不可超越"的诗作。

三　《人的抒情诗集》

《人的抒情诗集》出版于 1609 年，是洛佩作的一部表现爱情的诗集，主要由 200 首十四行诗构成，大部分诗篇是表现洛佩对卡米拉·卢辛达的爱情。洛佩深受意大利诗人弗朗齐斯科·彼特拉克（1304—1374）的诗歌风格的影响，特别是他的名著《歌集》。实际上，洛佩的这部诗集就是洛佩的爱情《歌集》。在他的歌集里，洛佩以多姿多彩的色调勾画出了卢辛达的美丽的形体和美好的心灵，描绘出了这个尘世女子的真实而动人的形象，并以细致入微的笔触表现自己复杂的思想情感和内心活动，使爱情的诗洋溢着浪漫的激情和现实生活的气息。在洛佩的笔下，卢辛达是人间美的象征，是美好爱情的象征。他对卢辛达的爱，使洛佩感受到了幸福的喜悦。他在这些诗中，大胆歌颂爱情，倾吐对幸福的渴望。

关于爱情，洛佩有其独特的表现方式。比如在十四行诗《快乐的除夕》（第4首）中，爱情通过可爱的女人眼睛（太阳）射出的光（闪电）来传递。目光是爆炸燃烧的："它像雷电一样的烧着我"；这种激情是毁灭性的。美丽的眼睛迷人的魅力是"甜蜜的牢笼"，燃烧的目光又何尝不是如此？因爆炸的闪电致死，则是一种舒适的长眠，一种平静的歇息。光、热、火等形象表现了爱情的强烈程度。由此可见洛佩所受佩特拉克的影响：眼睛就是太阳，目光就是闪电，爱情就是甜蜜的激情。在《新的线缕，像阿波罗》（第68首）中，也可以看到佩特拉克的抒情方式：她的头发，像被风儿吹乱的线缕，盖住了情人的额头，她的长发像一张网和丘比特的弓弦，把情人罩住。人，佩特拉克笔下的萝拉的长发也被风吹乱，变成了无数根柔软的丝带。

《人的抒情诗集》是西班牙文学中的第一部十四行诗集，也是17世纪抒情诗中部头最大、题材最多样的、佩特拉克式的题集。在这里，佩特拉克诗中的美少女萝拉变成了卢辛达。这部诗集有两大特点：一方面它具有佩特拉克抒情的内容（心爱的女人的容貌、情人的心理等），和类似或模仿的基本主题。另一方面它具有以文艺复兴为基础的诗歌文化：其一是作为伦理和爱情的范例的神话故事（安德洛基达、达佛涅、伊阿宋、那喀索斯）；其二是圣经的传统（甲沙龙、约伯）；其三（尤其是）诗人个人的人生经历（诗中的自传因素，这是15世纪的诗歌不可或缺的内容）。诗集的题材多种多样：从爱情到傲慢，从具体的现实到理想和神话，从怀念到回忆，等等。诗集中那些涉及洛佩个人的经验和感受的十四行诗，还有表现洛佩的女人卢辛达的十四行诗最为优美；而那些神话十四行诗，往往更注重表现技巧，而不注重表现情感。诗歌的语言常常是赞美或颂扬式的，有时是描写性的和坦承性的。

除了十四行诗外，诗集中还有一首园诗、二首书信体诗，以及其他诗篇（歌谣、八行诗等）。

四　谣曲

谣曲是西班牙中世纪兴起的一种诗歌样式，一般来说，奇句不论，偶句押韵。由多节八音节诗构成，15—16 世纪特别流行，一般为叙事诗，题材多样，表现英雄业绩、历史事件、神话传说、小说故事、田园生活、宗教轶事、爱情纠葛等。结构也不拘一格：有的从头至尾讲一个完整的故事，有的只讲述一个戏剧性的历史场面。谣曲经历过一个从口头到书面、从旧到新的发展过程①，并且被引入小说或戏剧创作，比如洛佩的对话体小说《多罗苔亚》中就引入了这首颇为有名的谣曲：

> 我来自我的孤独，
> 又走向我的孤独，
> 因为为了和我在一起，
> 我的思想已足够。
> 我不知道那个村子怎么了，
> 我在那里出世和等生命结束。
> 由于我来自我自己，
> 我就不会来自更远处。
> 我对自己不好也不坏，
> 但是我的智力告诉我，
> 整个人就是一个魂灵，
> 它被囚禁在它的肉体中。

---

① 15 世纪和 16 世纪初的谣曲为旧谣曲，从 16 世纪后半叶起由有此修养的诗人创作的谣曲为新谣曲。

……

我不自以为聪明，

而自以为不幸；

不幸福的人

怎么会慎重？

世界不会长久，

因为有人这么说，我也相信，

说它发生了玻璃碎裂声。

（第一幕第四场）

这首谣曲注重形式的完美，技巧很娴熟，且通俗易懂。

此外，《多罗苔亚》中还插入了 4 首歌为《小船的谣曲》，都是致他爱的女人阿玛里利丝的哀歌。比如第三首：

我可怜的小船，

孤独地待在碎石

和海浪之间，

没有帆遮着你睡眠；

你会迷失在何处？

你将驶入哪个海湾？

我提醒你，你会陷在

高傲妒忌的岩石中间，

名声毁于一旦。

……

（第三幕第 7 场）

谣曲表现了歌唱者无比深切的焦虑和失去爱人时的无比伤感情绪。

洛佩从很年轻的时候起就酷爱谣曲，而且始终不曾放弃。那时他作的谣曲他无意出版，后来被编入著名的《谣曲总集》（1600）中。说起那时他写的谣曲，有一桩轶事不妨提一提。大约在 1583 年，洛佩作了一首以《请替我备好浅灰色的小马》开头的谣曲，备受人们赞扬和吟诵。他的文坛对手路易斯·德·贡戈拉（1561—1627）却不以为然，他早就想找机会戏弄他一下，于是也作了一首以《请替我备好浅灰色的驴子》开头的谣曲。从此以后，路易斯·贡戈拉便从不错失挖苦洛佩的任何机会。

洛佩的谣曲属于新谣曲。以题材论，他的谣曲分为田园谣曲、摩尔人谣曲、宗教谣曲、讽刺谣曲、讥讽谣曲、骑士谣曲等。其中，摩尔人谣曲最早出现在他的笔下，从摩尔人的角度描写现实生活作品丰富多彩，其主要人物有萨伊达—萨伊德、加苏尔、阿本萨伊德和奥卡尼亚人的阿萨尔克等。田园谣曲表现牧人的生活、爱情和习俗，他笔下的人物有贝拉尔多—菲利丝、贝拉尔多—贝利莎。这些人物基本上都是成双成对的恋人，他们的爱情实际上是洛佩同艾莱娜等恋人、情人或爱人的爱情的写照，其自传成分不言而喻。在他的新谣曲中，有相当多的作品是对他的各种各样的爱情纠葛和内心矛盾的公开表诉，当然也不乏对薄情郎的嘲讽。有一首题为《贝拉尔多是园丁》的谣曲相当优美而有名。谣曲写道：在花园里，寒冬已经过去，贝拉尔多在种三叶草、蜜蜂花、罗勒、百合和芹菜等。种子和长出来的花草分成不同的种类，它们决定了不同医疗价值和女人的各个爱情阶段的关系：不同的花草等代表怀孕、结婚、寡妇、姑娘、女孩、老妪。在一棵无花果树顶上站着一个稻草人，以防鸟儿来吃种子。稻草人穿戴的衣物是贝拉尔多曾在京城穿戴过的衣物；缎子坎肩、粒子内衣、德国大氅、西班牙时髦的长袜和圆顶帽。有一天，贝拉尔多在浇花草时认出了稻草人身上穿的是他自己的衣物，那些衣物原本是"我早年的贵重的战利品"。当年他在京城穿着这些衣服，爱上了一个姑娘，跟她结了婚，不久却离开了她。这样，稻草人就具有了象征意义：他就是站在无花果树顶上的贝拉尔多，一个滑稽可笑的狂欢节上的小丑。他的能耐就只是吓唬和驱赶那些敢来偷吃他（当园丁的贝拉尔多）播下的种子的小鸟。讽刺的意味显而易见。

　　洛佩的摩尔人谣曲大多被编入佩德罗·德·蒙卡约选编的《若干新谣曲和歌曲精粹》（1589）一书中。下面，这首以"英俊的萨伊德徘徊……"开头的谣曲具有代表性。谣曲描述摩尔人萨伊德在他的心爱的女子门前徘徊，因为他不久就离开格拉纳达，他渴望见到她：

> 他抬起头，
> 看见他的萨伊德在窗口，
> 她那么端庄，那么美丽，
> 连照亮的阳光也似日暮。
> 萨伊达早把心灵交给他，
> 此刻却又高兴又不平静，
> 是因为她的巨大不幸
> 给了她这个已婚女姓名①，
> 尽管她并不因此而想忘记，
> 她深爱的那个人，
> 摩尔人也是又高兴又痛苦，
> 因为他这个摩尔人
> 对萨伊达的丈夫十分嫉妒
> 于是他对她说出这番话，
> 尽管心中愉快、高兴又痛苦：
> 啊，比晶莹的朝霞还美丽的人儿，

---

① 这里暗指洛佩所爱的第一个女人艾莱娜·奥索里奥，她已结婚。

你有一双和我一样的眼睛，

没有别的女人比你还美，

告诉我，是不是因为见不到我，

你才忧心忡忡？

但从你的表现看，

你缺少的是爱情。

听了他这番话，萨伊达也禁不住说："我的萨伊德，我向其主保证，我永远不会忘记你，我知道我欠你多少，但是我没有信心，因为我受着双重的监视。"最后两人不得不分手，但是两颗心灵永不分离。

这首谣曲生动地描述了一对恋人（也是洛佩同艾莱娜）的一次依依不舍的幽会的情景，表现了他们之间的刻骨铭心的爱情。

洛佩谣曲的研究者，比如西班牙学者梅嫩德斯·皮达尔（1869—?）等人，一致认为洛佩的谣曲有这些特点：叙事节奏快，修饰有节制，富有说服力，这一切赋予其谣曲一种比当时其他诗人作的谣曲更强的魅力；和旧谣曲相比，洛佩的谣曲风格更为多样，艺术表现力更强，并且富有革新的精神。

第 十 一 章

洛佩的小说

第一节　洛佩的小说概述

在 16 世纪和 17 世纪的西班牙，产生过多种多样的叙事文体作品，许多作家都热衷于流浪汉小说和骑士小说的写作。而洛佩·德·维加对它们却无动于衷。他宁肯写史诗，也不写骑士小说，至于流浪汉小说，也只是在其剧作中留下一些痕迹。

洛佩·德·维加情有独钟的是其他种类的叙事作品，譬如田园小说（《阿卡迪亚》和《伯利恒的牧人们》）、对话体的爱情小说（《多罗苔亚》）、正规的爱情小说（《献给玛西亚·莱奥纳达的小说》）和拜占庭小说或冒险小说（《在自己祖国的旅行者》）。

洛佩写的第一部小说《阿卡迪亚》（1598）是用散文和诗歌写成的田园小说，小说里有许多诗篇，作品描述的是发生在阿尔瓦公爵府周围地区的爱情故事，当时洛佩为阿尔瓦当秘书，耳闻目睹不少青年男女的恋爱故事。洛佩受到意大利圣纳扎罗的小说《阿卡迪亚》和西班牙一些同类题材小说的启发，描写了年轻牧人安弗里索和牧女贝利莎达的未能如愿的爱情。安弗里索听从父母的安排，为躲避对手的诡计和避免有损家风的风波而远走他乡。但他回来后误认为心上人爱上了别人，为了报复和另一位牧女恋爱，贝利莎达也和自己并不爱的乡下人结合。安弗里索意识到自己想法毫无根据而几乎失去理智。最后只得按照巫婆的指点去建功立业，以摆脱那段恋情的困扰。小说由于其引人入胜的爱情故事和如诗如画的田园风光描写而取得很大成功，是 17 世纪再版次数最多的作品。小说虽然模仿了西班牙作家豪尔·赫·德·蒙特马约尔的小说《狄安娜》的故事，但是他有自己的创新之处，比如在人物的对白中引入了自然成分，谨慎地运用象征手法等。

《伯利恒的牧人们》（1612）是一部西班牙文学中唯一的一部表现神圣题材的田园小说，讲述的是耶稣基督降生的情景，细致描写了圣母玛丽亚分娩的过程，同时描写了伯利恒的牧人的生活，特别是男女牧民欢天喜地地迎接圣婴降生的情形。洛佩所作的富有诗意和满怀激情的描写历来深受读者的称道。小说出版后的 7 年间就相继印了 9 版，不失为一部成功之作。

《在自己祖国的旅行者》讲述的是主人公潘菲洛在西班牙的旅行；他和美丽的尼赛姑娘经历了各种意想不到的困难，终于重逢而成为眷属。小说中插入了 4 个宗教短剧，同时包括一个很长的剧作名单，表明他已写了 219 个剧本。

《献给玛西亚·莱奥纳达的小说》包括 4 个中篇小说，即《狄安娜的运气》（1621）、《荣辉带来的灾难》、《谨慎的复仇》、《勇士古斯曼》。4 部小说表达的都是洛佩对他爱的女人玛尔塔·内瓦雷斯难以割舍的爱情，4 部小说也正是在玛尔塔的建议和鼓励下创作的。4 部小说分别讲述了一个既曲折又引人入胜的故事，其主题分别是爱情、荣耀、名誉和冒险。

《多罗苔亚》是洛佩晚年创作的不寻常的作品之一，是一部用散文写成的具有戏剧结构的小说，其结构模式如同《赛莱斯蒂娜》，小说分为 5 幕，虽似剧本却不能上演，内容是表现洛佩同艾莱娜·奥索里奥的热烈的都是失败的爱情：美丽、文静的多罗苔亚虽已结婚，却不料爱上了诗人费尔南多，但费尔南多一贫如洗，喜欢金钱的母亲逼迫她与之分手，想把她嫁给有钱人。费尔南多一气之下离开马德里，靠旧相好的资助在塞维利亚住了些日子，由于想念心上人而返回马德里，在街上遇见了多罗苔亚，彼此互表衷肠，终于和好如初。但费尔南多的虚伪和背叛嘴脸不久便暴露无遗，多罗苔亚在悔恨之余，含恨进了修道院。这故事完全是洛佩同艾莱娜·奥索里奥爱情的写照、再现和重温，因为小说的故事情节和洛佩同艾莱娜的相爱经过如出一辙。作品中包括许多优美的诗歌，为小说增添不少光彩。比如这首致阿马里利斯的挽歌：

> 人生是那么不幸，
> 一切都使我痛苦：
> 死，必须逃避，
> 生，必须等候。

《多罗苔亚》无疑是一部既优美又新奇的非戏剧作品，是最成功的对话体小说之一，是洛佩晚年（已70多岁高龄）依然不乏创造力的证明。

毋庸置疑，洛佩的小说是其全部文学创作的重要组成部分，也是他的人生经历和情感历程的艺术再现。在小说方面，如同在戏剧方面一样，洛佩极为长于借鉴，长于从本国的传统小说和意大利等外国小说中汲取营养，把有趣的、富有教益的故事"拿来"，结合个人的生活经验、人生体验和对黄金世纪叙事形式的广泛了解，写出了一系列具有西班牙民族特色的小说，并以其小说证明，他是一位严肃、博学、不轻浮不媚俗、不囿于传统，不为古典主义小说之清规戒律束缚的作家。

第二节　洛佩与田园小说

16世纪和17世纪上半叶，西班牙文学中存在一种特别有意思的现象，这便是各种各样的叙事文体，譬如骑士小说、田园小说、拜占庭冒险小说，由于其讲述的故事十分有趣而深受广大民众欢迎。英勇无畏的游侠骑士的非凡业绩、痛苦不堪的牧人对爱情的苦苦追求、不幸分离的恋人们的异乎寻常的冒险等有力地拨动着读者的心弦。一个共同的观念、人物冒险的精神支柱理想主义，把所有这些叙事模式贯穿在一起，可能这就是在很大程度上能够吸引众多读者的主要因素之一。他们不仅开心地读这类小说，而且以宫廷节目的形式把一部部小说的故事带到现实生活中去。在那些节目里，达官贵人和富家子弟也学得游侠骑士、流浪汉、牧人和摩尔人的样子乔装打扮，尽情地娱乐。这是这类作品取得成功的主要标志之一。

　　具体到田园小说，其突出的成功之处在于它在女性读者中引起了极为浓厚的兴趣。一方面对她们来说，田园小说如同培养她们细腻而高雅的感情的教科书；另一方面，小说中经常有对和谐大自然的细致入微、赏心悦目的描写，这种优美的自然风光成为表现不乏浪漫色彩的田园爱情的合适背景。

　　那个时代，西班牙出版的田园小说数量众多，如果只统计纯粹的田园小说，保存至今的就有大约 25 种。这些作品都在 1559 年（豪尔赫·蒙特马约尔的著名田园小说《狄安娜》出版）和 1663 年（贡萨洛·德·萨阿维德拉的著名作品《贝蒂斯的牧人们》出版）之间问世。和众所周知的西班牙骑士小说的数量相比，这 20 多部田园小说也不算少了。其中最著名的是豪尔赫·德·蒙特马约尔的《狄安娜的故事七部》（1559）、阿隆索·佩雷斯的《狄安娜》（1563）、加斯帕尔·希尔·波洛的《恋爱中的狄安娜》（1564）、路易斯·加尔维斯·德·蒙塔尔沃的《菲利达的牧人》（1582）、米格尔·德·塞万提斯的《伽拉苔亚》（1585）、巴尔托洛梅·洛佩斯·德·恩西索的《妒忌的醒悟》（1586）、洛佩·德·维加的《阿卡迪亚》（1598）、加斯帕尔·梅尔卡德尔的

《巴伦西亚的草原》（1600）、克星斯托瓦尔·苏亚雷斯·德·菲格罗亚的《永恒的阿马里利斯》、洛佩·德·维加的《伯利恒的牧人们》（1612）和加夫列尔·德尔·科拉尔的《辛蒂亚德·阿兰胡埃斯》（1629）。

一般认为，田园小说始于 16 世纪，从抒情诗牧歌变化而来。在这种牧歌中，往往有几个具有文学修养的牧人，他们生活在风景优美、令人愉快的地方，经历着大多是不幸的爱情，他们恋爱、失意、感伤、哭泣，通过讲述或朗诵诗歌向同伴倾诉心中的痛苦，经过几番周折后，往往以有情人终成眷属圆满结束。田园小说如法炮制，用散文体叙述故事，其形成比牧歌更自由、更活泼，内容也更丰富、更精彩，故事情节中还常常插入一些歌曲、十四行诗，或短小精悍的小故事，使小说显得多姿多彩。

然而，田园小说的发展并非一帆风顺，它开始并不被人们看好，当局的审查和文人的批评指责一向不断。最早的批评文章出现在蒙特马约尔的《狄安娜》出版几年后。不仅宗教人士和人文主义者口诛它，连一些作家也笔伐它，其中有的作家在其文学生涯中还一度是田园小说的创作者。无论是作家和伦理学者的直接批评还是宗教人士的出于维护宗教或因其他目的进行的间接批评，其矛头都指向田园小说的真实性，都怀疑田园小说的严肃性。

在批评文章中最为人知的应该是塞万提斯在其《堂吉诃德》第一部第六章写的清点堂吉诃德的书房的故事：神父、理发师和堂吉诃德的外甥女在清查图书，他们发现了蒙特马约尔的《狄安娜》。神父说："这些书不能烧，它们没有也不会像骑士那样害人，对人的头脑倒是有益无害的。"外甥女却说："你最好都拿出烧了，别弄得我这位舅舅治好的骑士病，一读这些书又得了想当牧人的症候，整天在树林子里、草场子上游来逛去，又弹琴又唱歌的，那就更糟了！"神父说，《狄安娜》"我看就不必烧了，可是得删去什么魔法师费利西亚、什么神水仙液、几乎所有的长言诗①，只保留散文部分。"这部小说总算逃过了一劫，但是其他的田园小说：阿隆索·佩雷斯的《狄安娜》、贝尔纳多·德·拉·维加的《伊比利亚的牧人》、贝尔纳多·贡萨莱斯·德·博瓦迪利亚的《埃纳雷斯的仙女和牧人》和巴尔托洛梅·洛佩斯·德·恩西索的《妒忌的醒悟》就不那么幸运了，它们统统被付之一炬。只有希尔·波洛的《狄安娜》、安东尼奥·德·洛弗拉索的《爱情命运十章》和加尔维斯·德·蒙塔尔沃的《菲利达的牧人》、赫罗尼莫·德·科瓦鲁维亚斯·埃雷拉斯的《恋爱中的艾利塞亚的五个故事》、加斯帕尔·梅尔卡德尔的《巴伦西亚草原》等幸免于难。

在对待田园小说的态度上，塞万提斯还有另一面：他的第一部长篇《伽拉苔亚》就是一部经典型的田园小说。小说分6章讲述塔霍河畔的牧羊人埃利西奥和粗犷的牧主埃拉斯特罗对美丽的牧羊女伽拉苔亚的爱情故事。他无论怎样对她表白，她总是不屑一顾，当作笑谈，由于其父的干预，伽拉苔亚很可能离开深深爱恋她的埃利西奥。伽拉苔亚写信给埃利西奥，请他想办法。埃利西奥决定带伙伴们去和伽拉苔亚的父亲面谈，否则他们将使用武力。这对恋人的故事在这样的悬念中结束。此外，小说还讲述了七八对男女牧人的爱情故事。塞万提斯在其《堂吉诃德》和其他作品中也描述过牧人生活，只是内容有多有少。在《堂吉诃德》第一部第十一章中，塞万提斯描述几个牧羊人与堂吉诃德过夜，大炖羊肉给他们吃，大家围坐在一起，吃肉饮酒，一个牧羊人还唱了一支很长的相思小曲，表达了他对心上人奥拉丽亚的思念。第二部第十九章描述的故事更典型：牧羊的小伙子巴西里奥是大美女吉特丽亚的街坊，他从小就爱上了她，两个孩子卿卿我我，可谓青梅竹马，渐渐长大成人。姑娘的父亲觉得男方家产上缺点

---

① 长言诗，指每行音节超过8个的一种诗。

儿，便决定把女儿嫁给财主卡马乔，巴西里奥知道后郁郁不乐，水米不进。当卡马乔和吉特丽亚举办婚庆典的时候，巴西里奥拄着一根大拐杖赶来，指责了吉特丽亚一番后，决定自杀殉情，于是使劲一抽牢牢插在地里的拐杖，露出来的却是一柄长剑，他猛扑上去，利剑插进了胸膛，他顿时倒在地上。在他临终之际，神父要他忏悔，他说如果吉特丽亚不答应做他的妻子，他绝不忏悔，姑娘坚决不答应，最后在众人和神父的劝说下她答应了。神父连忙对他们表示祝福，巴西里奥却灵巧地跳起来，拔出胸中的剑，众人都惊呆了。原来这是一个花招：长剑刺穿的不是他们的肌肉和肋骨，而是一根灌满血的铁管。这是他俩事先商量好的。结果，有情人终成眷属。

此外，塞万提斯在短篇小说《双狗对话录》中讲述了一只牧羊犬的故事：贝甘萨为主人守护羊群，工作勤勤恳恳，寸步不离羊群，有时羊被狼叼走，它便挨主人一顿毒打。总之，对于田园小说，塞万提斯一方面在作品中焚烧和扼杀这类小说，表示其厌恶的情绪；另一方面他又钟情于这类小说，在作品中多次描写牧人的生活、爱情和命运。

而洛佩·德·维加对田园牧歌小说更是钟爱有加。在这方面他甚至写了两部道地的田园小说《阿卡迪亚》和《伯利恒的牧人们》。《阿卡迪亚》（1598）讲述的是牧人安弗里索和牧女贝利莎达的恋情。男青年的父母担心在镇上引起有损家风的丑闻而把儿子送往外地，但他忘不了那个美丽的姑娘。等他返回故乡时却误信他的心上人投进了另一牧人奥林皮奥的怀抱。为了报复，他便和镇上另一个牧女恋爱，而贝利莎达也匆匆忙忙和她昔日的追求者萨利西奥结婚。安弗里索深感绝望，几乎精神失常，在巫婆的劝说下他毅然出走，去建立英雄业绩，从而摆脱了那段恋情的困扰。小说除了感人的故事外，还有如诗如画的风光描写，表达了洛佩对大自然的热爱。小说同时也凸显了人物那种多愁善感的性格。另外，小说中插入了许多诗篇，这种做法是当时田园小说创作的一种传统，一方面展示了人物的内心感受，另一方面展现了那个时代的社会面貌。

《伯利恒的牧人们》（1612）的人物不属于牧歌传统，而是属于宗教传统，写的是前往伯利恒朝圣的牧人，到那里去等候和庆祝基督的诞生。小说中写了圣母玛丽亚等众多圣人的故事和一般人的故事。在小说中可以读到：牧人们来来往往，满怀亲切而真实的宗教感情来迎接救世主的诞生。小说洋溢着诗意和激情，山川、河流、田园、草场，无一不赏心悦目。洛佩笔下的牧人一遍一遍朗诵优美的诗歌，口齿清晰而纯朴。小说详细地描述了圣婴出世的情景：圣母如何做产前的准备，如何包紧婴儿，婴儿多么美丽、干净和白皙，仿佛山顶上的白雪团，也像洁白的百合亭立在绿叶上……跟《阿卡迪亚》一样，小说中也采用了许多美丽的诗篇，其数量多达 160 多首。有歌颂圣母的，有圣婴的，也有歌唱圣迹或圣事的，可谓诗文并茂，激情奔放，不失为一部田园佳作。洛佩把田园小说称为"牧人小说"，而《伯利亚恒的牧人们》是洛佩创作的最早表现宗教题材的田园小说。

第三节　《阿卡迪亚》

《阿卡迪亚》是一部旧田园小说，大约作于 1592 年至 1594 年间，1598 年出版。当洛佩决定写这部小说时，已经注意到有许多杰出的范本可以借鉴，譬如薄伽丘的牧歌《亚美托》（1341）、葡萄牙豪尔赫·德·蒙特马约尔的《狄安娜》（1559）、塞万提斯的《伽拉苔亚》（1585）、加尔维斯·德·蒙塔尔沃的《菲利达的牧人》（1582），特别是意大利圣纳扎罗的《阿卡迪亚》（1504），这部小说于 1549 年译成西班牙文，它讲述的是青年辛切罗的历史。辛切罗失恋后离开那不勒斯，前往名叫阿卡迪亚的伯罗奔尼撒地区，他在那里过着平静和安定的生活，精神上不再焦虑不安。他喜欢那个地区的牧人、诗人们的生活。但是，一个可怖的梦驱使他返回那不勒斯。回到那里后他得知他心爱的女人去世了。田园之题常常是通过诗歌来表现的，比如牧歌之类。圣纳扎罗就在一个比较长的故事（长篇小说）中插入了无数首抒情诗（12 首牧歌）。每一首牧歌前面都有很长的一段散文式的故事。圣纳扎罗的《阿卡迪亚》对于牧歌的振兴及其在西方世界的传播起了重要作用。这部小说的故事虽然不那么完整，古典的人物形象也过多地充斥着作品，但是小说中有极其美丽的景物描写，有对心情平静、生活无忧的诗人的内心世界及其强烈愿望的忠实表现，同时也表达了诗人和一切人文主义者所共有的、对那种遥远的理想世界的向往。这是一部表现人文主义思想的代表作。圣纳扎罗在小说中创造了一个虚幻的、但是富有诗意的美轮美奂的世界。此作的创作成功有力地推动了文艺复兴时期田园小说的诞生。这类小说不仅在意大利文学中，而且在其他语言的文学中，特别是在西班牙和英国，均大量涌现，被视为富有诗意的散文即田园小说的范本和典型。

洛佩·德·维加还是通过对圣纳扎罗及其西班牙的后继者的效仿，采用在叙事故事中插入诗歌的惯常方式，创作了他自己的田园小说《阿卡迪亚》，小说取得巨大成功，成为 17 世纪再版次数最多的作品，从出版到 1675 年就再版 20 次，被认为是那个时代洛佩最杰出的作品之一。

《阿卡迪亚》全书分为 5 部，其故事情节是这样的：阿卡迪亚的牧人安弗里索是胡皮特尔的孙子，他爱上了牧女贝利莎达姑娘，两个人挺般配的。安弗里索的父母为了摆脱他的对手的诡计和避免此事在镇上引起有损家风的风波，让儿子离家出走，但是他忘不了他那个美丽的姑娘。安弗里索远走他乡，风波总算没有发生。但是当他回来的时候，却相信他的恋人贝利莎达投进了另一个牧人奥林皮奥的怀抱。为了报复，他开始和镇上最漂亮的牧女之一阿纳达恋爱。而贝利莎达为了报复则匆匆忙忙和她昔日的、自己并不喜欢的追求者乡巴佬萨利西奥结合。安弗里索知道自己的绝望和嫉妒的行为毫无根据，差一点失去理智。在这种情况下，朋友们劝他去求见高明的巫婆波利内斯塔，巫婆告诉他说，治疗不幸的爱情最有效最可靠的药方是去建立英雄业绩，从而振奋自己的精神，增强生活下去的勇气。

安弗里索果然听从了巫婆的规劝，连连建立非凡业绩，胸中所怀的是渴望建功立业的大志，从而摆脱了那段不快的恋情的困扰。

小说的成功之处主要在于作者洛佩描述的才能。大自然的风光描写得如诗如画，表现出他对自然景色的陶醉。当他描绘原野时，我们看到一幅文艺复兴时代的绘画的广阔背景。当他愉快地表现他对花朵的喜爱时，也将他自己的品格凸显出来。洛佩自己在小说的序言中说，他本人的感情中的某种东西和主人公们的感情融和在了一起，最后他不得不承认，他曾竭力把个人的感受从小说中排除出去。

老实说，对现代的读者的欣赏的口味来说，像《阿卡迪亚》这样的小说吸引人的东西是不多的，因为小说人物的那种多愁善感和小说中那些过分雕琢和做作的段落远远地把我们隔开了。当然，这样的文学作品，即所谓的感伤主义或浪漫主义小说，在那个时代流行一时，是受读者欢迎的。另外，但凡读这部小说者，都能立刻认出那些伪装的人物，稍微细心阅读，你就会知道布雷辛塔就是阿尔瓦是公爵夫人；布拉西尔多就是著名乐师胡安·布拉斯·德·卡斯特罗，他在公爵府里为洛佩的某些诗歌作曲；安弗里索就是阿尔瓦公爵堂安东尼奥，贝拉尔多就是洛佩。此外，小说中还有为数众多的其他人物，如牧人加拉弗隆、莱利亚诺、阿尔西诺、梅纳尔卡和奥林波，疯子塞利奥，老人蒂尔西、加塞诺和丹特奥，天才的数学家贝纳尔西奥，诗人塞尔福，文雅的乡下人卡德尼奥，杰出的乐师布拉西奥，美丽的姑娘伊莎贝亚、莱奥尼莎、胡利亚、阿纳尔达，牧女卢辛达、塞利亚、克拉维利亚、马菲莎、阿马里利斯、狄安娜、克洛里达、哈辛达，无情的贝利莎达，安弗里索的母亲、牧女布雷辛达，阿尔瓦公爵堂安东尼奥的母亲、莱林伯爵夫人堂娜布里安达·德·博蒙特等。人物之多，内容之丰富，巫术和魔法的运用，关于女性姿色的评论，对神秘大自然的描述，以及诗歌赋予小说的活力和趣味，迄今没有其他任何一部小说能与之相比。

然而，《阿卡迪亚》对文化的过分炫耀、对科学知识的过多介绍和对占星学的学问卖弄，压得读者喘不过气来。还有一份"诗人和历史人物的名单"，竟长达 60 页。这种自恃博学的故意炫示，令塞万提斯不齿，他在《堂吉诃德》的序言里对洛佩进行了些许不怀好意的嘲讽和挖苦。他这样写道："您在自己的书里附上这份按字母顺序排列的姓名表。当然这是骗人。您根本不需要参考这些人的著作。不过那也没关系。说不定真会有几个天真的人，以为您在自己简单质朴的故事里确实参考了所有这些人的著作。这份长长的作者名单即使轮不上别的用场，至少可以一下子叫你的书身价倍增。"[①] 当洛佩想到自己在《阿卡迪亚》中曾引证说"塞万提斯是西班牙最著名的诗人之一"时，面对塞万提斯这般不留情面的讽刺，一定感到后悔极了。

《阿卡迪亚》是洛佩 16 世纪末在托莱多为阿尔瓦公爵堂安东尼奥当秘书期间创作的。而创作此小说的主要目的就是讨他的主人阿尔瓦公爵喜欢。小说以不少篇幅描写了阿尔瓦公爵府的宫廷般的生活和周围地区牧民的活动。洛佩还特意在小说插入了大量纪实文字，歌颂阿尔瓦公爵一家的光荣业绩，从著名的堂费尔南

---

① 《堂吉诃德》序方，董燕生译，浙江文艺出版社 1995 年版。

多公爵到他的孙子堂安东尼奥，一代又一代都有光宗耀祖的建树。
洛佩还不失时机地声称，这部所写的实际上是一桩真实的历史。
正如他在含有《安赫利长的美丽》一诗的《抒情诗集》（1604）
中致堂胡安·德·阿尔吉霍的献词里说的：“《阿卡迪亚》是我能
够以比诗歌还要多的寓言故事装点的真实的历史。”若干年后，他
在《致克劳迪亚的牧歌》中写道：

> 我在为慷慨的阿尔瓦公爵服务时，
> 描写了阿卡迪亚的牧民：
> 总是难以掩饰的牧人们的爱情，
> 我的父母家的柳哨
> 使曼莎纳雷斯的杨柳充满生气。

前面说过，洛佩是通过对圣纳扎罗及其西班牙的后继者的仿
效，采用在故事中插入诗歌的惯常方式，创作了他自己的田园小
说《阿卡迪亚》的。就是说，他在小说中插入诗的做法是遵循了
西班牙蒙特马约尔的《狄安娜》和塞万提斯的《伽拉苔亚》等小
说的传统。而这些诗篇的插入，起了有力地揭示主人公的内心感
受的重要作用。但是同时，这些诗歌也是一个诗歌整体，扮演着
反映那个时代的社会风貌的角色。对洛佩的诗作有着深刻研究的
当代西班牙学者何塞·F. 蒙特西诺斯在其论著《洛佩·德·维加
研究》（1967）中指出：

“《阿卡迪亚》中包含着洛佩多年间创作的宫廷诗歌类型。它
比他的其他任何一本书都更全面地代表着洛佩《在自己祖国的旅
行者》出版之前创作的这类诗歌的几乎一切形式。诗人洛佩似乎
在《阿卡迪亚》中对其丰富的诗歌进行了一次展示。诗歌之表现
清晰简明，没有后来我们看到的格言派的精雕细刻。在他的诗歌
作品中，可能没有一本书比这本书更优秀。”（第175—176 页）

比如这一首：

　　唱歌者能驱散其不幸，
　　哭泣者会加重其不幸；
　　当原因是这些时，
　　一个人面对的不应是哭泣。
　　穷凶极恶的野兽，
　　因伤心和痛苦而哭泣。
　　不为爱情哭泣的人，
　　不知道什么是妒忌；
　　一只狗失去了主人，
　　它会在野外哭泣。

　　诗歌再朴实不过，格言般言之有理，虽简单却内中有物，不失为一首富有教益、不落窠臼的好诗。

第四节　《伯利恒的牧人们》

　　《伯利恒的牧人们》是洛佩·德·维加的田园小说，1611 年创作，1612 年出版。此作是献给他可爱的儿子卡洛斯·费利克斯的。费利克斯是洛佩和胡安娜·德·瓜尔多生的孩子，七岁时在佛朗西斯街他们的家中发烧夭折，洛佩为他写了这篇美丽挽歌，以示纪念。父爱是深厚的，无限的，这一点在他的献词里表现得很清楚："献给圣婴的这些散文和诗，也是献给你幼小的年岁的：因为既然他赐给你我的渴望你享有的岁月，那么当你找到人类的牧人田园，知道这些圣人写了我的惨痛经历，那些圣人写了我的无知时，那将是好事。你读读这些童稚的文字，并从这些基本知识开始，它们会教会你应该怎样度过你的日子。"

《伯利恒的牧人们》是洛佩在 1611 年 10 月完成的，写完后他给塞萨公爵写了一封信，汇报了他创作和出版这本书的情况：

"阁下，我告诉您，近来我按照《阿卡迪亚》的样子写了一本书，取题《伯利恒的牧人们，散文与圣诗》。我的朋友们说（是靠维吧），这是我的无知中有幸做对的事情。在他们的鼓励下，我把书呈交给了有关审查委员会，我会在最短的时间内把书印出；这是我们喜欢做的，尽管写的是神圣题材，其中有十分丰富的人和神的历史，但我相信，这样的书同样会受欢迎的。我曾千百次地想，我做得多么糟糕：我竟然把我的作品、我的服务和我的岁月都花费在了掌握阿卡迪亚的那些思想上……"

这部献给他儿子卡洛斯的小说，取得了巨大成功，因为从 1612 年到 1619 年，相继推出了 9 版，它是西班牙文学中唯一的一部表现神圣题材的田园小说。西班牙传记作家阿美里科·卡斯特罗和乌戈·A. 雷内尔特在其著作《洛佩·德·维加的生平》一书说，《伯利恒的牧人们》出版后，洛佩唯一的担心是：

> 这本书是对天主教教义的虔敬；除此而外，神圣的人物没有丝毫神秘光环地把自己像日常现实一样那么明确或确切地展现给读者……

"插入的故事一般来说都是关于圣经题材的，即和耶稣降生有关的圣经故事。但是此外，也有各种各样没有关系的内容和资料。除了杂七杂八的这一切外，有三个具有重要文学价值的特点值得注意：一是洛佩以孩子般的柔情和特别高雅的方式表现出来的质朴而纯真的激情；二是对物品所做的如在眼前的、充满诗画魅力的描绘；三是虽然不严重，但仍然有一些关于性爱、性感的描写，这是作为诗人的洛佩的喜欢写的。"① 口齿清晰而纯朴。若干牧人聚集在伯利恒附近的地方，他们在耶稣降生前好几个星期就来到这里。他们在交谈中，不断重复着大卫和拔示巴、圣母玛丽亚、亚扪、拉吉、雅各、押沙龙和他玛、苏珊娜和审判官们的历史；他们忘乎所以地评论着玛丽亚的家庭和预报耶稣降临的预情和志愿的态度参加圣母访问节、想象耶稣降生的场景等。这些牧人十分陶醉，他们双手合着，跪在地上，用一身几乎是人造的散发着香气的地衣遮着他们那双有罪的双脚，聚精会神地期待着奇迹的发生。在伯利恒地区的西班牙家庭，有这样的传统：每到圣诞节，孩子们用他们那纯洁的小手，激动地摆动或移动手里的小泥人，象征着降生后的圣婴。洛佩就曾抚摸、溺爱并几乎连续亲吻圣婴耶稣。童年时代他那全部的柔情充分地表现出来，丝毫不曾丧失他的宗教品质。对宗教的信仰不是抽象的，而是很具体的，它甚至就表现在人们的双手上。洛佩也和他的一切同代人一样，其信仰十分坚定。他和穆里略②一样，认为圣家的亲情就是任何一个普通家庭的亲情。《伯利恒的牧人们》中所颂扬的圣婴是一个真正的男孩，这个男孩很可能就是洛佩的宅第所在的弗兰科斯街上的一个男孩，并且为他写这本书，后来就有了人们传唱西班牙文学中的优美无比的摇篮曲：

> 要向圣母的心灵
> 做出回答，
> 她用怀抱里的梦
> 柔和地遮住她的星星。
> 于是她放开
> 轻柔而娇弱的喉咙，

---

① 见《洛佩的生平》，第 194—195 页。
② 穆里略（1617—1682），西班牙画家，做过许多宗教画。

这样，她的声音
便和天籁之声融合在一起。
神圣的天使们，
你们在棕榈上活动。
我的宝贝睡了，
你们要拿好花束。
狂怒的风，
疯狂地摇动
伯利恒的棕榈树，
风声那么大，
可别把他吵醒，
你快远远地吹过吧。
孩子睡了！
你们要拿好花束。
神圣的孩子，
他哭累了，
在娇弱地哭过后，
他想安静一会儿。
孩子睡了，
你们要拿好花束。
严酷的冰块
正在逼近他。
你们已看到，
我没有办法把他保护。
神圣的天使们，
你们在飞行。
我的宝贝睡了，
你们要拿好花束。

　　小说的一个重要内容表现圣婴的降生。作者这样描写圣婴降生的情景：

　　"诚实的圣母知道她分娩的时刻。何塞走出来，因为他觉得他不应该亲眼目睹那么神圣的圣事。玛丽亚把拖鞋从神圣的脚上脱下，把裹在身上的一条白披巾取下，把头上的头巾也摘下，身上只穿一条长衫，无比美丽的长发披在背部。然后取出为那个时刻准备的两块亚麻布和两块非常干净和细薄的毛料，以及另外两块窄长的、用来包扎圣婴头的布料……所有这些东西准备好后，她就双腿跪下，背对着牲口槽，面部扬向上空，对着东方，开始祈祷……在这样祈祷的时候，她感受到她那个至高无上的儿子在处女腹中活动。有一瞬间，孩子出世了，她看见他就在她纯洁的眼睛前……光荣的婴儿赤裸裸地躺在地上，那么美丽、干净和白晰，仿佛山顶上的白雪团儿，也像洁白的百合亭立在绿叶上……这时，婴儿哭起来，好像被寒冷的天气冻得发抖，地面也太硬似的，只见他伸着双脚，双手在寻求母亲安慰、帮助和保护。于是母亲把他抱起来，放在胸前，把面部凑近孩子的小脸，用难以形容的快乐和母爱温暖他，庇护他。然后把他放在她那处女的膝部，开始快乐而敏捷地包裹他：先包上那两块亚麻布，后又包上那两块毛料，最后用一条带子轻轻地把孩子的小躯体系起来，用有力的手臂把孩子抱起来。为了更好地保护他，还把他的头抱起来。当表示其母爱的如此感人的这一切做完后，恭敬的何塞走了进来。"

　　如此细致的描写，在小说中经常出现。小说取得的成功的确巨大，仅在 17 世纪就相继出了八版。但是不幸的是，第一版遭到了宗教裁判所的严厉删改，特别关于苏珊娜和审判官的描述部分，和关于押沙龙和他玛的内容，因为洛佩在这些段落的性爱描写和全书的笔调不协调。还有一些从《圣经》等书上翻译过来的优美的诗作也被宗教裁判所的腐败的笔墨无情地删去。在后印行的版本里，类似的情况也有发生，比如 1613 年的莱里达和马德里版本、1614 年的布鲁塞尔版本、1616 年的阿尔卡拉版本、1645 年的巴塞罗那版本和 1675 年的马德里版本，无不如此。

小说的初版是 1612 年在马德里印刷的，书名为《洛佩·德·维加·卡尔皮奥献给他儿子卡洛斯·费利克斯的伯利恒的牧人们，散文和圣诗》。这一版可谓稀世珍宝，在任何一家藏书丰富的图书馆里都找不到，也没有一位书志学家描述或介绍过它。

小说的前言很短，是以"伯利恒的普通牧人"的名义写的，印在洛佩本人的肖像下面，这幅肖像曾在《安赫利卡的美丽》一书上用过。

书中含有为数可观的诗篇①，都是洛佩写的最优美的诗歌。在书中，洛佩几乎采用了诗歌创作的一切形式和韵律。在短诗当中，最优秀的是村夫谣（通常以耶稣降生为题材，在圣诞节期间演唱的民歌）和挽歌，挽歌有 5 首。在这部田园小说中，洛佩也和在《阿卡迪亚》中那样用了一些假名字，其中有几个人是他的朋友，比如埃利塞奥就是巴尔塔萨尔·埃洛伊·德·梅迪尼亚，达蒙就是门多萨。而其他的人：内克塔尔沃、埃尔加斯托、阿尔费西维奥、内莫罗索、劳罗、德利奥、皮雷诺，以及牧女菲纳尔达、莱斯比亚、特万德拉、尼塞伊达、多西特亚、卢塞拉、埃利菲拉等，在现实世界应该实有其人。

第五节 《在自己祖国的旅行者》

《在自己祖国的旅行者》是洛佩的一部拜占庭小说或旅行冒险小说，1604 年在塞维利亚出版。

拜占庭小说是一种古典叙事文体，最初是在 12 世纪由东罗马帝国的希腊拜占庭人写的一种叙事散文，是现代冒险小说的前身，

---

① 有人统计过，共有 167 首。

16—17 世纪在西班牙兴起。其情节一般是描写一对恋人渴望结合，但遇到一些障碍，不得不暂时分开，进行危险的旅行，途中遭受到囚禁、海难等，最后实现了他们的愿望：终于重逢，证明他们的爱情是忠诚的，并通过历险和种种考验得到了巩固。这种小说具有娴熟的叙述技巧，可信的故事，真实的人物心理描写，对纯洁的爱情的赞颂，对非法爱情的惩罚，格言和警句的巧妙运用等。

《在自己祖国的旅行者》出版后大受欢迎，出版当年和翌年在马德里和巴塞罗那均连印两次，在马德里还修订再版一次（1608）。小说是献给堂佩德罗·费尔南德斯·科尔多瓦即普里埃戈侯爵的。小说，具有复杂的冒险故事，充满意外事件、种种变故和爱情纠葛，最终以真正令人惊诧的结局圆满结束。

无疑，这是一部精心构思的作品。男主人公潘菲洛·德·卢汉和美丽的女主人公尼赛经历了各种意想不到的困扰，有情人终成眷属。这类小说的典范之作是 16 世纪西班牙作家赫罗尼莫·德·孔特雷斯（1505—1582）的《冒险的丛林》（1565），其主人公卢斯曼是塞维利亚的一名骑士，他爱上了高贵的小组阿博莱亚，并向她求婚，但遭到了拒绝，他感到失望和无奈，便搭船前往意大利，决计为上帝献身，却未能如愿，随后开始了他的寻爱之旅：他从威尼斯出发，经过米兰、皮萨、曼图亚、罗马，最后到达那不勒斯。在旅途上遇到了许多讲述不幸爱情的作家。在回西班牙的路上，他的船遭到土耳其人的攻击，结果被俘，在阿尔及尔当了 5 年囚徒。等回到西班牙，得知阿博莱亚已出家，卢斯曼感到绝望，也做了隐士。小说第二版结局不同：阿博莱亚出门寻找卢斯曼，双双在葡萄牙重逢，结为夫妻，幸福地生活在一起。

跟《冒险的丛林》不同的是，洛佩笔下的主人公经历的苦难都发生在西班牙国内几个几乎有限的地区，即巴伦西亚、萨拉戈萨、巴塞罗那和托莱多这四个城市。主人公潘菲洛在不幸命运的打击下，走访了多家著名寺院，总是一无所获。在旅途上，他遇到过海难、海盗、乔装过，被人误会过，进行过决斗，被判过死刑。在如此艰辛、发疯的奔波中，他仿佛丧失了理智，反应毫不清醒，好像不知道在干什么。洛佩笔下的这个人物，仿佛不是小说的主人公，而是情节剧中的角色。有文学史家说："对命运的嘲弄和某些时刻的狂躁像在梦中和不真实的情景中一样聚集在一起，最后到达幸运的结局。"

的确，在这一部用散文写的、像舞台表演一样节奏缓慢的"戏剧中"，人物从宫廷侍从到士兵，从士兵到俘虏，从俘虏到旅行者，从旅行者到囚犯，从囚犯到疯子，从疯子到牧人，从牧人到为他带来不幸的主人家的可怜奴仆，人物命运的每一次变幻都不乏戏剧性，直到小说结束时才柳暗花明，相爱的男女幸福地重逢。

小说的故事就像发生在洛佩自己身上一样，似乎就是他自己的人生经历的真实写照。比如小说中插入的诗歌《冰雪般美丽的山姑》，涉及的便是洛佩同米凯拉·德·卢汉的关系。还有，哈辛托就是洛佩，他曾爱的女人，卡米拉·卢辛达在小说中出现了好几次，最后她和哈辛托结婚。洛佩总是把现实和幻想奇妙而动人地交织在一起。

小说的另一个吸引读者的地方是，它呈现出来的早期浪漫主义色彩。尽管就小说的整体而言（主要是它的故事情节）令人稍感乏味、缺乏很强的可读性，但是某些独立的段落却不然，它们依然具有无可置疑的新鲜感和一定的魅力。比如一位圣母从一幅画上伸出手臂来搀扶一位遭遇意外事件的画家；巴伦西亚疯人院发生的那几个戏剧性的场面；小说中插入的那几个相信奇迹的小故事（幽灵以床的形状飘向屋顶）等。

除了这些具有纯粹的文学趣味的内容外，洛佩还在小说末尾列了一张具有重要意义的很长的戏剧作品名单，表明到那时为止他已经写了219个剧本。关于这些剧本，洛佩在此剧的前言中说：

"这样，聪明的戏剧爱好者就可以注意它们了。我也请他们注意，这些剧本被译了那么多语言，经过那么多人的手，印成了那么多纸张，不是我自己所印，所以不应该怪它们那些差错，因为我看到过，有一些剧本是我绝对不了解的。"

此外，他还阐述了对自己戏剧创作的观点，他说他不能遵守那些清规戒律，因为如果那么严格的话，西班牙人是绝不会去看的。

最后应该提及的是，洛佩在小说前四章的末尾插入了四个圣礼短剧，即《灵魂之旅》、《灵魂的婚礼和神圣的爱情》、《皇后》和《浪荡的儿子》。这些剧本都是在《在自己祖国的旅行者》出版前写的，跟这部小说毫无关系，属于洛佩早期的作品。他还在小说中插入了许多诗篇，其中就有那首献给卡米拉·卢辛达的十分优美的书信体诗《冰雪般美丽的山姑》，诗歌洋溢着激情，情真意切。洛佩诗歌的研究者何塞·F. 蒙特西诺斯巧妙地评论说：

"他比他的时代几乎又提前了两个世纪。他这首诗可以说是浪漫主义的前奏。在诗的开头有一种泪水汪汪的浪漫主义的东西。但是这种在洛佩的爱情诗中总是奔流的泪水，这一次并没有十分有效地妨碍他把人物动身和离去的痛苦传递给我们。献给卢辛达的这些三行诗包含着极富激情的诗句。"

第六节　《多罗苔亚》

《多罗苔亚》1632 年出版，是洛佩·德·维加最重要的长篇小说，洛佩称之为"散文剧"，就是说，对他这位戏剧家来说，《多罗苔亚》是一部包含着"对白"等戏剧因素的作品，只不过它是不可上演的。小说像剧本一样分为 5 幕，是一部对话体小说。写此作时，洛佩已年逾古稀，拥有丰富的人生经历和多次的爱情变故。《多罗苔亚》写的便是他的第一次爱情：他同艾莱娜·奥索里奥的激越的爱情故事，写作技巧和基本情节均与西班牙古典喜剧、费尔南多·罗哈斯的《塞莱斯蒂娜》（1499）不无关系。洛佩曾不止一次读过这部作品。但是并非它的续篇，远远不是。在《多罗苔亚》中，洛佩付出了他的感情和文学智慧，以其全部心血创作了这部无比优美的西班牙文学经典。

小说的故事情节是这样的：女主人公多罗苔亚是一个美丽、文静、有知识、讨人喜欢的女人，她已结婚，丈夫远在南美洲的利马。不料她爱上了一位诗人，诗人叫费尔南多，他年轻气盛，几近囊空如洗，但他非常爱多罗苔亚。在母亲的逼迫下，多罗苔亚决定和费尔南多分手，因为她母亲喜欢有钱的西印度人堂贝拉，希望把女儿嫁给他。为此，她委托赫拉尔达充当媒婆，去见堂贝拉。这时，诗人费尔南多觉得没有脸面，想远远地躲开，一气之下决定离开马德里，好忘记多罗苔亚，但他身无分文，为了弄到钱，他谎称杀了一个人，官方正缉拿他。于是他去了他的旧相好玛尔菲莎家。玛尔菲莎虽然曾被他骗，但心里还是深爱着他，甚至愿意再让他骗一回，所以毫不吝啬地给了他一些首饰。费尔南多在塞维利亚城逗留了一些时日，想忘记多罗苔亚却做不到，而多罗苔亚也不能忘记费尔南多，得知他离她而去的消息后甚至想自杀（未遂）。后来费尔南多返回马德里，因为他再也不能忍受见不到多罗苔亚的痛苦。这期间，由于赫拉尔达的牵线，多罗苔亚已经接受了有钱人堂贝拉。一天晚上，当费尔南多在多罗苔亚门前徘徊时，遇见了堂贝拉，两人打了一架，后者被打伤。一天早晨，费尔南多和他的朋友胡利奥在普拉多大街散步时，看见两个遮着脸的女人，她们竟是多罗苔亚和她的女仆。费尔南多向她们诉说了他对多罗苔亚的炽烈的爱情。多罗苔亚拿下蒙脸的纱巾，双双和好如初（美丽的玛尔菲莎得知这一切后，妒忌得直骂费尔南多）。多罗苔亚和西印度人堂贝拉断绝来往，费尔南多很满意。但是费尔南多的虚伪和背叛的嘴脸不久便昭然若揭：多罗苔亚对他一片真心，见他一贫如洗，连堂贝拉给她的钱都给了他一些，可是费尔南多却不知好歹，多罗苔亚越对他好，他就越是倒向玛尔菲莎，甚至完全背弃了她。这使多罗苔亚追悔莫及，后又得知堂贝拉死于非命，她只得含恨隐居于一家修道院，了断尘缘。

洛佩在此作的前言中说：小说的情节"是历史"，"《多罗苔亚》是我在早年写的，我曾弃文从戎……像多次发生的那样，书稿丢失了，但是失而复得，却又没有重视（这是花费了青春年华后常常发生的事），后来我精神抖擞地进行了修改，它便在我的亲切照看下生气勃勃地成长起来"。但是在这番话后面却隐藏着一个事实，这便是《多罗苔亚》一书几乎全部是他年迈时写的，或者说，至少是他成年后写的，只有某些部分是他年轻时写的，因为书中多次提及 1588 年后发生的一事，特别是献给堂娜玛尔塔·德·内瓦雷斯的那些诗，还有 1630 年他对贡多拉主义的猛烈嘲讽，甚至是卜星家塞萨尔在给费尔南多占挂时提到 1614 年洛佩被授予教士之事和伊莎贝尔·德·乌尔维纳之死（1595）等。总之，《多罗苔亚》基本上是洛佩在老年写就的，这毋庸置疑。

此外，洛佩关于小说的情节"是历史"的说法也是毋庸置疑的。因为小说的故事是洛佩根据自己的亲身经历和感受写成的，确有其人其事，写的是真人真事，而不是想象或杜撰。真人的名字被虚构的人名取代，真实的事件被赋予了文学色彩。小说中的男主义公堂费尔南多就是洛佩本人，女主人公多罗苔亚就是洛佩早年的情人艾莱娜·奥索里奥。大约在 1583 年，洛佩从远征地葡萄牙的亚速尔群岛归来，作为诗人和士兵的他，遇到了艾莱娜·奥索里奥，她是当时的名演员赫罗尼莫·韦拉斯克斯的女儿，和一个名叫克里斯托瓦尔·卡尔德隆的喜剧演员结了婚，据洛佩在《多罗苔亚》中的回忆，那几个月卡尔德隆在美洲游荡。洛佩对艾莱娜一见钟情，仰慕之至，跟她相爱 5 年，他在无数十四行诗和谣曲中赞颂过他们的爱情。洛佩在《多罗苔亚》中说：光是"她的身段、活力、洁净、谈吐、声音、才气、舞蹈、歌唱、各种乐器的演奏"，他就写了两千多行诗。他不惜笔墨，赞美她的妩媚和清秀，赞美她那美轮美奂的面孔和她那平静似水的眼睛。年轻的洛佩对爱情如同对诗一样狂热，不放过表现其激情的任何机会，他在优美的谣曲《喂，塞德，我告诉你》中写道："失去你，我会失去很多，能爱你，我会得到很多。"

　　但是，洛佩和艾莱娜还是分手了。洛佩在《多罗苔亚》中借堂佛朗西斯科之口说："有一天她坚决地对我说，我们的情谊结束了，因为她母亲和亲戚们羞辱她，我们俩已经成为京城嘲讽的对象，说我因发表的那些诗而有不小的过错，不然的话，不至于到这个地步。"① 然而，谁也不清楚，究竟是由于他们成为京城嘲讽的对象，还是由于一个有钱有势的公子哥（红衣主教格朗维拉的侄子堂佛朗西斯科·佩雷诺特·格朗维拉，即《多罗苔亚》中的堂贝拉）的出现导致了他们的破裂，反正他们分开了。之后，洛佩写了不少谣曲和十四行诗来表达此事引起的不快。但是洛佩并不满足于写这些诗，由于艾莱娜·奥索里奥背弃了他，他不胜激怒，写了不少粗暴的讽刺诗文发泄他的怒火，艾莱娜的父亲韦拉斯克斯深感受到了伤害，便一纸把洛佩告上了法庭，结果洛佩受到了处罚：先是被投入牢房，随后被流放，离开了京城。洛佩曾在法庭上辩护说："我非常喜欢艾莱娜·奥索里奥，我把为她父亲写的喜剧给了她，让她用来挣口饭吃。我感到些许遗憾的是，后来我写的喜剧全部给了波雷斯，所以她对我不满，倘若我把喜剧交给她，我就不会受到挖苦了。"

　　在艾莱娜·奥索尼奥之后，又有一些女人闯入洛佩的生活，

──────────

①　见第四幕第一场。

她们是米凯拉·德·卢汉、玛尔塔·德·奈瓦雷斯和伊莎贝尔·德·乌尔维纳。从这些女人中，产生了《多罗苔亚》的女主人公多罗苔亚。多罗苔亚是洛佩生命中的多次爱情的总和和美好的记忆，犹如但丁的贝娅特里丝或佩特拉克的萝拉，是当时的人文主义者追求的理想化的女性和人世间爱和美的象征。

洛佩·德·维加那么喜欢她，这毫不奇怪，因为她是在洛佩的全部文学生涯中成长起来的。在西班牙文学史上，没有一个人物让作家花费如此漫长的岁月。

《多罗苔亚》的男主人公堂费尔南多具有感情冲动、不顾一切地诗人洛佩的明显特点，他还穿着少年时代的衣服，一味地向他的情人献诗，不断地献诗。有时显得过分有学识、过分聪明，喜欢卖弄学问，卖弄其文学修养，有时又很可怜，令人同情，他爱多罗苔亚，情深意切，热情洋溢，他可以冒着寒冬在多罗苔亚窗外待上几个整夜。他具有年轻时的洛佩的突出特点：像个初生牛犊，不成熟，不在乎，不知疲倦地倾心于他对多罗苔亚的爱情，自己编织罗网自己往里钻。从他的表现看，他是既扭捏作态，又不顾脸面，既幼稚又可敬，既使人开心又脾气暴躁，既容易冲动又呆滞冷漠。但是归根结底，堂费尔南多不可能成为一位英雄、一个顺应时俗的喜剧的男主角，他不是一个绅士，也不可能像个绅士那样表现，他只是一个写谣曲诗的诗人，谣曲作者。他深爱着多罗苔亚，但是他酷爱文学，渴望成为诗人。洛佩不可能把他写成另一个人物。在文学上，他显得更真实。由此而产生了这个年轻诗人的焦虑，他发现生活并不是梦，在生活中他不可能像在世外桃源里那样生活。最后他对多罗苔亚的爱情也失去了信心，正如他在第三幕第一场中说的，"我既喜欢她，又厌恶她"。他终于背叛了多罗苔亚，重新拜倒在玛尔菲莎的石榴裙下。

洛佩笔下的另一个重要人物堂贝拉和堂费尔南多截然不同。

洛佩对他的这位旧情敌的无比大方，不惜笔墨描写他的优雅的仪表和美好的品质："他是个大约 37 岁的男人，有少量的白发，这是海上的劳作所致……他有英俊的仪表，快活的眼睛，洁白的牙齿，漆黑的胡须像用丝绒串起来的珍珠；他明白事理，头脑清楚，诙谐风趣；此外，堂贝拉还十分谨慎，胸襟开阔，甚至还有点诗才，一举一动都显示出他那种贵族气质。他的爱情是纯精神上的。虽然最初他表现得并不十分纯精神，但是后来渐渐地变得高尚而慎重了，甚至连一封情书也不渴望"：

> 我的爱情的本质
> 仅仅是爱情
> 而书信不过是
> 个人的爱好。

（第二幕第 4 场）

他不向多罗苔亚提任何要求。他不渴望收到她的信，也许是因为他从内心深处感到多罗苔亚依然忠于费尔南多，他只简单地希望多罗苔亚能真心地爱他，多罗苔亚也觉察到了这一点。他不是一个宽宏大量的傻瓜，而是一个比傻瓜好千百倍的人：他是当年疯狂地爱着玛尔塔·德·内瓦雷斯时的洛佩本人的生动化身。越到老年，洛佩就越追求精神上的爱情，所以他才那么宽宏大度地描写堂贝拉，甚至把自己的感受放在他身上。堂贝拉同多罗苔亚见面越多，就越觉得她离他越远，所以他渐渐感到心中酸楚起来。第 5 幕充分表现了堂贝拉的痛苦心情："我痛苦极了；不知道这些天我怎么了，我总是高兴不起来。"他感叹："哪个明白人不知道人终有一死呢？"他似乎预感到了自己的悲惨死亡，所有的人都为之哭泣的死亡。

《多罗苔亚》中的诗题是小说的重要组成部分，不能不提。文学作品中插入诗题，是 16—17 世纪的田园小说和宫廷小说作家们的一种传统或惯例。洛佩在前言中说：插入诗歌是"为了让读者休息一下，然后再继续阅读，还为了使《多罗苔亚》不缺乏多样性，希望小说显得更加优美"。

但是奇怪的是，插入的诗中没有一首提及他同艾莱娜·奥索里奥的爱情，而几乎全部是为他的另一个情人阿马里利丝即玛尔塔·内瓦雷斯写的。

这些诗篇根据它们在作品中起的作用，可以分为四类。第一类是合唱曲，共 5 首，写得很精巧，都放在每一幕的末尾，是对每一幕涉及的故事情节的精辟的概括。比如第一幕末尾的题为《爱情的合唱曲》的诗这样唱道：

> 天上和人间的强大爱情，
> 我们的感官的甜蜜战争，
> 啊，你的帝国征服了
> 多少失意的人及其不平静的生命！
> 你用徒劳的快乐和发疯的恋爱，
> 炽烈的欲望和冰冷的恐惧，
> 愉快的痛苦和甜蜜的欺骗
> 掠夺着岁月，
> 年轻而粗暴的独裁者，
> 你劝阻善举，沉千万恶，
> 你要求你所喜欢的人死去，
> 你是何等的残酷无情！
> ……

第二类是歌谣或谣曲，由不同的人物歌唱但是总有人物提醒是洛佩写的："请听洛佩的一首谣曲"，或者某个死了夫人的悲伤绅士作的。属于这类的有《我走向孤独》作著名的四首《小船》

（后者作于 1632 年 4 月 4 日即阿玛里利丝亡故的日期，或同年 5 月 6 日）。《我走向孤独》也许是全部西班牙文学中最著名、最流行和最优美的格言式谣曲，这首谣曲是堂费尔南多在第一幕第四场中唱的，共 112 行，他唱道：

> 我来自我的孤独，
> 又走向我的孤独，
> 因为为了和我在一起，
> 我的思想已足够。
> 我不知那个村子怎么了，
> 我在那里出生和寿终，
> 由于我来自我自己，
> 我就不会来自更远处。
> 我对自己不好也不坏，
> 但是我的智力告诉我，
> 整个人就是一个魂灵，
> 它被囚禁在它的肉体中。
> ……
> 我来自我的孤独，
> 又走向我的孤独。

在结构上，此作四行诗为一小节，十分严谨，正如洛佩在《抒情诗》一文中指出的，更准确地说，"这是一系列通过协韵词和情节联结起来的民谣"。和洛佩年轻时代的那些清新而乖巧的谣曲相比，这首谣曲更注重其形式的完美，技巧也更娴熟，读来通俗易懂，毫无卖弄学识的学究气。

《小船》，正如洛佩自己所说："是以渔夫的田园小调的样式写的，是致阿玛里利丝的挽歌或哀歌，充满了文雅的文字和唯美主义，内容是一个渔夫哀悼一个貌美无比的女人，她出生在海岸边，为人刚强，意志坚定，具有纯净的信念和良好的习惯。"（第三幕第 8 场）《小船》第一首以"唉，我亲爱的女人和痛苦孤独"开篇，唱者胡利奥首先悲痛地唱道：

> 在这干涸的沙地上，
> 我怎么能没有灵魂地活着？
> 既然我的曙光女神已死，
> 我怎样期待天亮？
> ……
> 可怜而荒凉的小船，
> 从头到尾，
> 还有你的渔具和白帆，
> 都披上悲哀的丧布吧！

然后，歌唱了阿玛里利丝的美貌和她的全部特征（绿色的眼睛，柑橘花般的双手，康乃馨般的嘴巴等）：

> 你曾多么快乐地回答，
> 笑眯眯地把那朵
> 贞洁的康乃馨
> 分成两个半圆！
> 而我，你悲伤的丈夫，
> 伸出舌头，
> 从你的绿叶上
> 接收珍珠般的笑声。
> 如今，我亲爱的女人，
> 不能再回答我；

在永恒的沉默中，
不再给任何人回答。

在这首挽歌中，洛佩试图表现一切此类诗歌的突出特点：洛佩的爱情诗中通常不会缺少令人同情的感伤主义和大海题材的巴洛克风格。

《小船》第二首以"为了不让你走"开头，也在第三幕第一场中由胡利奥歌唱：

可怜的小船，
为了不让你走，
我们在你凄凉的船里
装满了沉重的废物。
但是载着这么重的东西，
你怎么能承受？
……
在破损的船尾
明白地写着：
"人的任何力量
都不能抗拒光阴。"
鸟儿向你预报
可怕的暴风雨，
却没有告诉你
风儿在树叶间呼啸；
你不要看有船儿离去，
也不要羡慕新的船只，
因为渔具装饰着它，
白帆把它遮蔽。

这首诗在结构上和第一首相似，只不过第一部分对人物的心理活动表现得稍多一些。

《小船》第三首优美得多，它在第三幕第 7 场，由堂费尔南多歌唱：

我可怜的小船，
孤单地待在碎石
和海浪中间，
没有帆遮着你睡眠；
你会迷失在何处？
你将驶入哪个海湾？
我提醒你，你会陷在
高傲妒忌的岩石之间，
名声毁于一旦。

挽歌最后写道：

唉，你不听我的话！
但是生命短暂易逝，
活着什么都缺少，
死了什么都多余。

诗歌明显地凸显了人物的忧伤心情和心中对失去小船的焦虑情绪。但是描绘自然景物的笔触却十分生动和善于渲染：

绿色和红色的树枝
把你缠绕，
珊瑚丛中长出含盐的草，

这有什么重要？
只有岸边的月桂树
覆盖着船只，
高大的船只
装饰着金色的渔具。

不难想象，由岸边的草木、船只和渔具构成的画面是多么赏心悦目。

《小船》第四首以"清澈的巨人"开头，在第三幕第 8 场中由堂费尔南多歌唱：

清澈的巨人大海，
以其用转瞬即逝的浪花
堆成的白塔
面对着天空。
……
法维奥把他那
可怜的小船拴住，
双桨放在沙滩上，
渔网晾晒在阳光中。
……

诗歌表现了纯粹的渔夫田园诗的特点，同时展示了大自然的威力：

汹涌的海浪
沿着晶莹的梯阶
冲上来占领
神圣的雉堞，

把一条船劈为两截……

第三类是为玛尔塔·德·奈瓦雷丝写的谣曲，共三首：
《莎加拉，愿上帝保佑你》、《一双金色的拖鞋》和《思想，你
去哪里？》。文学史家认为这些诗技巧熟练，用词讲究，具有唯
美主义倾向，其实它们都很通俗，很传统。比如《思想，你去
哪里？》：

> 思想啊，
> 你以如此沉重的脚步
> 想去哪里？
> 戴着奴隶的锁链的人
> 是不能顺利逃走的。
> 如果你还回来，
> 何必还要离去？
> 你会给主人一个机会，
> 让他更严重地伤害你。
> 首先你要明白，
> 有一天你想离开
> 坐了那么久的监狱，
> 那完全是徒劳的。
> ……

再如《莎加拉，愿上帝保佑你》：

> 莎加拉，愿上帝保佑你，
> 请告诉我，你是否还爱我；
> 我不想忘记你，

你千万别抛弃我。
你如果忘了我，
你干吗还回来呢？
你如果还爱我，莎加拉，
你为何希望我死呢？

　　第四类是十四行诗，有三首，即《可爱的小鸟在树丛里歌唱》、《多罗苔亚，花儿在抱怨》和《夫人，我看到了理想的美人儿》。这些诗，有的很优美：比如《可爱的小鸟在树丛里歌唱》：

　　　　可爱的小鸟在树丛里
　　　　歌唱它的爱情，由于绿色的土地，
　　　　它没有发现正听它歌唱的猎人
　　　　和准备好的捕鸟器。
　　　　猎人射来，未中，它受惊飞起，
　　　　喙上慌乱叫声变成了冰块，
　　　　它飞回来，在树枝间飞来飞去，
　　　　不离开它可爱的心肝宝贝儿，
　　　　……

　　　　　　　　　　　　　　　（第三幕第一场）

　　有的特别精致，比如《多罗苔亚，花儿在抱怨》：

　　　　多罗苔亚，花儿在抱怨，
　　　　你们把色彩窃去；
　　　　冰雪在抱怨，
　　　　你们太严厉。

爱情在抱怨，

爱情进入了你们冰冷的怀里。

……

（第五幕第 4 场）

第七节　《献给玛西亚·莱奥纳达的小说》

1617 年年初，洛佩·德·维加和玛尔塔·德·内瓦雷斯①相识相爱，同年，他们的女儿安东尼亚·克拉拉出生。1621 年，洛佩为了试试运气而写了一部中篇小说，据他说是在玛尔塔·德·内瓦雷斯的建议下或请求下写的。1624 年玛尔塔失明。洛佩又写了三部中篇小说。这四部小说都是献给玛尔塔的。几年后玛尔塔精神失常，1632 年去世。这四部小说是：《狄安娜的运气》、《荣耀带来的灾难》、《谨慎的复仇》和《勇士赫尔曼》。四部小说表达的都是洛佩对玛尔塔的爱情。正是玛尔塔劝说洛佩写小说试运气的。因为当时塞万提斯已经在小说方面取得了引人瞩目的艺术成就。洛佩在《狄安娜的运气》的头几行提到塞万提斯说："他不缺乏风趣和风格。"此作开篇还透露了玛尔塔的请求和洛佩对写小说的态度："我没有把她的话当耳旁风，不是怕忘恩负义，而是怕不能正确地为她效劳，因为她要我写小说对我来说是一件新鲜事，虽然在《阿卡迪亚》和《在自己祖国的旅行者》中有某个部分属于这种文体和风格，但与其说是西班牙的，毋宁说是意大利和法国式的。其间的区别是很大的。在那个不如今天谨慎的时代，即使最聪明的人，也把小说称为故事。这种故事，作者能背下来，我却记得，我从没有见过他们写下来。"洛佩在后来的几行中还说，他从来也不想当小说家，但是听了玛尔塔的话写了。

---

① 商人罗克·埃尔南德斯的妻子，时年 25 岁。

写第一部小说《狄安娜的运气》的尝试成功之后，洛佩觉得这种文体写起来很自由，并且具有成功的很大可能性。所以当他决定写了另外几部小说时，便毫不困难，笔走如飞。因为他很清楚，"写小说不是很文雅的诗"（见《荣耀带来的灾难》），所以他任凭让科学家和非凡的宫廷朝臣的好奇心带着走，他可以利用杂闻、杂记，可以采用普通人的风格，可以愉快地寻找和讲述读者喜欢的故事。

随着写作的进行，洛佩开始体会到这种新文体的乐趣；写起来的自由、灵活，题材多种多样。此外，他认为小说具有和喜剧一样的规则，而且从某种程度上说，二者都喝同样的泉水里的水。小说是一种包罗万象的文体，一切人都应该享受，无论是科学家、达官贵人，还是文化水平低的平民百姓，以及侍女。种种关于冒险、死亡和海滩上发生的故事……都是写给他们看的。

《献给玛西亚·莱奥纳达的小说》中的第一部《狄安娜的运气》讲述的是一个名门女子发现怀孕后同意跟她的恋人私奔的故事。狄安娜在等了恋人塞西利奥几个小时后，误把一个行人当成了恋人塞西利奥，并在阳台上把一些珠宝和其他东西扔给了他。塞西利奥由于找不到甩掉狄安娜的哥哥的办法而未能赴约。狄安娜只好跟着那个陌生青年离开家。她觉得这是对塞西利奥的背叛，深感不安。塞西利奥随后去找她。狄安娜不久便生了孩子，把孩子送给了牧人，然后女扮男装去找塞西利奥。经过一系列的周折和冒险后，狄安娜到了美洲，参加了国王的军队，升为司令，最后被任命为西印度的总督。她在美洲遇见塞西利奥因杀死那个抢走她的珠宝的陌生行人而被捕。这一对情人最后团聚，恩恩爱爱故事圆满结束。

小说把冒险、奇遇、幻想因素融为一体，一切都是按照希腊后期的冒险小说和西班牙的骑士小说的模式构思的。书中描述了一系列几乎令人难以置信的冒险情节：一对恋人计划逃往西印度，因故未能成行；狄安娜扮成仆人，随主人到了美洲，屡建战功，当了总司令和总督；塞西利奥错过了从塞维利亚起航的船队，辗转非洲最后到达美洲的卡塔赫纳，却不幸因杀人而受到监禁；这一切，都不乏传奇色彩。洛佩笔下的这两个高人颇有特点：狄安娜为了爱情而背叛家庭、勇敢地出走，在美洲参加了天主教国王的军队，建立了功勋，晋升为司令，当了总督，成为一位叱咤风云的女强人。而塞西利奥，则是西班牙黄金世纪喜剧和小说的典型人物：他一贫如洗，却具有可贵的品质和美德：忠诚、谨慎、冷静、平和、托莱多人的良好习惯……无论小说的故事还是人物形象，都具有洛佩的喜剧的特点。这部小说被称为洛佩写的不能直接上演的喜剧。

第二部小说《谨慎的复仇》的故事发生在塞维利亚城，讲述的是劳拉和利萨多的疯狂爱情。这一对青年男女，一个貌美，一个英俊，门第都很高贵，并且十分富有，可谓门当户对，结为美好姻缘似乎不成问题，但是出乎劳拉意料的是，利萨多因在一场决斗中帮助朋友而受到牵连，不得不逃往西印度。忠于爱情的劳拉等待他归来。但是她收到一封利萨多的信（其实是其父冒充儿子之名所写的），告诉劳拉说利萨多已经在墨西哥结婚，劳拉徒劳地等了多日后，相信利萨多结婚之事是真的，便和另一个青年马塞洛结为夫妻。后来，利萨多从墨西哥归来，方知那封信是一个骗局，从此，二人的头脑便被盲目的激情所控制，复发的旧情演变为私通。最初，劳拉心怀恐惧，曾为维护自己的名誉、丈夫的名誉和父母的名誉而拒绝通奸，但是她对利萨多的爱情压倒了一切。除此而外，在劳拉眼中，她丈夫马塞洛远不如利萨多杰出，而是显得更老更一般，她和丈夫也没有孩子，婚后生活平平淡淡，没有真正的爱情。对劳拉的出轨，马塞洛是有过错的，正如小说中写的：

"马塞洛不温柔，不学习使女人高兴的艺术，像某些人认为的那样，这不重要。他不明白，作为丈夫，不但要当丈夫，还要当情人，这样才能尽到他的职责，家庭才能稳定。"

利萨多的仆人安坦德罗和主人不和，把主人和劳拉私通的事告诉了马塞洛。马塞洛明知道他妻子的情人在他卧室里，却假装视而不见，让利萨多溜走了，因为通奸的事不能对外声张。但是这种事损害了他的名誉，不能就此罢休。从此，他的反应就像西班牙剧作家卡尔德隆笔下的英雄："对秘密的侮辱，要秘密地报复。"但是报复要等成熟的时机，另外，受侮辱的丈夫也要保证自己的安全。马塞洛假装什么事也没有发生，而劳拉觉得丈夫宽宏大度，能容忍自己的女人所犯的过错。但马塞洛却在暗中操作：他把劳拉的丑事告诉了他的仆人苏莱马，激起他对劳拉的不满，然后煽动他去杀她。他毫不犹豫，闯进她的房间，捅了她三刀。这时马塞洛走进来。用同一把刀子捅死了苏莱马，免得他把发生的事情说出去。而街坊、亲戚和司法人员却认为这是一位丈夫对杀妻行为的正常反应。所以马塞洛跟其妻的死亡毫无关系。马塞洛只是在公众面前流了一些眼泪而已。之后，马塞洛用毒药杀死了劳拉的女仆菲尼莎，因为她为女主人跟利萨多的幽会提供了方便。马塞洛还在一天夜里用手枪对着利萨多的仆人安坦德罗的后背开了三枪。这样，所有参与损害其名誉的人或知道此事的人都铲除了，只剩下奸夫利萨多。两年后的一个夏日，利萨多去瓜达尔基维尔河里洗澡，马塞洛知道后也赶往那里，趁其不备，在河里抓住他，按在水里淹死。这便是"谨慎的复仇"。

其实，马塞洛的报复并不谨慎，洛佩是谴责这种做法的，正如他在小说结束前对玛西亚夫人说的："尽管法律允许丈夫们这么干，但这不是任何人应该照办的榜样……我一直认为，受侮辱人的耻辱不应该用侮辱者的血来清洗……侮辱者倒是死了，复仇的愿望实现了，但是名誉并不完美，为了使其完美，不应该伤害它。"此外，这种行为也是反基督教的：应该宽恕损害别人名誉的行为。再说，名誉不过是世人的一种虚荣，不应该为此而杀人。

为了维护自己的名誉，丈夫们最有效的办法是不让私通丑事发生。洛佩的作品，无论戏剧还是小说，一直是"丈夫们的一所真正的学校"，目的是在虚构的框架内为读者提供思考，一种洛佩希望解决的社会问题的可能性。

洛佩在此作中实践了他的小说创作艺术：选择了开放形式，使之能灵活地对待这种文体，运用戏剧和小说技巧，采用叙述者和听故事的玛西亚·莱奥纳达之间的虚构幽默对话，以便把休止、评论和其他各种因素引入故事。此外，小说的叙述线索不连贯，而是时断时续，以满足读者欣赏那对恋人的爱情故事的乐趣。

第三部小说《荣耀带来的灾难》讲述的是一个侨居意大利的西班牙绅士的故事，他是摩尔家族阿本塞拉赫的后代，他前往君士坦丁堡寻求荣耀，因为西班牙发布了驱逐摩尔人的法令。这个绅士叫费利萨尔多，在托莱多城大主教的著名别墅里长大，生得英俊聪明，一表人才，父母派他去西班牙红衣主教佛兰西斯科修士创办的著名"阿尔卡拉"大学学习教规，数年后进宫廷效力。为了赢得更多的荣誉和看看美丽的意大利，他前往陛下在意大利的一个王国，为一位亲王效劳，他在那里认识一位美丽而谨慎的夫人——西尔维亚，给她写了一首诗，表达爱慕之情，让一个女仆送给她，希望得到她的爱情。她很高兴地接受了他的示爱。同时，另有一位有名的绅士，叫亚历山德罗，对这位夫人的姿色垂涎欲滴，但她不爱他，这使他觉得好像世界上没有人配得上她。所以他就没有在乎费利萨尔多，直到他发现他比他更频繁地进出她家的栅门。对亚历山德罗对他的暗中监视，费利萨尔多很不满，因为他毕竟是个有修养的绅士。结果，两个人没有一个夜晚休战，都坚守岗位；亚历山德罗觉得对手占有优势，便妒忌他。于是他拿来几件乐器，让两个歌手在夫人门前唱歌，表达他的愿望和忧伤。费利萨尔多辗转难眠，听到他们那么大胆地唱歌，也不仅妒火中烧。彼此谩骂对方没有教养，终于剑拔弩张，费利萨尔多刺伤了对手，歌手们落荒而逃，他被带到亲王面前，亲王命令给他戴上镣铐，但听完他的解释后便又取下了他的镣铐，然后把亚历山德罗叫到费利萨尔多的房间，告诉他，将把费利萨尔多送回西班牙。亚历山德罗知道亲王是要在路上放了他，便出于谨慎，拥抱了他。由于他闯了祸，西尔维亚每晚都来看他，彼此更加相爱了。但是后来他从父亲的信中得知自己的摩尔人出身，怕遭到不测，便搭船去他父母所在的君士坦丁堡，成为土耳其苏丹宫廷的官员，他在那里遇到种种意外事件，把他变成了一个不同的人，当了演员和歌手，名叫堂娜玛丽亚的苏丹夫人爱上了他，并充当他和土耳其人之间的联系人。他求她向土耳其要了几条战船和士兵，并被任命为上尉。有一次出海，抓回来一些囚徒。但由于费利萨尔多企图说服苏丹夫人玛丽亚信仰基督教而伤害了苏丹王，结果被苏丹官员砍了头，死前他视死如归地说："土耳其人，你们是见证人，我是作为基督徒死的，我并没有伤害伟大的国君，我只是想把堂娜玛丽亚带到她应该去的地方。"苏丹夫人见他被杀死，"泪流满面，看到了那个不幸的青年的勇力和悲惨"洛佩在小说结尾写道："这就是费利萨尔多的结局，这就是因名誉而带来的灾难。"

　　第四部分小说《勇士赫尔曼》的主人公堂费利斯·赫尔曼出身于西班牙某地显赫的赫尔曼家族，他早年酷爱读书，其任何行为都无愧于他那高贵的血统。他在学校深受同学们喜爱，甚至有人可以为他献出生命。他既聪明伶俐又力大无比。长大后，他经历了种种冒险，最后作为俘虏被带到摩尔人的地方，一个叫门多西卡的仆人陪着他。一个有钱的犹太女人爱上了这个仆人。但他并不是一个男人，而是跟踪堂费利斯的一位女扮男装的女子，叫费利西亚。

　　堂费利斯·赫尔曼曾到过塞浦路斯、莱万托①、佛兰德地区、

①　由于参加莱万托战役表现勇敢，而被称为"勇士"。

德国、马耳他、突尼斯、卡尔塔赫纳、穆尔西亚、埃克斯特拉马杜拉，他总是寻找新的冒险，建立新的业绩。当别人在马德里或格拉纳达时，他却在突尼斯，手握 25 拃长的长矛和一个褐色的椭圆形皮盾。从事他的冒险事业。

小说的结尾出人意料，堂费利斯本应和费利西亚结婚，以补偿她遭受的一切痛苦。但是，作者说，堂费利斯让她和一个"贫穷和身材好的"埃克斯特雷马杜拉绅士结了婚，并且给了她六千枚金币作为嫁妆，这让人困惑不解。不但费利西亚的爱情令人大惑不解，勇士赫尔曼的轻蔑态度也毫无道理，因为他没有满足费利西亚的心愿，没有补偿她所经受的痛苦和孤独，而且在他被俘后陪伴过他，在他工作困难时安慰他，他那种态度显然是对费利西亚的背叛。

综观这四部小说，可以看到诸得值得注意的共同特点：

洛佩讲述的四个故事像那个时代的其他小说一样融合着中世纪、文艺复兴、西班牙和意大利的文学传统：民间文学和通俗故事同骑士小说、田园小说、拜占庭冒险小说的主题或内容：神话、爱情表白、舞蹈、歌曲、失恋的哀叹、在异国他乡的冒险等交织在一起。比如在故事的开头和多数故事的结尾，可以辨出民间或传统故事的深刻烙印："在著名的托莱多城……不久前有两位绅士……"（《狄安娜的运气》）"在托莱多大主教区一个著名的镇子上……一位青年在那里长大……"（《荣耀带来的灾难》）"在发达的塞维利亚……"（《谨慎的复仇》）……；"在西班牙的一个城市里，它的名称对故事并不重要……"（《勇士赫尔曼》）等。再如结尾："我动身去托莱多，为的是利塞娜和奥塔维奥讨喜钱……"（《狄安娜的运气》）

四部小说的技巧和构思方式同意大利小说有密切关系：比如某些对某些场景的现实主义描写，若干故事的平行发展，主人公的感性胜于理性的思考，人物活动地点的经常变换等。尤其和班德娄的小说密不可分，因为洛佩非常熟悉班德娄的小说，他受班德娄小说影响最大的时期是 16 世纪末到 1620 年间，他不但读他的小说，而且很可能借鉴过《选自班德娄作品的黄型悲惨故事》（1589）。马特奥·班德娄是西班牙作家最喜欢阅读和最敬重的作家之一（仅次于薄伽丘），他的小说故事被借用最多。洛佩十分敬佩他，在《狄安娜的运气》序言中，他把他和塞万提斯相比。他效仿班德娄，把小说献给玛西亚·莱奥纳达并寻求他所爱的女人这种类型的读者。这类读者有文化，不卖弄学识，对文学感兴趣，但又没有文学修养。

四部小说中有大量现实文化描写，有关于生活各个方面的描写，有关于文化、历史、社会、时代的描写，像一幅幅画面，充满激情。经常有关于人物的衣着和身体的描写，既完美又细腻，既似作画又像绘制设计图。

在四部小说的人物中，女性最突出。她们受着浪漫主义爱情的支配，总保持着美好的品德。女主人公们最初似乎清楚地看到爱情的危险，但是后来不可避免地坠入了情网。女人和爱情是小说的的中心。爱情存在的先决条件是女人的美貌和良好的名誉。爱情的痛苦只能用逃走来解决：费利萨尔多从西尔维亚身边逃走，利萨多从劳拉身边逃走。

小说的男主人公十分相似，他们有教养，并非总是富有，这是年轻的追求者的特点。就像洛佩本人一样，他们身上具有西班牙黄金世纪的绅士固有的特征。

洛佩似乎十分了解他描述的故事和人物，仿佛真有其人其事一样，并活灵活现地讲给玛西亚·莱奥纳达听。

四部小说都是紧紧地围绕玛尔塔·德·内瓦雷斯的请求构思和创作的。四部小说完全可以称为书信体小说，因为小说中经常出现直接对她说的话："我冒昧地写出来自我笔端的话，因为我知道，你不曾学过修辞，不知道有冗长的题外话应该受到指责"，

"他们随便议论加西拉索与你何干？"在描写女主人公劳拉的衣服时（她正在花园里满不在乎地跑来跑去），他对她说："穿这样的衣服你会摔倒的""如果我没有记错的话，有一天我看见你（指玛尔塔）也像劳拉一样不小心，不过，你比她漂亮"。在第三部小说的故事进入高潮时，对话直接进行："说实话，玛尔塔夫人，当我写这封信谈到劳拉的决定时，我没有勇气继续写可能发生的事情……"类似的情况也发生在写诗或插入诗的时候：他对玛丽西亚说："你可以跳过，不读它们，如果你愿意的话。"这些小说的确是书信体的，是在纸上进行对话，玛丽西亚清楚表示的愿望使洛佩失去理智，因为她急于使洛佩成为一位小说家。

　　四部小说的开头是一样的，即直接谈到了劳拉的吩咐，以此作为展开故事的引子。上面提到的那些话不相当于书信的开头吗？应该说是这样的。小说家们往往以类似的这样的方式结束作品：用一句对玛丽西亚的呼语把她从一位不知名的读者吸引到对话中来，使之直接关注。这 4 句呼语不相当于书信的辞别套语吗？应该说毫无疑问。4 部小说其实就是 4 封长得不能再长的书信，如此长的信可以让对方感到它所包含的激情。文本中几乎不时出现的以你相称的插话进一步加强了这种感受。这再一次证明了洛佩那种特有的感情。在洛佩看来，玛尔塔就像是他的一位相见恨晚的理想的妻子。有评论家指出："的确，这里不是直接谈论小说的艺术价值，但是这一点更属于洛佩的生活，当洛佩伸出有力而亲切的手将玛尔塔引入文学这个宽厚的精神领域时，会让她分享他自己的生活内容。作品的献词也并不是某种表面的、居高临下的东西，而是一种精神交流的渴望，而这一点在那时的西班牙男女之间是不多见的。"

附　　录

一　洛佩·德·维加在中国纪事

1962 年为纪念这位世界文化名人诞生 400 周年，我国举办了一系文化活动。人民文学出版社出版朱葆光译的《羊泉村》。

4 月 27 日，《文汇报》发表由王科一撰写的《点滴》一文，纪念西班牙大剧作家洛佩·德·维加诞生 400 周年。

6 月 5 日，《光明日报》刊登罗念生《维加和他的历史剧〈羊泉村〉》一文。

6 月 16 日，《羊城晚报》发表黄如生《西班牙民族戏剧的奠基者》一文。

11 月 24 日，《文汇报》刊载张君川《关于〈羊泉村〉》一文。

11 月 24 日，《文汇报》刊登了丁小增《洛佩·德·维加和他的主要创作》一文。

《戏剧报》第 12 期发表李健吾《永远属于人的号手》一文。

1979 年 5 月，上海辞书出版社出版《辞海》（文学分册），收入《维加》辞条，强调他"对西班牙民族戏剧的发展影响很大"。

1980 年 2 月，上海辞书出版社出版《辞海》（艺术分册），收入《维加》辞条，内容同文学分册辞条。

1982 年 3 月，中国戏剧出版社出版朱葆光译洛佩·德·维加剧本《园丁之犬》。

11 月，中国戏剧出版社出版朱葆光译洛佩·德·维加剧本《塞维利亚之星》。

1983 年 5 月，上海译文出版社出版朱葆光译《维加戏剧选》。

1985 年 12 月，黑龙江朝鲜民族出版社出版由林奂文、张凤主编的《世界著名文史学家辞典》一书，内收《维加·依·卡尔皮奥》辞条。

1987 年 9 月，黑龙江朝鲜民族出版社出版由林奂文、徐景学主编的《世界名人辞典》一书，收有《维加》辞条。

1987 年 10 月，中国戏剧出版社出版《外国名剧故事 500》（上、下册），下册收有洛佩 4 个剧本即《园丁之犬》、《羊泉村》、《塞维利亚之星》和《最好的法官是国王》的故事。

1988 年 1 月，武汉大学出版社出版由佘斯大、沈振煜等人撰稿的《中外文学名著词典》，内收维加名剧《羊泉村》辞条。

1989 年 2 月，重庆出版社出版由中国版本图书馆编的《外国文学目录和提要》一书，内收《维加戏剧选》（《羊泉村》、《塞维利亚》和《最好的法官是国王》）。

1989 年 4 月，四川人民出版社出版由唐达成主编的《文艺鉴赏词典》，内收维加的《羊泉村》、《园丁之犬》和《塞维利亚之星》。

1989 年 10 月，上海文艺出版社出版由汪曾培等主编的《文艺鉴赏大成》，内收维加的剧作《羊泉村》。

1989 年 10 月，漓江出版社出版《外国名作家大词典》，收入文美惠写的《洛佩·德·维加》辞条，辞条介绍了维加的身世，评述了他的戏剧生涯，称洛佩是西班牙民族戏剧的创建者。

1989 年 11 月，春风文艺和辽宁少儿出版社出版由张迪安等主编、丁超等上百人撰稿的《外国文学家大辞典》，收有《维加·卡尔皮奥》辞条。

1993 年 1 月，书目文献出版社出版由张德政主编的《外国文学知识词典》，收有《维加》辞条。

1997 年 7 月，重庆出版社出版尹承东翻译的《羊泉村》一剧（精装本）。

1997 年 12 月，上海外语教育出版社出版张绪华著的《20 世纪西班牙言语文学史》，在《引论》之二《黄金时代》中简单介绍了洛佩的生平创作。

1999 年 12 月，浙江文艺出版社出版《世界纪典戏剧全集（西班牙拉美卷）》，内收洛佩·德·维加的《羊泉村》（胡真才译）和《塞维利亚之星》（任远译）两剧本，译者在序中说，"洛佩·德·维加是西班牙历史上最伟大的戏剧家"，被誉为"天才中的凤凰"。

2000 年 6 月，昆仑出版社出版段若川、胡真才译的《维加戏剧选》，内收《羊泉村》、《最好的法官是国王》、《比塞奥公爵》、《塞维利亚之星》和《傻姑娘》5 个剧本。译者在《译序》中介绍了维加的生平、戏剧创作和上述 5 个剧本，称维加是西班牙黄金世纪最重要的作家、戏剧家和诗人。

2006 年 3 月，北京大学出版社出版沈石岩撰写的《西班牙文学史》，在第二章黄金世纪文学第一节中介绍了维加的生平、创作、称之为"世界文坛上的魁奇之士之一"。

2008 年 9 月，河北教育出版社出版胡真才译的《洛佩戏剧选》，收剧本《羊泉村》、《塞维利亚之星》和《傻姑娘》。

2008 年 12 月，北京燕山出版社出版《洛佩·德·维加精选集》（朱景冬等译），内收剧本 7 部，即《羊泉村》、《最好的法官是国王》、《园丁之犬》、《塞维利亚之星》、《傻大姐》、《奥尔梅多的骑士》、《比塞奥公爵》和《马德里的矿泉水》，以及诗歌《可爱的牧人》等 28 首。在题为《天才中的凤凰》的万余言的序中，介绍了洛佩·德·维加的生平，评述了他的各类戏剧、诗作和上述剧作，指出洛佩·德·维加不失为"天才中的凤凰"。

2009 年 6 月 14 日，《出版商务报》刊登尹承东先生为《洛佩·德·维加精选集》写的书评《天才中的凤凰》。书评指出"洛佩对西班牙文学的最大贡献是开创了西班牙的民族戏剧"。

2009 年，《沈阳农业大学学报》第 6 期刊登维莉写的《论洛佩的戏剧创作》一文，指出洛佩为成就黄金世纪起了举足轻重的作用。

2010 年 1 月 26 日，载文介绍《洛佩精选集》，指出洛佩是西班牙文学史上最杰出的经典剧作家和诗人。

二　洛佩·德·维加年谱

1562 年 11 月 25 日，生于马德里，其父费利克斯·德·维加和母亲佛朗西斯卡·费尔南德斯均为桑坦德尔山区卡里埃多镇人，父亲是职业刺绣工，1561 年为谋求更大的发展前往马德里。

1567 年

开始用西班牙语和拉丁文阅读，对诗歌产生浓厚兴趣。

稍大后，先后进马德学校、耶稣会学校和皇家学校接受初级和中级教育。

1572 年

将克劳迪奥诺的拉丁文诗译成西班牙文。

1574 年

创作第一个剧本《真正的情人》。

1577 年—1581 年

在马德里郊外的阿尔卡拉·德·埃纳雷斯大学攻读女学，未获文凭。

1580 年

进萨拉曼卡大学继续学业，不久辍学，之后为赫罗尼莫·曼尔克主教当秘书。

1583 年

作为志愿教育参加远征舰队去平息亚速尔群岛的一次叛乱，归来后继续和他所爱的第一个女人艾莱娜·奥索里奥交往，她是剧团老板韦拉克鲁斯的女儿，离异。他们的亲密关系一直延续到 1588 年。

1587 年

得知有权有势的红衣主教格拉维的侄子娶了艾莱娜，他怒火中烧，写了许多辱骂艾莱娜及其家庭的诗文，12 月 29 日在圣克鲁斯剧场演出时被捕，被判处离开马德里流放 4 年，离开卡斯蒂利亚流放 2 年，因在狱中继续诽谤艾莱娜而将其流放期增至 8 年。

1588 年

5 月 10 日劫持一位名画家的女儿伊莎贝尔·德·乌尔维纳并与之结婚。

5 月 29 日，去里斯本参加进攻英国的"无敌舰队"，在圣胡安号上进行战斗，在船上写了长诗《安赫利的美丽》献给伊莎贝尔。

12 月，海战失败，他回到巴塞罗那。

1589 年

离开王国两年的刑期期满，洛佩和妻子移居托莱多城，在那里他先后为贵族佛朗西斯科·德·里维拉即马尔皮卡侯爵和阿尔瓦公爵效力。

1590—1595 年

作为前席秘书，在阿尔瓦公爵府工作。

1594 年

9 月中旬①，伊莎贝尔·乌尔维纳分娩时母女双亡。

---

① 一说 9 月底。

秋，创作田园小说《阿卡迪亚》。

1595 年

12 月间，为了女儿家庭和睦和从洛佩那里得到更多的剧本，剧团老板韦拉克鲁斯请求当局赦免洛佩，洛佩获赦，回到马德里。

同年，他和美丽的孀妇米凯拉·卢汉相爱，和她生了 5 个儿子，包括他最宠爱的马塞拉和洛佩·费利克斯。其关系一直保持到 1608 年米凯拉去世。

1596 年

和孀居的富婆、女演员安东尼亚·特里约有过一段爱情纠葛。

1598 年

和京城一位富足的肉类供应商的女儿胡安娜结婚，婚后在托莱多、塞维利亚和马德里居住，和她生了一男三女。

同年，出版田园小说《阿卡迪亚》和史诗《巨龙颂》。

1599 年

出版叙事长诗《伊西德罗》和《德尼亚的节日》。

1602 年

出版叙事诗《安赫利卡的美丽，和其他各种抒情诗》。

1604 年

出版黄金世纪第一部拜占庭小说《在自己祖国的旅行者》和《抒情诗集》。

1605 年

和塞萨公爵相识，一生都与之保持奇特的关系：既是他的秘书和心腹，又是他的拉皮条者。

1609 年

参加圣体兄弟会。

出版诗体文论《当前创作戏剧的新艺术》和叙事诗《被征服的耶路撒冷》。

1610 年

9月，在马德里佛朗科斯街购买一处带小花园的房子，一直住到去世。出版剧本《马德里的矿泉水》。

1611 年

加入方济各三会。出版剧本《已婚男人间的不和》。

1612 年

秋，和胡安娜生的儿子卡洛斯·费利克斯发烧夭折。

出版讲述耶稣诞生的田园小说《伯利恒的牧人们》、神话诗《菲罗墨娜》和《安德洛墨达》。

1613 年

8月，胡安娜·瓜尔多生产时死去，洛佩把私生子女洛佩·费利克斯和米凯拉接回家中。出版袍剑喜剧《傻大姐》、宗教剧《阿尔卡拉的圣迪埃戈》和著名风俗剧《园丁之犬》。

1614 年

5月24日，宣誓任教士。

出版宗教诗集《神圣的抒情诗》，包括一百首十四行诗。

出版剧本《多疑的人》。

1616 年

爱上了26岁的有夫之妇玛尔塔·德·内瓦雷斯，和她生一女安东尼亚·克拉拉。年底，获托莱多大主教管辖区教皇金库财政官一职。

1618 年

出版名誉剧《堂佩德罗国王在马德里》。

1619 年

出版《精神的谣曲集》和剧本《羊泉村》。

1620 年

出版剧本《最好的法官是国王》、《巴伦西亚的孀妇》和《菲利莎达》。

1621 年

出版意大利风格的小说《夜鹰》、中篇小说《狄安娜的运气》、神话故事《仙女座》、神话诗《菲洛墨娜，散文与诗歌》，以及剧本《没有男人的女人们》。

1622 年

出版剧本《圣伊西多罗的童年》和《圣伊西多罗的青年时代》。出版《节日的故事》和剧本《金羊毛》。

1623 年

出版剧本《塞维利亚之星》和《匈牙利王冠》。

1624 年

出版献给玛西亚·莱奥纳达的小说《谨慎的复仇》、《勇士古斯曼》和《荣誉带来的灾难》，以及剧本《纳瓦斯的侯爵》。

1625 年

出版诗集《神的胜利和其他抒情诗》。

1627 年

出版描述苏格兰女王玛丽亚·埃斯图亚多的生与死的史诗《不幸的王冠》，由 600 行十音节诗构成。

乌尔瓦诺八世教皇授予他神学荣誉博士称号和耶路撒冷圣胡安教团十字证章。

1630 年

出版叙事诗《阿波罗的桂冠》、牧歌剧《无爱的丛林》和剧本《不全是夜鹰》。

1631 年

出版袍剑喜剧《圣胡安之夜》和名誉剧《掩盖报复的惩罚》。

1932 年

出版优秀长篇小说《多罗苔亚》。

1933 年

出版牧歌《致阿马里利斯》和剧本《应感谢的蔑视》。

1934 年

其子洛佩·费利克斯在玛格里塔岛捕珍珠时溺水身亡。

出版诗集《人与神的抒情诗》、讽刺诗《丛林猫》和爱情纠葛剧《贝利莎的英武》。

1635 年

出版田园诗《致菲利斯》和宗教抒情诗《神的胜利》。

8 月 27 日，洛佩逝世，安葬在马德里阿托查街圣塞巴斯蒂安教堂墓地。

1637 年

遗作诗集《帕尔纳索平原》出版。

三　洛佩部分作品初版目录

戏　剧

《加西拉索·德·拉·维加的业绩和摩尔人塔尔费》（1579—1583？）

《牧人菲多》（1585）

《愤怒的贝拉尔多》（1586—1595）

《马德里市场》（1587）

《罗达蒙特的妒忌》（1587）

《爱情的嘲弄》（1587—1595）

《金鹅》（1588—1595）

《雷杜安的儿子》（1588—1595）

《幸运的儿子》（1588—1595）

《绝望的公主》（1588—1595）

《乌尔松与巴伦丁的降生》（1588—1595）

《忧伤的亲王》（1588—1595）

《非常正确的背叛》（1588—1595）

《巴伦西亚的港口》（1588—1595）

《爱迫害的卡洛斯》（1590）

《无辜的王子》（1590）

《神奇的骑士》（1590）

《阿尔瓦诺与伊斯梅尼亚的爱情》（1590—1595）

《拉丁文教师卢卡斯》（1590—1595）

《钟情的士兵》（1590—1600）

《受到报复的忘恩负义》（1590—1595）

《巴伦西亚的疯子》（1590—1595）

《托梅斯的山姑》（1590—1595）

《受骗的敌人》（1590—1598）

《感恩》（1593）

《受迫害的劳拉》（1594）

《忠诚的仆人》（1594）

《舞蹈老师》（1594）

《阿维拉的圣塞贡多》（1594）

《费利萨尔多的大理石》（1594—1598？）

《燃烧的罗马》（1594—1603）

《维拉的山姑》（1595）

《豪尔赫·托莱达诺》（1595—1597）

《死后的婚礼》（1595—1597）

《受到惩戒的情人》（1595—1598）

《哈辛托的牧歌》（1595—1600）

《可怜的力量》（1595—1603）

《葡萄牙堂塞巴斯蒂安国王的悲剧》（1595—1603）

《巴伦西亚的孀妇》（1595—1603）

《两个丈夫之间的婚礼》（1595—1608）

《特瓦斯的对打》（1596）

《法比亚的谎骗》（1596 前）

《京城的客店》（1596 前）

《真正的情人》（1596 前）

《马蒂科的文雅》（1596 前）

《风车》（1596 前）

《美丽的放荡已婚女》（1596）

《法国小女人》（1596）

《挽救不幸的办法》（1596）

《曼图亚的侯爵》（1596）

《围困圣菲》（1596—1598）

《科尔多瓦的骑士团队长》（1596—1598）

《美丽的阿尔弗雷达》（1596—1601）

《阿拉贡的钟》（1596—1603）

《玛蒂尔德伯爵夫人》（1596—1603）

《罗巴的奴隶》（1596—1603）

《哥伦布发现的新世界》（1596—1603）

《停止的太阳》（1596—1603）

《受到报复的证人》（1596—1603）

《诚实的兄弟》（1596—1603）

《帕尔马王子对马斯特里克的袭击》（1596—1607）

《不慎重的爱情》（1597）

《奥东帝国》（1597）

《阿拉贡的马战》（1597）

《结婚的寡妇和女仆》（1597）

《班巴王的生与死》（1597—1598）

《加利亚纳的宫殿》（1597—1602）

《阿多尼斯与维纳斯》（1597—1603）

《西埃尔纳的集团》（1597—1603）

《遮掩的婚礼》（1597—1603）

《受到重视的贫困》（1597—1603）

《那不勒斯的胡安娜女王》（1597—1603）

《在佛兰德的西班牙人》（1597—1606）

《受到嘉奖的服从和匈牙利卡洛斯一世》（1597—1606）

《堂胡安·卡斯特罗一世和二世》（1597—1608）

《命运的变迁》（1597—1608）

《莱翁大草原》（1597—1608）

《马德里的农夫圣伊西德罗》（1597—1608）

《老市长》（1597—1612）

《没有王国的国王》（1597—1612）

《滑稽的子弹》（1598）

《马德里的要塞司令》（1598）

《比利亚阿尔瓦孩子们的荣耀》（1598）

《新婚的教父》（1598—1600）

《阿尔瓦公爵的巴图埃卡斯》（1598—1600）

《谨慎的人的报复》（1598—1601）

《驯服的阿劳科》（1598—1603）

《天堂的疯子》（1598—1603）

《英国的诉讼》（1598—1603）

《卡斯蒂利亚第一位国王》（1598—1603）

《佛罗伦萨的庄园》（1598—1603）

《圣利加》（1598—1603）

《警卫的无辜孩子》（1598—1608）

《胡安·德·迪奥斯》（1598—1610）

《雷伊纳尔多斯的贫困》（1599）

《被强做的朋友》（1599）

《受惩罚的暴君》（1599）

《卡斯蒂利亚的女人》（1599）

《受迫害的卢辛达》（1599—1602）

《还活着的死人》（1599—1602）

《处死的慈悲》（1599—1602）

《安赫利卡在卡泰》（1599—1603）

《神圣的胜利者》（1599—1603）

《自由的奴隶》（1599—1603）

《被折碎的信仰》（1599—1603）

《勇敢的卡泰卢尼亚人》（1599—1603）

《伪装的仆役》（1599—1603）

《罗尔丹的少年时代》（1599—1603）

《最好的主人的黑人》（1599—1603）

《错失良机》（1599—1603）

《西班牙最后一个哥特人》（1599—1603）

《无辜的监禁》（1599—1603）

《三块钻石》（1599—1603）

《莫拉尼亚的牧牛人》（1599—1603）

《费德里科的隼》（1599—1605）

《阿马尔菲公爵夫人的管家》（1599—1605）

《已婚妇女的榜样，耐心的考验》（1599—1608）

《自由的热纳亚人》（1599—1608）

《贵族本塞拉赫》（1599—1608）

《仁慈的威尼斯人》（1599—1608）

《穆尔西亚的波塞尔人》（1599—1608）

《拉米雷斯·德·雷利亚兄弟》（1599—1608）

《见纳维德斯一家》（1600）

《塞劳罗的欺骗》（1600）

《迪埃戈·加西亚·德·帕雷德斯和胡安·德·乌尔维纳上尉

的争斗》（1600）

《后悔忘恩负义者》（1600）

《法哈尔多第一》（1600—1612）

《无爱的情人们》（1601—1603）

《勇敢的托莱多女人》（1601—1603）

《理智的疯子》（1602）

《堕落的王子》（1602）

《领情的情人》（1602）

《伊列斯卡斯的骑士》（1602）

《菲尼萨的钩》（1602—1608）

《塞维利亚的沙地》（1603）

《勇敢的科尔多瓦人》（1603）

《应得的王冠》（1603）

《山区的女人》（1604）

《国王们的命运》（1604）

《卡洛斯五世在法国》（1604）

《不幸的埃斯特法尼亚》（1604）

《圣克鲁斯爵的新胜利》（1604）

《朋友们的考验》（1604）

《特内里菲的贯切人和卡那里亚斯的征服》（1604—1606）

《正派人》（1604—1606）

《自己的秘书》（1604—1606）

《谨慎的女恋人》（1604—1608）

《无辜的劳拉》（1604—1608）

《塞维利亚的夜鹰》（1604—1608）

《至少是坏事》（1604—1609）

《学校的呆子》（1604—1610）

《比塞奥公爵》（1604—1610）

《可憎的姿色》（1604—1610）

《位置上的缺席者》（1604—1612）

《亚历山大的丰功伟绩》（1604—1612）

《无辜的血》（1604—1612）

《国王们的和解托莱多的菜豆》（1604—1612）

《倒霉的工作》（1604—1612）

《应得的财产》（1604—1615）

《不是找来的幸福》（1604—1615）

《托莱多之夜》（1605）

《天上的乡下人》（1605）

《圣烛节圣母》（1605 或 1606）

《针对自己的见证人》（1605—1606）

《适时到来》（1605—1608）

《莫斯科大公和受迫害的皇帝》（1606）

《贝利莎的扭捏作态》（1606—1608）

《马德里的矿泉水》（1606—1612）

《生死之交》（1606—1612）

《卡斯特尔维纳斯和蒙特塞斯》（1606—1612）

《费尔南·贡萨莱斯伯爵》（1606—1612）

《他家的明智人》（1606—1612）

《托维亚斯的历史》（1606—1615）

《村中的绅士们》（1606—1615）

《帕莱尔莫市的黑圣人罗桑布科》（1607 前）

《普拉塔的小女孩》（1607—1612）

《江荣的战斗》（1608）

《真正伪造的东西》（1608）

《第八奇迹》（1608）

《匈牙利的动物》（1608—1612）

《西班牙的礼节》（1608—1612）

《堂洛佩·德·科尔多瓦》（1608—1612）

《托莱多的哈梅特》（1608—1612）

《审理其案件的法官》（1608—1612）

《世上应该相信的东西》（1608—1612）

《布拉甘萨的公爵，特别多情的葡萄牙人》（1608—1613）

《最好的教师是时间》（1608—1614）

《佩里瓦理斯或奥卡尼亚的骑士团队长》（1609—1612）

《名誉的胜利》（1609—1615）

《尽责的看守》（1610）

《萨克拉门托的骑士》（1610）

《美丽的埃斯特尔》（1610）

《神奇的非洲人》（1610）

《西班牙的优秀少年》（1610—1611）

《著名的理斯图里亚斯女子》（1610—1612）

《面对不幸坚定不移》（1610—1612）

《为了名誉而发疯》（1610—1612）

《赫塔菲的村妇》（1610—1614）

《阿卡迪亚》（1610—1615）

《把睡觉的人叫醒》（1610—1615）

《少女特奥多尔》（1610—1615）

《堂胡安的花朵与穷人和富人的调换》（1610—1615）

《克雷塔迷宫》（1610—1615）

《最好的母亲》（1610—1615）

《不幸的已婚女》（1610—1615）

《被征服的权力与受嘉奖的爱情》（1610—1615）

《作家们的考验》（1610—1615）

《仁慈的炽天使》（1610—1615）

《为谨慎的老爷效劳》（1610—1615）

《遗忘的指环》（1610—1615）

《幸福的报复》（1610—1615）

《托罗的雉堞》（1610—1619）

《巴尔拉安与何萨法特》（1611）

《婚后的不和》（1611）

《生活在自己角落的农夫》（1611）

《珀耳修斯的寓言》（1611—1615）

《羊泉村》（1611—1618）

《私生子穆达拉》（1612）

《谦卑和高傲的胜利》（1612—1614）

《秘密的爱恋直到嫉妒》（1612—1615）

《尽可能解决》（1612—1615）

《家中的敌人》（1612—1615）

《不食言的人》（1612—1615）

《完美的王子》（1612—1615）

《勇敢的塞斯佩德斯》（1612—1615）

《美德，贫穷和女人》（1612—1615）

《扇子》（1612—1618）

《把真实的误为可疑的》（1612—1624）

《美丽的奥罗拉》（1612—1625）

《莱尔马的布尔戈斯女人》（1613）

《傻大姐》（1613）

《圣迪埃戈·德·阿尔卡拉》（1613）

《美的奖赏》（1613）

《园丁之犬》（1613—1615）

《圣尼古拉斯·德·托伦蒂诺》（1613—1615）

《圣母玛丽亚的牧师》（1613—1616）

《贵族的嫉妒》（1613—1618）

《没有父亲的儿子》（1613—1618）

《没有男人的女人》（1613—1618）

《事业是爱情》（1613—1618）

《女人们的勇气》（1613—1618）

《堂佩德罗国王的召见》（1613—1620）

《请注意你们赞扬的人》（1613—1620）

《报复女人的女人》（1613—1620）

《贫困并不卑贱》（1613—1622）

《不可信赖的人》（1614）

《要爱，就别凶狠》（1614—1622）

《马德里的小花束，或两颗调换的星》（1615）

《楒梓树林的情人》（1615）

《好色的圣地亚哥》（1615）

《葡萄牙女人》（1615）

《谁也不认识》（1615—1621）

《最大的胜利》（1615—1624）

《谨慎的报复》（1615—1621）

《奥尔梅多的骑士》（1615—1626）

《通过小溪时》（1616）

《尽其所能》（1616）

《衣沃土上播种》（1616）

《遭报复的傲慢》（1617）

《一天下午发生的事情》（1617）

《未被玷污的洁净》（1617）

《从海盗到海盗》（1617—1619）

《堂佩德罗国王在马德里》（1618）

《上帝造就国王》（1617—1621）

《喜欢自己的不幸》（1619—1620）

《什么都喜欢的人》（1620）

《最坚定的丈夫》（1620—1621）

《不知道爱的是谁》（1620—1622）

《莱翁人的儿了》（1620—1622）

《幸福的农夫》（1620—1622）

《最好的法官是国王》（1620—1623）

《第一份情报》（1620—1625）

《烧炭女工》（1620—1626）

《对别人呆傻、对自己机敏的女人》（1620—1635）

《爱情，争吵和挑战》（1621）

《美丽的埃斯特尔》（1621）

《圣伊西德罗的青春》（1622）

《圣伊西德罗的童年》（1622）

《堂贡萨洛·德·科尔多瓦的新胜利》（1622）

《金羊毛》（1622）

《匈牙利的王冠》（1623）

《塞维利亚之星》（1623）

《谨慎中的力量》（1623）

《纳瓦斯侯爵》（1624）

《一定得这样》（1624）

《说话得体的奖赏》（1624—1625）

《顽强地战胜爱情》（1624—1630）

《从桥上过，胡安娜》（1624—1630）

《爱，工作和等待》（1624—1635）

《唉，爱情方面的真理！》（1625）

《恢复的巴西》（1625）

《罗哈斯神父的童年》（1625）

《相恋的爱情》（1625—1635）

《最大的美德》（1625—1635）

《面前的爱情》（1625）

《没有秘密便没有爱情》（1626）

《仁慈的阿拉贡人》（1626）

《提水罐的少女》（1627）

《烧山的人离开山》（1627）

《无爱的森林》（1627）

《嫉妒比爱情强大》（1627）

《堂娜布兰卡的手套》（1627—1635）

《圣佩德罗·诺拉斯科的一生》（1629）

《哈科夫的工作》（1629—1630）

《并非都是夜鹰》（1630）

《掩盖报复的惩罚》（1631）

《圣胡安之夜》（1631）

《倘若女人们没看见!》（1631—1632）

《世界的创造》（1631—1635）

《应该感谢的无视》（1633）

《贝利莎的英武》（1634）

小　说

《阿卡迪亚》（1598）

《在自己祖国的旅行者》（1604）

《伯利恒的牧人们》（1612）

《献给玛西亚·莱恩纳达的小说》（1621—1624）

《多罗苔亚》（1632）

诗 歌

（一）教育诗

《阿波罗的桂冠》（1630）

《当前创作戏剧的新艺术》（1609）

《帕尔纳索平原》（1632）

（二）描写诗

《德尼亚的节日》（1599）

《马德里圣胡安节的早晨》

《对塔帕达的描写》

《对修道院的描写》

（三）田园诗

《无爱的丛林》

（四）讽刺诗

《丛林猫》（1634）

（五）宗教诗

《阿尔穆德斯的圣母》

《伊西多罗》（1599）

（六）历史诗和传奇诗（叙事诗）

《安赫利卡的美丽》（1602）

《不幸的王冠》（1627）

《被征服的耶洛撒冷》（1609）

《巨龙颂》（1598）

（七）神话诗

《喀尔刻》（1624）

《菲罗墨娜》（1621）

《安德洛墨达》（1621）

（八）抒情诗

1. 宗教抒情诗

《独白》（1612）

《神圣抒情诗集》（1614）

《精神的谣曲集》（1614、1619、1622）

《神的胜利》（1635）

2. 世俗抒情诗

《抒情诗集》（1602）

《致阿马里利斯》

《人的抒情诗集》（1609）

《致菲利斯》

《致克劳迪奥》

《托福·布尔吉约斯硕士的人与神的抒情诗》（1634）

四　洛佩·德·维加戏剧奖

洛佩·德·维加戏剧奖是马德里市政府每年授予剧作家的一部剧作的奖项。它源于马德里市政府1932年为选取最优秀的诗体剧本而举办的一种戏剧奖。随着岁月的推移，这个奖项最终被定为洛佩·德·维加戏剧奖。目前，该奖已成为马德里市政府设立的22个重要奖项之一，它对促进西班牙戏剧发展起着很重要的作用。

按照规定，参赛剧本应是原创之作，无论其剧情还是舞台视觉都是优秀的。剧本必须是用西班牙文写成的，未发表过的，不曾获过任何奖和在任何剧院上演过的。剧本题材不限。评奖委员会不接受翻译剧本和小说、电影、电视剧和广播的改编本。

洛佩·德·维加戏剧奖，全名为马德里市洛佩·德·维加戏剧奖，每年举办一次，奖金为1200欧元，不能分割。

自设立至 2010 年，洛佩·德·维加戏剧奖共举办了 47 届，由于西班牙爆发内战或其他原因，其间有 31 年没有举办。

以下为洛佩戏剧奖获奖作品及其作者名单：

1932 年　《莱奥诺尔·德·阿基塔尼亚》，豪阿金·迪森塔作

1933 年　《搁浅的美人鱼》，亚历杭德罗·卡索纳作

1934 年　《在博卡·德·阿斯诺的一个下午》，又名《索莱的婚礼》，安东尼奥·阿森霍和托雷斯·德·阿拉莫作

1948 年　《楼梯的故事》，安东尼奥·布埃罗·巴列霍作

1949 年　《黑夜没有尽头》，法乌斯蒂诺·贡萨莱斯·阿耶尔和阿曼多·奥卡沃作

1950 年　《被判罪的人》，何塞·苏亚雷斯·卡雷尼奥作

1952 年　《15 年前他死去》，何塞·安东尼奥·希门内斯·阿毛作

1953 年　《被入侵的家庭》，胡利奥·特雷纳斯

1954 年　《半小时前》，路易斯·德尔加多·贝纳文特作

1956 年　《我们的幽灵》，海梅·德·阿米尼安作

1957 年　《战船》，埃米尼奥·埃尔南德斯·皮诺作

1958 年　《O. 拉蒙的小剧院》，何塞·马丁·雷库埃达作

1963 年　《致一个爱做梦的人的墓志铭》，阿道夫·普雷戈·德·奥利维尔作

1967 年　《昨天我等你》，曼努埃尔·蓬博·安古洛作

1968 年　《孩子们》，迪埃戈·萨尔瓦多尔·布拉内斯作

1969 年　《对一个制度的审判》，路易斯·埃米利奥·卡尔沃·索特洛作

1970 年　《也许一个奇迹》，罗多尔弗·埃尔南德斯作

1971 年　《大地上的孤独者》，曼努埃尔·阿隆索·阿尔卡尔德作

1972 年　《赦免令》，何塞·玛丽亚·埃普斯作

1973 年　　　《7000 只母鸡和一头骆驼》，赫苏斯·坎波斯作

1974 年　　　《从圣帕夸尔到圣希尔》，多明戈·米拉斯作

1975 年　　　《受骗的人》，何塞·玛丽亚·雷库埃达作

1976 年　　　《斧砍》，阿尔丰索·巴列霍作

1977 年　　　《夏天骑的自行车》，费尔南多·费尔南·戈麦斯作

1979 年　　　《上帝在远方》，马尔西亚尔·苏亚雷斯·费尔南德斯作

1980 年　　　《常胜先生的战利品》，洛伦索·费尔南德斯·卡兰萨作

1981 年　　　《埃德拉》，伊格纳西奥·阿梅斯托伊作

1983 年　　　《必须拆掉房子》，塞巴斯蒂安·胡尼恩特·罗德里格斯作

1986 年　　　《巨大的信》，埃迪尔贝托·加西亚·阿马特作

1990 年　　　《墓穴上的雷声》，佛朗西斯科·哈维尔普拉达作

1991 年　　　《嘶哑的喙》，哈维尔·加西亚—毛里尼奥·穆斯基斯作

1992 年　　　《今晚你们别缺席》，圣地亚哥·马丁·贝穆德斯作

1993 年　　　《在针眼儿里》，何塞·路易斯·米兰达·罗尔丹作

1997 年　　　《齿轮》，劳尔·埃尔南德斯·加里多作

1998 年　　　《冰冷的房间》，塔尼亚·卡德纳斯·包尔森作

1999 年　　　《永恒的回归》，路易斯·米格尔·贡萨莱斯·克鲁斯作

2000 年　　　《鹰与雾》，纳尔西索·伊瓦涅斯·塞拉多尔作

2001 年　　　《早餐巧克力》，伊格纳西奥·阿梅斯托伊作

2002 年　　　《阿门戈尔》，米格尔·穆里略作

2003 年　　　《尼娜》，何塞·拉蒙·费尔南德斯作

2004 年　　《在天堂的最后一个夏天》，赫苏斯·卡拉索作

2005 年　　《过分仁慈》（尼采最后的日子），海梅·罗莫作

2006 年　　《阿里索那》，胡安·卡洛斯·鲁维奥作

2007 年　　《20 世纪你在天上》，大卫·德索拉作

2008 年　　《我发烧的声音》，阿尔贝托·卡索作

2009 年　　《恐怖的城市巴格达》，塞萨尔·洛佩斯·耶拉作

2010 年　　《裁纸刀》，豪尔赫·马尔克斯作

五　主要参考书目

中文参考书目

《外国名剧故事 500 篇》（下），戏剧出版社 1987 年版。

《维加戏剧选》，朱葆光译，上海译文出版社 1983 年版。

《维加戏剧选》，胡真才、吕晨重译，人民文学出版社 1998 年版。

《被解放的耶路撒冷》，杨顺祥译，花城出版社 2005 年版。

《赛莱斯蒂娜》，王央乐译，人民文学出版社 1990 年版。

《羊泉村》，朱葆光译，人民文学出版社 1962 年版。

《西班牙通史》，许昌财编著，世界知识出版社 2009 年版。

《西班牙文学简名》，孟福著，1982 年。

《简明西班牙文学史》，游淳杰译，1989 年。

外文参考书目

Lope de Vega，El perro del hortetano，Madrid，Castalia，1993.

Lope de Vega，La dama boba，Madrid，Cátedra，2004.

Cope Clevega，La Dorotea，Madrid，Cátedra，2002.

Lope de Vega，El Acero de Madrid，Madrid，Catareia，2000.

Lope de Vega，Arte nuevo de hacer comedias en este tiempo，Madrid，

Featro Español de Madrid, 2009.

Lope de Vega, Las bizarrias de Beeisa, Madrid, Castalia, 2004.

Lope de Vega, El caballero de Oemedo, Madrid, Cátedra, 2003.

Lope de Vega, El castigo sin Venganza, Madrid, Cátedra, 2004.

Lope de Vega, Fuente Ovejuna, Madrid, Castaleia, 1996.

Lope de Vega, Los locos de Valencia, Madrid, Castalia, 2003.

Lope de Vega, Novelas a Maria leonarda, Madrid, castlalia, 2002.

Lope de Vega, Peribañel y el comendador de Ocaña, Madrid, Castali-
a, 2003.

Lope de Vega, El villano en surimcón, Madrid, Cátedra, 1999.

Lope de Vega, La Viuda Valenciana, Madrid, Castalia, 2001.

Lope de Vega, Obra selecta, Madrid, Eneida, 2004.

Lope de Vega, Poesia, setecta, Madrid, Cáfedra, 2003.

Lope de Vega, Rimas humanas y divinas del licenciado Tomé de Bur-
guillos, Madrid, Castalia, 2005.

Lope de Vega, Lirica, Madrid, Catalia, 1999.

Estudios Sobre Lope de Vega, Zuan Mammel Rogas, Madrid,
Cáredra, 1990.

Del siglo de oro a este siglo de siglas, Damaso Alonso, Madrid, Gre-
dos, 1968.

Poesía espanola, Damaso Alonso, Madrid, Gredos, 1966.

Antología de libros de pasfores, cristina Casfillo, centro de esfadios
cervantinos, 2005.

La nvvela Pastoril españala, Zuan Bautista Avalle-Arce, lstmo, 1974.

Las 100 mejores poesias de la lengua castellana, luis Alberbo de Cuen-
ca, Espase-Galpe, 1998.

Poesiá de La edad deoro, castalia, Madrid, 1984.

El teatro de La edad de oro, Casfalia, Madrid, 1992.